心安
幸福教育

文东茅 著

图书在版编目(CIP)数据

心安幸福教育 / 文东茅著. —北京：北京大学出版社，2023.12
ISBN 978-7-301-34544-3

Ⅰ.①心… Ⅱ.①文… Ⅲ.①青少年教育-教育研究 Ⅳ.①G775

中国国家版本馆CIP数据核字（2023）第193110号

书　　　名	心安幸福教育 XIN'AN XINGFU JIAOYU
著作责任者	文东茅 著
责任编辑	周志刚
标准书号	ISBN 978-7-301-34544-3
出版发行	北京大学出版社
地　　　址	北京市海淀区成府路205号　100871
网　　　址	http://www.pup.cn　　新浪微博:@北京大学出版社
微信公众号	通识书苑（微信号:sartspku）　科学元典（微信号:kexueyuandian）
电子邮箱	编辑部 jyzx@pup.cn　　总编室 zpup@pup.cn
电　　　话	邮购部 010-62752015　 发行部 010-62750672 编辑部 010-62753056
印　刷　者	大厂回族自治县彩虹印刷有限公司
经　销　者	新华书店
	650毫米×980毫米　16开本　19.75印张　250千字 2023年12月第1版　2024年5月第4次印刷
定　　　价	68.00元

未经许可，不得以任何方式复制或抄袭本书之部分或全部内容。
版权所有，侵权必究
举报电话: 010-62752024　电子邮箱: fd@pup.cn
图书如有印装质量问题，请与出版部联系，电话: 010-62756370

目 录

前言：此心不安 1

第一篇　明道心安

第一章　教育之道 3

第二章　心安之境 29

第二篇　修身为本

第三章　勤学向上 59

第四章　仁爱向善 87

第五章　自强不息 116

第三篇　幸福家庭

第六章　安家有道 145

第七章　养育有方 168

第四篇　幸福学校

第八章　幸福校园 197

第九章　幸福教师 228

第十章　幸福学生 255

附一：立志是人生最好的礼物 285

附二：幸福教育推荐阅读书目 293

附三：幸福教育实践工具索引 300

后记：任重道远 303

前言：此心不安

"教育"于我而言实在是太重要了，教育改变了我的命运。我出身贫寒农家，九岁失父，十岁丧母，备受艰辛。幸而十五岁初中毕业后考上了中师，不仅跳出了"农门"，而且从拿到第一个月的十一块三毛钱生活补助开始，我就过上了"衣食无忧"的生活。中师毕业后我又幸运地获得了全班唯一保送上大学的机会，大学毕业后成为屈指可数的留校任教者之一，博士毕业后更是得以在京城名校工作。我俨然就是那令人羡慕的"幸运儿"，也是被人夸赞的"别人家的孩子"。我对教育充满了感恩。

教育是我的学业和事业。我中师阶段就开始接触教育学，本科、硕士、博士阶段所学专业都是教育学，大学毕业后就一直在教育学院从事教育学的教学和研究，评上了副教授、教授，还长期担任学院的副院长、院长、书记。在不知不觉中，我从事教育学的学习和研究已近四十年，不出意外，此生将会对教育事业从一而终。教育就是我人生的价值与意义所在，我也一直以身为"教育工作者"为荣。

因为心怀感恩，我总是觉得有责任让教育变得越来越好；因为身份认同，我总是更愿意听到对教育的褒奖和肯定。我并非不能接受对教育的质疑和批评，作为长期从事教育政策领域研究的学者，我的工作就是不断发现问题，努力去解决问题。但是，随着年岁的增长和阅历的增加，我越来越清晰地认识到：并不是每个人都像我一样幸运，教育不仅没有惠及每个人，甚至给无数的人带来了巨大的痛苦；教育的问题可能并不在细枝末节上，而应该从初衷、源头和根本上清理。

在北大二十多年，每天接触的都是天之骄子般的北大学生，看到的多是青春阳光的笑脸，但透过外表深入了解，感受到的往往是他们的紧张、焦虑、迷茫和无助。大家都在高度的"内卷"之中，我经常被告知有人抑郁、退学，很高比例的人患有"空心病"。而周边的其他名校似乎也差不多。人们如此仰慕名校，长期忍受各种压力、痛苦，牺牲金钱、时间甚至健康、亲情，就是为了考上名校。殊不知，即便考上北大、清华，也不能保证"从此过上幸福美好的生活"。教育真的能改善人的命运吗？

在工作和生活中，我经常接触的另一个群体就是大学教师，这些人大多从名校本科、硕士毕业，获得博士学位，又做完了博士后，他们接受了多年的良好教育，有学识、有地位，待遇也不差，但他们中很多人的生活似乎只有科研、发表、职称和头衔。在职称评审过程中，他们每次都要与众多同样优秀的同事竞争，评上者都认为自己理所应当、实至名归，没评上的则暴跳如雷，怨天尤人，你争我斗、人际关系紧张也似乎是一种常态。他们的生活质量并不见得高，痛苦一点儿也不少，未老先衰甚至中年早逝者不在少数。我常想，一群如此聪明又勤奋的人，为什么要彼此折磨？大家读了这么多书、做了这么多研究，为什么还是不能让自己过得更舒心、更幸福？再看中小学老师，发现他们的问题似乎更大：很多人认为自己课时多、事务杂，工作时间长、压力大，地位和待遇低，家长不支持、不理解，学生不尊师、不好学，等等，于是就时常处于抱怨和职业倦怠之中。作为教育者以及"读书人"的代表，教师们都不幸福，其他人会更幸福吗？如果读书不能增进幸福，为什么还要不断劝导孩子们读书？

教育似乎成了一场巨大的骗局，它并没有兑现给人们的承诺。小时候，家长经常会对孩子们说：好好努力，考上重点高中就好了；上高中后则说，再努力三年，上了大学就好了。上大学后，同学们发现学业要求更高，同辈竞争更激烈，压力更大，于是他们就想：熬过大学、读完研究生，工作了就解放了。好不容易拿到学位、找到工作，但职场的人际关系、业绩竞争和生活压力还是令人苦不堪言，很多人反而更羡慕学生时代或农村生活的简单、纯粹。教育到底给人们带来了什么？难道教育就只是竞争、筛选、激励或惩罚的工具？

这就不禁让我开始质疑教育的根本目的和价值：教育真的是太阳底下最崇高的事业吗？这也让我开始质疑人生：我一生所从事的教育事业真的有意义、值得自豪吗？这种深深的疑虑让我感到巨大的不安，我怀疑教育走错了方向，在促进人生幸福方面，教育根本就没有尽到职责；我也意识到，作为教育研究者，自己对现状也一定负有某种责任。

于是，我开始关注教育与幸福的关系。教育为什么没有有效地促进幸福？教育如何才能促进每个人的长久幸福？带着这两个"教育之问"观察现实，我惊讶地发现，不论是小学、中学还是大学，不论是名校还是普通学校、职业学校、特殊学校，都几乎没有人在开展专门的"幸福教育"。为什么会这样？我猜想，这很可能反映了一种普遍的观点，即获得幸福不需要专门的能力或素养，不需要专门的教育，只要好好学习，将来自然就能获得幸福；或者体现了另外一种观点：学海无涯苦作舟，吃得苦中苦，方为人上人，读书本就是一门苦差事,有何幸福可言?还有可能就是大家对师生在教育中的痛苦完全麻木无感。总之,缺乏幸福教育、也并不幸福的教育就这样一直存续着。

再看学界,我又一次惊讶地发现,人类漫长的心理学历史都主要是在关注"消极心理学",积极心理学的兴起只是最近二十年的事,学界对教育与幸福的系统研究和讨论的时间则更短。在国内,在2010年前后也有过几次"教育与幸福"的学术讨论,但很快就销声匿迹了,所以也很少听说有谁是专门从事"幸福教育"的学者。

而在进一步的阅读中我又发现,幸福其实是一个永恒的话题,从古希腊哲学家亚里士多德的理性主义幸福观、斯多葛学派的感性主义幸福观,到功利主义者边沁、穆勒,再到尼采、叔本华等,都有对幸福问题的专门论述。释迦牟尼出家,就是为了超脱人间苦难;儒家孔子、孟子都在讨论"乐",《论语》开篇即告知人生三乐:"学而时习之,不亦说乎?有朋自远方来,不亦乐乎?人不知而不愠,不亦君子乎?";孟子也有"君子三乐","得天下英才而教育之"就是其中之一。在古圣先贤看来,学习和教育本就是幸福快乐的,他们也一直在教导有关幸福的智慧。现在的教育没能增进幸福,或许正是因为忘记了圣贤的教导。

于是,我以极大的热情投入传统文化经典的学习之中,从王阳明的《传习录》入手,逐渐扩展到《大学》《论语》《孟子》《中庸》《道德经》《六祖坛经》等。通过经典的学习,我不断明晰了对幸福的认识,也从中找到了通向幸福和幸福教育的康庄大道。我因此而时常手舞足蹈,时常又泪流满面,我感到无比的幸运和喜悦,也深感对优秀传统文化"相见恨晚"。

关于幸福,王阳明给了我最直接、最重要的一句启示:"此心安处，即是乐也。"(《传习录》钱德洪录）原来幸福不只是简单的快乐，而是内在的"心安"。若人心不安，终日焦虑、愁苦、忐忑、恐惧，又何来幸福？人若心安，更有何求？

关于如何获得心安与幸福，孔子教导我们要"修己以安人""修己以安百姓"，《大学》则进一步完整地阐述了修齐治平的人生幸福之道："大学之道，在明明德，在亲民，在止于至善。知止而后有定，定而后能静，静而后能安，安而后能虑，虑而后能得。"真正的为学之道，在于不断磨炼品德、提升格局境界，在于发自内心地去亲近、关爱他人，并且要追求至善、永不懈怠。只有这样，才能神情定静、内心安宁，进而才能慎思明辨、真有所得。这种"所得"不只是知识和道理，更是人生幸福乃至世界太平。由此，我们从中国传统文化中得出了对幸福的新理解：真正的幸福是不断向上向善的心安。"向上"即《大学》之"明明德"，提升品德境界；"向善"即"亲民"，善待他人、造福社会；"不断"即"止于至善"，永不止息。不断向上向善，就是致良知、知行合一；只有不断向上向善，才能对得起自己的良知，获得内心持久的心安。心安而不只是安逸享乐才是人人应该而且可以追求的幸福；不断向上向善才是我们应该追求并教导孩子们的幸福之道。由此，我重新树立了自己对幸福和教育的信念。

有了这一信念，我变得更加自信，因为这些思想源自古圣先贤，并且在经典文献和自己的生活中一再得到了验证；我的心似乎更安了，因为我认为自己找到了余生应该努力的正确方向，不再感到漂泊、困惑。带着这份信念和使命，我重新出发，开始了幸福教育的研究和探索之旅。我的工作热情、动力也空前高涨。我和同仁先后在全国十多个省市的上百所学校开展了心安幸福教育试点，探索以修身为本、幸福家庭、幸福学校为主要内容的"一体两翼"幸福教育模式，期望能以中华优秀传统文化为基础，充分吸收积极心理学等现代学术研究成果，形成有中国特色的能助人心安的幸福教育理论和实践。令人无比欣慰的是，大批教师因为参与幸福教育而使生命焕然一新，有更多的学生和家长也因此变得更幸福。在此过程中，我收到了无数的感谢，并从中真正体会到了教育工作的意义和价值。我也由衷地感谢所有关心、参与幸福教育试点的校长、教师、家长和同学们，是你们让我的生命更圆满、更有希望。

经过七年的探索，我觉得有必要把我们的学习、思考和实践整理成书，以便有更多的人了解并加入心安幸福教育事业。然而，在此过程中，我又分明感到另一种不安：我深知"幸福"之主观、"心安"之微妙，也明知自己学识、能力不足，对人生和幸福的体悟有限，我怕误读错解古圣先贤思想，也怕言不达意、误导读者。但若我推卸责任、放弃努力，则会更加于心不安。因此，我只能不揣浅陋，以期抛砖引玉。

您看到的此书就是基于"幸福是不断向上向善的心安"的幸福观和"一体两翼"幸福教育模式对心安幸福教育理论和实践进行的阐述。书中"明道心安""修身为本""幸福家庭""幸福学校"四部分的基本框架和核心思想都源自《大学》等中国传统文化，而立志为先、读书明理、幸福日志、大家文化、幸福家书、家庭会议、幸福亲师、幸福小班会、幸福小天使、幸福小伙伴等诸多具体实践工具则是传统文化和当代教育学、心理学研究成果与幸福教育实践探索相结合的产物。在写作过程中，笔者积极响应对优秀传统文化进行创造性转化和创新性发展的号召，一方面尽可能忠实于经典，希望各种观点和实践都有根有据，另一方面又不忘"教育应当促进所有人长久幸福"的初心和使命，希望所有论述都浅显易懂，希望推介的各种实践活动都简便易行、对各级各类学校都普遍适用。这显然是一种更大的挑战。略感欣慰的是，我勇敢地进行了这一尝试。我深知完成此书仍然只是一个开始，幸福教育之路任重而道远。

希望教育因我们而更美好，希望孩子们因我们而更幸福，也希望有缘读到此书的您也能多一份责任与心安。

第一篇

明道心安

《世说新语》有言："盲人骑瞎马，夜半临深池"，说的就是"不明"者的处境，它不仅令人提心吊胆，而且充满了危险、灾祸。反之，明道则心安，因为在光明的世界里，黑暗中的问题根本就不存在。幸福是人类永恒的追求，但人们对于何为幸福、如何实现幸福这些基本问题，却是言人人殊、莫衷一是，大多数人都只是凭自己的经验在黑暗中瞎摸索。教育本该点亮学生心中的明灯，然而，如果对这些问题教师和家长自己也"不明"，又怎能指望他们"以己之昏昏，使人之昭昭"？本篇将在审视现实和已有理论的基础上，尝试从中国传统文化中提炼出对幸福和幸福之道的本土理解，并进一步明晰教育与幸福的关系。

第一章　教育之道

> 如果说幸福是人生和人类的终极目的，教育则应当是增进幸福的基本手段和途径。当今时代，"义务教育"已经普及，每个人都有"义务"接受若干年国家规定的教育，国家、家庭以及每个个人都在教育上投入了巨大的人力、物力、时间、精力，但教育似乎并没有明显促进社会整体的幸福，甚至为无数人带来了普遍的焦虑和痛苦。以此审视现实，教育是否已经迷失在歧途中？教育该如何促进每个人长久的幸福？本章从这些问题出发，对何为幸福、如何促进幸福等基本问题进行了探讨，指出了若干常见的幸福观、教育观可能的误导，并基于传统文化提出了"幸福是不断向上向善的心安"的幸福观和"境界自修论"的教育观。

第一节　教育之问

2020年暑假，一篇名为"一个北大状元的抗抑郁史"的文章引起了广泛关注。① 作者游安在一所著名中学经过苛严的训练，终于以省状元身份考进了北京大学，但入学后不久，她就发现自己情绪低落，不知该学什么、为什么学，开始抗拒学习，此后，她越来越觉得学习没有意思，也觉得自己各方面一无是处，于是逐渐走向抑郁。一个"省状元"也不能感受到学习的快乐，即便是考上了北大，也没有"从此过上了幸福美满的生活"，甚至反而更加痛苦。

---

① 游安：《一个北大状元的抗抑郁史》，http://www.360doc.com/content/20/0627/20/44716758_920836875.shtml，访问日期：2020年6月28日。

由此也引发人们对包括学生抑郁症、小镇做题家、"内卷"、"985废物"、青年压力与生存状态等诸多话题的讨论。这些话题也进一步引发人们对教育根本目的、功能和途径的质疑和思考。透过该个案，笔者提出的"教育之问"是：现在的师生幸福吗？教育促进了师生幸福吗？教育该如何促进广大师生长久的幸福？

一、现在的师生幸福吗？

《小康》杂志社从2011年开始每年都发布"中国幸福小康指数"，并由受访者从30个职业中评选出"国人眼中最具幸福感的十种职业"。2020年的调查显示，国人眼中最具幸福感的职业排在首位的是自由职业者，其次就是教师，再往后依次是作家、艺术工作者、政府官员、工程师、高管、普通公务员、农民、民营企业家。[①] 这份榜单虽然每年都有变化，但教师几乎总是排在前列，即"国人"认为教师是最幸福的群体之一。为什么教师的排名会这么高？从事教师职业真有这么幸福吗？2021年6月，笔者在全国24所中小学校进行了一次较大规模的调查，结果发现，教师自评的总体幸福感得分为7.08分（总分10分，样本量为1885人），家长自评的总体幸福感得分则为7.89分（样本量为16917人），教师的幸福感明显低于来自各种职业的家长群体。2021年9月，笔者在山东冠县进行的同一调查也得出了类似的结论，其中教师的总体幸福感得分为7.53分（样本量为2276人），家长的总体幸福感为8.11分（样本量为24010人）。可见，教师之所以"被认为"很幸福，很可能是因为大量"局外人"只看到了并且很羡慕教师工作稳定、环境单

---

① 刘彦华：《2020中国幸福小康指数：97.9 住房对人们的幸福感影响力在减弱》，https://baijiahao.baidu.com/s?id=1682224666873134989&wfr=spider&for=pc，访问日期：2020年12月10日。

纯、有寒暑假等因素。也就是说，是占多数的"外人"认为教师很幸福。但是，子非鱼，焉知鱼之苦与乐？如果直接问在职教师，可能很多人会说：教师工作时间长，教学压力大，工资收入低，学生难管，家长难缠，等等。现实中，教师群体中职业倦怠现象也普遍存在。难道是教师"身在福中不知福"？

现在的学生幸福吗？其回答可能也会出现类似的现象。"局外人"很可能会说：现在的学生挺幸福的呀，有吃有穿、无忧无虑、年轻健康。而学生本人或家长则很可能会说：现在的学生并不幸福，学业负担重、压力大、升学竞争激烈、没有休闲娱乐时间，等等。

可见，对于幸福的判断，既有主观的感受，也有依据外部"客观标准"的"应然"判断。有些人在别人看来"应该幸福"，自己却觉得痛苦；有的人看似处境艰苦，他们自己却自我感觉良好。所以，直接询问"你幸福吗"，并不能"客观"地反映人们的幸福状况。

或许可以换一种思路，从时间维度对比不同时期师生的幸福状况，即考察师生是否越来越幸福。近几十年来，随着国家经济的快速发展，中国教育经费大幅提升，办学条件大大改善，完成了学校危房改造，教师工资水平大幅提高，以计算机和网络为代表的现代教育技术的运用已经普及；与教育相关的交通、通信、医疗、健康等公共服务也大大改善。那么，教师的幸福感是否同步提高了呢？对学生而言，不仅是学习条件、环境在改善，还有师资水平在提升，教育均衡化、减负、信息化等政策也在大力推行。那么，学生是否变得更幸福了呢？对这些问题，可能仍然难以给出十分确定的回答。也就是说，没有充分的证据显示师生的幸福感在随着教育环境的改进而提高。而反面的证据却并不少，例如，学生体质下降，近视率、肥胖率高居不下，焦虑症、自杀率成倍增加，择校、补习、学区房、留守儿童、打工子弟、隔代抚养等问题仍然是社会的热点，教育似乎是学生和家长的"痛苦之源"，即便是年轻人生育意愿下降，也被很多人归因于教育负担过重。无论如何，师生幸福都应该引起高度关注。如果学生不幸福，怎能有家庭和国家的美好未来？如果教师不幸福，又怎能培养出幸福的学生？

二、教育是否促进了师生幸福？

师生幸福的影响因素很多，教育可能只是其中之一。但作为教育工作者，我们不能因此而无视或推卸责任。我们仍然要反问：教育真的促进了师生幸福吗？

为回答此问题，可以有三种"实证研究"的思路：

1. 调查不同学习阶段学生的幸福感：在读的幼儿、小学生、初中生、高中生和大学生、研究生，何者更幸福？

2. 调查不同受教育年限群体的幸福感：文盲、半文盲、小学、中学、大学、研究生等不同受教育程度的成年群体，何者更幸福？

3. 调查不同"受教育质量"群体的幸福感：普通高校、重点高校或普通高中、重点高中的学生，何者更幸福？

对于前两个问题，笔者组织的两次调查可以得出部分答案。2021年6月对全国24所学校的调查发现，随着年级的升高，学生的幸福感有明显的下降趋势，从一年级到九年级，学生平均的总体幸福感得分分别为：8.52、8.45、8.40、8.33、8.33、8.25、8.21、7.99、8.05。2021年9月对山东冠县教师和家长的调查发现，学历对家长的幸福感有一定的影响，但提升幅度并不明显，小学、初中、高中、大学学历的家长的主观幸福感得分分别是8.29、8.56、8.59、8.73；而教师的幸福感则随着学历的提升而显著下降，高中、专科、本科、研究生学历的教师的主观幸福感得分分别是8.06、

7.70、7.47、7.29。这可能与学历越高任教的年级越高、压力越大有关。这也告诉我们：并非学历越高就一定越幸福。对于第三个问题，尽管没有开展大范围的调查，但笔者在重点高校三十多年的经验表明，幸福与否，确实因人而异，重点大学、重点中学的学生并不一定比普通学校的学生更幸福，前文所述抑郁的状元就是例证。

积极心理学的先驱者之一克里斯托弗·彼得森在收集、总结众多实证研究结果的基础上，发现各种常见因素与幸福及生活满意度的相关状况如下：

低相关因素：年龄、性别、教育、社会阶层、收入、有孩子、外表吸引力；

中相关因素：健康、婚姻、宗教信仰、朋友数量、外向、自律；

高相关因素：感恩、工作、乐观。[1]

这一研究很是耐人寻味。人们总以为年轻人更幸福，或者退休了就幸福，其实并非如此；人们总是追求更高的社会地位、更高的收入，总是尽可能让自己更美貌，但这些因素与幸福都只有较低的相关度。而高相关的是感恩、乐观和工作，其中人们并不喜好的"工作"与幸福高度相关尤其令人意外。当然，这份研究中还遗漏了很多个体因素，如职业、权力、名誉、善良，也没有讨论经济、文化、民主、自由、法制、福利等社会因素。如果考虑这些，结果显然会更复杂。由于对幸福的界定、测度和研究方法不同，许多研究结论并不完全一致，甚至相互矛盾，因而关于主观幸福感的调查往往只能"仅供参考"。

暂不论其他因素的影响，作为教育工作者，我们惊奇地发现：

---

[1]〔美〕克里斯托弗·彼得森：《打开积极心理学之门》，侯玉波、王非等译，机械工业出版社，2017，第97页。

教育与幸福只是低相关！对此，可以作三种推断：

1. 教育实际的所作所为并不是在促进幸福，而是在做其他与幸福无关的事（例如只是传授与幸福没有直接关系的应试性知识），也就是说教育偏离了促进幸福的初心和使命；

2. 有部分的教育是在促进幸福（或促进部分人的幸福），部分的教育与幸福无关甚至在制造更多的痛苦（例如由考试竞争带来的巨大压力和焦虑），所以从综合的影响看，教育对幸福的积极影响有限；

3. 教育确实是在促进幸福，但人们并没有感知到教育所带来的幸福，人们普遍处于"身在福中不知福"的状态，因而教育的功劳被埋没。

不论出于何种原因，教育与幸福的关系都需要我们高度重视、反思和改进。

三、教育能否促进所有师生长久的幸福？

考试和升学被普遍视为当今教育最主要的功能之一。这一竞争、评价、筛选过程或许可以让一部分"成功者"获得幸福，例如，当考试得了100分、得了第一名，或如愿考上了名校时。但若仅止于此，教育对社会总体幸福感的贡献将是非常有限的。第一，这种幸福的"成功者"必然只是少数，甚至很可能得了第一名的高兴，第二名就不高兴；考了100分高兴，考了99分还不高兴。第一名只有一个，有第一就有第二，还有倒数第一。在这种状况下，教育与幸福的关系只是一个"零和博弈"，带给人们的快乐也只能是"几家欢喜几家愁"而已。第二，这种因"成功"而带来的快乐往往是短暂的。寒窗苦读十几年，若能最终考上名校自然是令人高兴的，但这种喜悦持续的时间非常有限。笔者问过很多北大同学：

"你考上北大后高兴了多久?"回答最多的是"一个暑假",因为一旦开学,见到校园中到处都是"北大高才生"时,紧张、压力就随之而来,中学阶段惯常的"优秀"和因此而获得的优越感、成功感就会一去不复返。有一位北大本科、硕士毕业后又考回来读博士的同学,我问她拿到博士录取通知书后高兴了多久,她说:"我当时正在上班,只是打开通知书看了一眼,就又继续工作了。"可见,如果教育只是为了升学竞争、人才选拔,它充其量也只能帮助部分人获得短暂的快乐。

哈佛大学本-沙哈尔在《幸福的方法》一书中介绍了一种幸福的"溺水模式":如果把一个人的头按进水里,此人自然会非常痛苦并且产生挣扎出来的强烈愿望,而一旦解脱,则会获得畅快呼吸的自由和快乐。很多人就是把这种感觉视为幸福。[1]当前,很多人的教育理念就是"书山有路勤为径,学海无涯苦作舟",认为年轻时的苦学(即"溺水")就是为了将来获得"出人头地"的幸福。如果孩子们遭受这么多年的痛苦,如果全社会付出如此多的努力,只是为了让少数人获得短暂的快乐,岂不是太得不偿失?现代社会要求每个人都要接受多年的义务教育,但如果大部分人只是作为升学竞争中的"陪榜者"去衬托出少部分人的成功和幸福,岂不是非常不道德?

党和政府的文件中提出要"不忘初心,为人民谋幸福",要"办人民满意的教育"。这里的"人民"显然不只是少数成功者,而是指全体人民;这里的"幸福"也显然不是指短暂的快乐,而是长久的幸福。教育的初心和使命就是促进全体师生长久的幸福,人民满意的教育就是能满足广大人民群众最根本的需求即身心发展和

---

[1]〔美〕泰勒·本-沙哈尔:《幸福的方法》,汪冰、刘俊杰译,中信出版社,2013,第80页。

人生幸福的教育。只有这样的教育，才能称为真正"高质量的教育"；拥有这种教育的国家，才能称为真正的"教育强国"。所以，摆在广大教育工作者（包括教师、学生、家长以及教育管理者）面前的根本、重大、永恒的问题是：教育如何才能促进每个人长久的幸福？

第二节　幸福之道

讨论教育与幸福的关系，就需要首先明晰何为幸福、如何才能实现幸福。幸福是人类永恒的追求，古今中外关于幸福的论述可谓汗牛充栋，甚至每个人都可以有自己的幸福观。然而，不难发现，有些幸福观尽管具有广泛的影响，却也容易产生普遍的误导，因此，不可不辨。另一方面，深植于中华优秀传统文化的幸福观，我们却可能"日用而不知"。

一、幸福即快乐？

在众多关于幸福的观念中，影响最广泛的是将幸福（Happiness）等同于快乐（Pleasure）。功利主义的代表人物约翰·穆勒认为："所谓幸福，是指快乐和免除痛苦；所谓不幸，是指痛苦和丧失快乐。"[1] 本-沙哈尔认为："幸福的定义应该是'快乐与意义的结合'。"[2]

从快乐的角度定义幸福，确实非常直观，也很容易让人接受。不过，这种定义还有很多地方需要进一步辨析。

第一，何为快乐？快乐很容易被人误解为感官的享乐甚至刺

---

[1]〔英〕约翰·穆勒:《功利主义》，徐大建译，商务印书馆，2014，第8页。
[2]〔美〕泰勒·本-沙哈尔:《幸福的方法》，汪冰、刘俊杰译，中信出版社，2013，第32页。

激,但快乐显然不只是感官的快乐,也有源自精神的愉悦;快乐也并非都能带来真正的幸福,纵欲、吸毒、犯罪带来的快感就不能称之为幸福。更重要的是,即便是"有意义的快乐",不论源自肉体还是精神,"快乐"常常都只是来之不易却又去得匆匆的"快"乐,例如,口腹之欲的满足给人的快乐常常只有几分钟,久别重逢的喜悦可能持续几天,"洞房花烛夜"的新婚大喜也仅能带来一个"蜜月"。所以,如果以"快乐"作为追求,人生幸福的时日岂不是少得可怜?这些短暂而有限的快乐又如何值得成为全人类的终身追求?

第二,幸福就是免除痛苦吗?根据穆勒的定义,"幸福是指快乐和免除痛苦",也就是说,幸福也可以定义为"没有痛苦的状态"。没有痛苦可以是日常生活的常态,只要身体健康、衣食温饱、睡眠充足,人就不会感到痛苦,甚至一个精神麻痹、没有知觉者也没有痛苦的感受。可见,从"快乐"角度界定幸福会失之过窄,从"免除痛苦"角度定义幸福则可能失之过宽。而且,追求这种意义上的幸福可能导致的是消极无为、不思进取。

第三,有没有"痛苦的幸福"?"幸福是有意义的快乐",这是一种"种+属差"的定义方式,意味着所有的幸福都应该是属于"快乐"的,不快乐就不幸福。但事实是,人们经常会"痛并快乐着"。最典型的例子是女儿出嫁:有女长成,新婚大喜,显然是一件令人感到幸福的事,但很多地方的风俗还要"哭嫁",因为娘家亲人尤其是父母有诸多的不舍、不放心。类似的例子是妈妈生孩子:自然分娩显然是一件肉体上非常痛苦的事,在心理上也有焦虑、恐慌、急躁等情绪,但它又是一件大喜事,妈妈及全家人总体上是愉悦的。可见,人的情绪往往不是单一的而是混合的,可以"五味杂陈",也可能"喜极而泣"。幸福比单纯的"快乐"要复杂得多。

二、幸福就是需求的满足?

关于幸福的另一种代表性的观点是:幸福是人的需求得到满足而产生的主观体验。例如,俞可平就认为:"一般认为,幸福是个人在需求和欲望得到满足时产生的愉悦感。"[①] 确实,幸福是一种非常细微而且个性化的心理感受,饥饿中的一碗粥、荒漠中的一口水、黑暗中的一盏灯、风雨中的一把伞都会给人带来幸福;而集才能、财富、名誉、健康、美貌为一身的影视明星却也有人抑郁自杀;一无所有、四处乞讨的流浪汉甚至会因其自由自在、无忧无虑而被人羡慕。人们处境不同、需求各异,但需求的满足通常都会给人带来愉悦。

关于需求的研究,影响最大的莫过于马斯洛的需求层次论。马斯洛认为人的需求从低到高可以分为五个不同的层次。[②]

第一层:生理需求,包括呼吸、水、食物、性等方面。

第二层:安全需求,包括人身安全、稳定、依赖、保护,免受恐吓、焦躁和混乱的折磨,对体制、秩序、法律的需求等。

第三层:归属和爱的需求,包括感情的付出和接受、对他人、家庭或团体的归属等。

第四层:自尊需求,是一种对于自尊、自重和来自他人的尊重的需求,包括对实力、成就、权力、优势、胜任以及面对世界时的自信、独立和自由等的欲望,也包括对名誉、威信、地位、声望、荣誉、支配、公认、注意、重要性、高贵、赞赏等的欲望。

第五层:自我实现的需求,是指对于自我发展和自我完善的欲望,是使人的潜力得以实现、个性得以展现的倾向。

[①] 俞可平:《善治与幸福》,《马克思主义与现实》,2011年第2期。

[②] 〔美〕亚伯拉罕·马斯洛:《动机与人格》,许金声等译,中国人民大学出版社,2012,第19—29页。

这五个层次的需求有着一定的但不严格的优先顺序。其中，生理需求和安全需求属于基本需求，即人生存所必需的、不可或缺的需求。基本需求有以下特点：（1）具有一定的优先性，在通常情况下，生存的需求会优先于发展的需求，例如在极度饥饿的情况下，很可能饥不择食、狼吞虎咽，而不太注重食物品类、个人形象；（2）可以得到完全的满足，在得到满足后的一定时段内这种需求会处于静止的、潜伏的状态，吃饱喝足之后对食物和水的需求自然消失，继续吃喝则会不舒服甚至痛苦；（3）具有一定的周期性，例如基本上几秒一次呼吸、一日要保证三餐。

归属、爱和自尊的需求可以归为社会需求，是人们在社会生活中形成的对社会关系和发展的需求。社会需求受社会环境和时代发展的影响，在不同时代会有不同的需求，例如，在古代中国，人们归属于家庭和家族的需求就更强烈，而女性对职业成就的需求就相对较弱。在社会需求中，有一些被认为是维持公共生活所必需的，因而也被认为是社会和法律应该予以保障的基本权利，如言论自由、信仰自由、免于奴役、免于歧视、接受义务教育、享受基本公共服务等，当这些权利受到侵犯或得不到满足时，人们内心就会产生强烈的不满。在基本社会需求之外，人们还会产生"非基本社会需求"，这些需求包括获得更多（更高）的财富、地位、名誉、友情、爱情、尊重等。这种需求有较大的弹性，也有较强的个体差异性，它会构成人们需求差异的主要方面，例如，有的人淡泊名利、知足常乐，有的人则贪得无厌、永不满足。

自我实现的需求则是一个界定非常模糊、内涵也非常宽泛的概念。如果说是潜能的实现，则世界上几乎没有人完全实现了自己的潜能，因而这种需求永远无法实现；如果说是指"成为你自己"，则每个人离世时，都会最终成为一个令自己满意或不满意的自己，从这个意义上说，这种自我实现的需求可能持续一生，却很可能一次也不能得到满足。实际上，马斯洛在研究自我实现的人的品质时，就很难找到研究对象，他曾直言："在一次对年轻人的研究中，对三千名大学生进行了筛选，但只选出了一名大学生可直接作为研究对象。"①

根据以上分析可见，需求满足确实可以带来愉悦，而且由于需求的多样性、个性化，由需求满足而产生的愉悦确实是丰富多彩的，从这个意义上说，每个人都可以因不同需求的满足而得到不同的幸福。但从"需求满足的愉悦"视角分析，也会存在以下问题：（1）人们通常都只会感知因缺失或被剥夺而形成的需求，这些需求的满足只是诸多满足的一部分，而大量已经得到的满足，如充足的睡眠、正常的饮食、舒适的衣物、健康的身体、家庭的亲情等都会被有意或无意地忽视。在这种情况下，人们通常会更多地感受到痛苦而不是需求满足的幸福。（2）需求的满足需要长期的努力，而需求满足后的愉悦感持续的时间非常有限，因而也会产生"人生不如意者十之八九"的感受，使痛苦成为人生的底色，而幸福则只能是偶尔的装点。（3）需求的满足自然会产生新的需求，而且需求会不断"升级换代"，食物越吃越精细、越新奇，旅游景点越来越偏僻、遥远，导致满足需求的难度会越来越大，获得需求满足的幸福也会变得越来越困难。可见，以需求满足来衡量幸福，人们通常是自我感觉"不幸福的"，而且会"越来越不幸福"。正因为如此，悲观主义者叔本华说："生活就像是钟摆一般，在这两端之间或激烈或温和地来回摇摆——要么痛苦，要么无聊，反正总有一项逃不

---

① 〔美〕亚伯拉罕·马斯洛：《动机与人格》，许金声等译，中国人民大学出版社，2012，第158页。

掉。"①这样的人生又何谈幸福？

三、幸福是社会发展的自然回报？

关于幸福及如何获得幸福的第三种重要观点是：幸福不完全是主观的，而是有一定的客观性，是社会发展的自然回报。

确实，幸福是人类始终不变的追求，因此人类世世代代都在不断地努力，以期创造出一个令自己和子孙后代更幸福的物质和社会环境，其中最重要的包括：通过科学技术进步，增加社会财富，改善物质生活，满足人们生理和安全的需要；通过医疗、卫生、体育的进步，促进健康、提高寿命；通过建设更加自由、民主、公正、法制的社会，更好地满足人们社会生活的需要；等等。毫无疑问，现代社会科学技术飞速发展，物质生产极大丰富；医学的发展也极大地提高了人类的寿命；从总体上看，各个国家都不同程度地促进了自由、民主、公正、法制的发展。人们认为，幸福就是这些因素改进的自然后果，人类的幸福"应该"会与时俱进。

基于对幸福的这种理解，联合国组织专家制定了一套幸福指数，通过盖洛普（Gallup）咨询公司进行调查，依此对世界各国幸福状况进行评估排行，并从 2012 年开始连续发布《全球幸福指数报告》②。该报告主要基于人均国内生产总值（GDP）、健康预期寿命、生活水平、国民内心幸福感、人生选择自由、社会清廉程度以及慷慨程度等多方面的指标。2019 年对 156 个国家和地区进行了排名，芬兰、丹麦、挪威、冰岛、荷兰、瑞士、瑞典、新西兰、加拿大和奥地利成为世界前 10 位的幸福国家，其他主要国家的排名分

---

① 〔德〕阿图尔·叔本华著：《人生的智慧》，木云、林求是译，湖南人民出版社，2015，第 30 页。
② John F. Helliwell, Richard Layard and Jeffrey D. Sachs (eds.), The World Happiness Report 2019, accessed July 18, 2020, https://worldhappiness.report/ed/2019/.

别是：英国（15），美国（19），法国（24）；中国台湾（25），日本（58）；俄罗斯（68）；中国香港（76），印度（140）。这一系列报告产生了广泛的影响，但也引发了不小的争议。关键是能否用"客观"的"生活质量"反映"幸福感"。例如，排名最高的芬兰，其实作为北欧国家，其自然环境并不理想，尤其是冬季严寒、日短夜长，其国民有很高比例的社交恐惧症、抑郁症和自杀率。被很多人认为"世界上最幸福的国家"的尼泊尔则只是排名第100位。中国的排名也很令人生疑，2019年中国（大陆）排名93位，不仅低于印度尼西亚（92），更低于处于战争恐慌和战后无助状态的利比亚（72）、科索沃（46），而在2017年、2018年中国排名还分别是79位和86位，这两年中国经济仍然几乎一枝独秀地高速发展，脱贫攻坚战的成功举世无双，其他方面也在不断进步，在世界的相对幸福程度怎么反而大幅下降？有意思的是，2020年中国的排名进一步下降到94位，而2021年、2022年又大幅提升为84位和72位。对此，报告也都没有给出具体的解释。

同样是基于主观与客观相结合的考虑，《小康》杂志社也构建了一套"中国幸福小康指数"，其中包括身心状况满意度、家庭生活满意度、社会关系满意度、生活质量满意度、社会环境满意度等五方面，并且每年公布中国幸福小康指数。历年报告显示，2011年至2020年国人幸福感得分分别是：79.9、80.1、80.3、80.7、81.9、84.9、84.7、88.8、92.7、97.9[①]，国民幸福感逐年提升，甚至高到令人难以置信的程度。所以，这样的调查报告，显然也只能"仅供参考"。

社会经济发展与幸福之间确实并非简单的线性关系。对此，曾

---

① 刘彦华：《2020中国幸福小康指数：97.9 住房对人们的幸福感影响力在减弱》，https://baijiahao.baidu.com/s?id=1682224666873134989&wfr=spider&for=pc，访问日期：2020年12月10日。

担任国际政治心理学会主席的美国学者罗伯特·莱恩（Robert E. Lane）做过系统的研究。他发现，近几十年来，尽管全世界都在致力于科技发展、经济增长、市场完善、社会进步，但各国（他主要关注的是欧美发达国家）人口中离婚率、抑郁率、自杀率成倍增长，而结婚率、生育率、幸福感却不升反降。他认为，经济收入与幸福之间存在边际收益递减现象，即在贫困人口中，收入的增加可以显著提升幸福感，而到达某个拐点之后，收入及其购买的物质对幸福的贡献非常有限；另一方面，金钱并不能购买友谊，市场化带来的物质主义反而导致了人与人之间的疏离；民主参与对幸福的贡献也令人失望，政治投票不仅没能带来快乐，反而招致了痛苦（尤其是对占很高比例的败选方），甚至导致选民之间的撕裂。[1]这也提醒人们：富裕、自由、民主、法制等价值的达成并不会自然而然地导致幸福、美好社会的到来，科技、经济、社会的发展和物质的富足最多只是幸福的必要条件而远非充分条件，甚至还可能造成人类新的烦恼和痛苦。

四、幸福是不断向上向善的心安

在诸多关于幸福的理念中，有一种幸福观源自中华传统文化，它深入人心却又"百姓日用而不知"，即"心安是福"。

"心安"通常不是表现为手舞足蹈、喜形于色的外在之"乐"，而是表现为内心的"安""定"和"悦"。孔子的志向就是"老者安之，朋友信之，少者怀之"，他认为君子的基本特征之一就是"不忧不惧"，弟子们描绘孔子的形象也是"子温而厉，威而不猛，恭而安"。孟子三乐之一的"仰不愧于天，俯不怍于人"就是指问

---

[1]〔美〕罗伯特·莱恩著：《幸福的流失》，苏彤、李晓庆译，世界图书出版公司，2017，第9页。

心无愧、坦然心安。王阳明更是直言:"此心安处,即是乐也。"①

那么,何为"安"?汉字中的"安"由"宀"和"女"构成,意即有母亲、奶奶之类成年女子在家,此时家人、家庭就可获得身体的安全保护,也可以获得内心的平静安乐。在汉语中,以"安"形容物时表示"安稳""安全",如安如磐石、安如泰山;形容人时可以指身体安全、平安、健康等"身安",也包括内心稳定、可控、安静、不危险、不焦躁等"心安"。身安与心安是密切相关的,身不安则心不宁,心不安则身也躁,身心不安给人带来的就是痛苦,如心浮气躁、心烦意乱、胆战心惊、心如刀割、心乱如麻、忧心如焚等。相对而言,身安是比较容易实现的,只要没有战争、恐怖、暴行,并且衣食无忧,就可以获得"身安"。当今世界,在大多数情况下"身安"还可以得到有效保障,但从古至今,"人生难得是心安"。焦虑、恐惧、烦躁、愤怒、悲哀、狂喜等,都可以归为"心不安"。在众多的原因中,对死亡的恐惧被认为是导致不安的根源之一。与其他动物不同,人类是知道自己会死的,自己、亲人终将会死这一事实会给人带来隐秘的却又始终萦绕的忧虑和恐惧,只有摆脱对死亡的恐惧才能获得心安。为此就有了宗教,教徒们希望通过信仰上帝而获得心安。而哲学则不相信救世主,它认为通过认识世界、认识自我、认识他人,就能通过自我的洞察力而非盲目的信仰超越恐惧。②

由于认识到身安、心安的重要性,人们常常祈求国泰民安、长治久安,在很多地名中都会带一个"安"字以示吉祥,如西安、长

---

① (明)王阳明著,北京知行合一阳明教育研究院编注:《致良知是一种伟大的力量》,东方出版社,2017,第210页。
② 〔法〕吕克·费希:《人生难得是心安——另类西方哲学简史》,孙智绮、林长杰译,北京大学出版社,2016,第7页。

安、延安、固安、雅安、泰安、惠安、吉安、德安、靖安、安庆、安顺、安阳、安康等。同时，在汉语中也有诸多描绘心安的成语，如安安静静、心安理得、安之若素、安居乐业、平安无事、安然无恙、一路平安、转危为安，还有很多描述不安的成语，如惴惴不安、惶惶不安、坐卧不安、焦躁不安、寝食不安、动荡不安、忐忑不安、局促不安。古代都城最重要的建筑叫"天安门"，最主要的街道叫"长安街"。在日常生活中，我们每天早上对他人的第一句问候往往是"早安"，晚上的告别则是说"晚安"；孩子出生后要向亲友报告"母子平安"，亲人离世时要"安葬"，祈愿逝者"安息"。"安"陪伴我们从早到晚、从生到死，可见"安"在中国文化和国人生活中具有多么重要的意义。

当然，每个人对心安的理解不同，感受不同，也就有了不同的人生和幸福。在《西游记》中，有八戒的心安，只要吃饱喝足，能在高老庄娶妻生子就心安；也有唐僧的心安，即使面对妖魔鬼怪、千死百难，也会坚定西行，不取真经不罢休。在现实生活中，也常常会有贪图安逸、小进即安、安于一隅、苟且偷安等状况，这都是"非所安而安者"。所以孔子认为评价一个人时，要"视其所以，观其所由，察其所安"。

如何能安其所当安呢？最基本的方面就是遵纪守法、尽职尽责。在此基础上，还应该好好学习、天天向上，要不断提升认识水平和人生格局境界，不断为善去恶，利益他人、造福社会。《大学》有言："大学之道，在明明德，在亲民，在止于至善。"明明德即修身、修己，就是"向上"；齐家、治国则是亲民，就是"向善"；平天下实为"安天下"，不仅包括"安身"，还包括"安心"，这是需要不断追求的至善境界，所以需要自强不息、奋斗不止。在从"修己以安人"到"修己以安百姓""修己以安天下"的不断奋斗中，也就实现了"大人"持续不断的"大幸福"。

通常，人生的幸福主要来自以下四个层面：（1）身体安康，从而免于疾病的痛苦；（2）生活愉悦，包括衣食无忧、生活美好、人际友善、精神富足、审美享受等；（3）学习成长，在认识社会、探索世界、提升自我中满足好奇心、求知欲，提升品德、能力，获得胜任感、自信心。（4）利他奉献，因自觉自愿、心甘情愿地服务他人、造福社会而获得价值感、意义感、自豪感。这四者都非常重要，只有各方面都满足，人生的幸福才丰富、完整、圆满。但生老病死是不可抗拒的规律，不可能永远健康、长生不老；人生不如意事十之八九，世界变化莫测，人情喜怒无常，生活的美好也难以持久不变。而学习成长却可以自主决定并持续终身，尤其是个人修养和品德、格局、境界的成长；利他奉献也可以自主选择并持续终身，不仅可以保持，而且可以因心甘情愿而助人为乐、乐在其中。可见，幸福不只是源自健康富裕、安逸享乐，学习成长、利他奉献才是幸福的不竭源泉。

综上，我们认为，真正的幸福是不断向上向善的心安。这种幸福观具有重要的积极意义：源自心安的幸福不是短暂即逝的，而是持续不断的；不是安逸享乐的，而是向上向善的；不是外在决定的，而是自主可控的；不是少数人专有的，而是人人可求的。

幸福是不断向上向善的心安，这种幸福观源自中国传统文化，具有鲜明的文化特色，深深植根于国人的日常话语和行为之中，具有广泛的可接受性。同时，这种幸福观也能从世界思想史和当代学术研究中获得足够的支持。西方积极心理学认为，幸福源自两种理论传统，一种是享乐论的幸福观，一种是完善论的幸福观。前者认为生活的主要目标是追求满意的生活、快乐的情感；后者认为幸福就是自我实现，意味着表达和实现内在的潜能。[1]基于心安的幸福观不仅提倡在不断向上中实现个人品德和能力的潜能，也主张在不断向善中实现自己的社会价值，不仅收获自我实现之后的满足，也不断感受自我实现过程中的心安与幸福。积极心理学的创始人之一马丁·塞利格曼曾对自己的幸福观进行过重大修正。在其《真实的幸福》一书中，他将幸福分为积极情绪、投入和意义三个元素，而在十年之后的《持续的幸福》一书中，他承认这种幸福观过于注重快乐情绪和生活满意度，也不能体现对人生终极追求的重视，因而他提出了幸福2.0理论，强调人生的丰盈、蓬勃状态（Flourish），建构了包括积极情绪、投入、意义、积极的人际关系、成就等五个元素的幸福理论。[2]与之对照可见，"不断向上向善的心安"的幸福观也充分体现了对"蓬勃人生""持续的幸福"以及投入、意义、友善关系、人生成就的追求，其表述却更加言简意赅、通俗易懂，它源自本土，根植人心。

当然，基于心安的幸福观主要源自传统儒家思想。人类思想史中关于幸福的理解丰富多彩，各有见地。即便是儒、释、道之间对幸福的理解也有明显的差异，更不用说世界上各种哲学流派之间的分歧。但这并不意味着要去统一人们的幸福观，相反，我们应该尊重差异，允许不同，在相互学习借鉴中不断丰富对幸福的认识。

第三节　修道之教

在追求幸福的过程中，人们普遍对教育寄予厚望，而其结果却常常令人失望。为什么教育没能有效促进幸福？怎样的教育才能真

---

[1]〔美〕斯蒂夫·鲍姆加德纳、玛丽·克罗瑟斯：《积极心理学》，王彦、席居哲等译，上海人民出版社，2021，第20—21页。
[2]〔美〕马丁·塞利格曼：《持续的幸福》，赵昱鲲译，浙江人民出版社，2012，第12—13页。

正促进幸福？这涉及对教育基本功能及其内在机制的理论认识。在这方面，笔者认为，具有广泛影响的人力资本理论和社会分层理论尽管反映了部分现实，却也容易产生系统性的误导，不能不加以辨析，而基于中国传统文化的"境界自修论"则为教育促进幸福指明了一条光明大道。

一、教育是人力资本投资？

人力资本是区别于资金、土地等物质资本的经济学概念，尽管从柏拉图、亚里士多德到亚当·斯密、大卫·李嘉图、卡尔·马克思等思想家、经济学家都高度重视人在经济发展中的作用，但直到1906年费雪才在《资本的性质与收入》一文中首次提出人力资本的概念。1960年西奥多·舒尔茨首次系统地阐述了人力资本理论，此后贝克尔、明瑟、丹尼尔森等诸多经济学家都从不同角度对人力资本理论进行了论述，并通过大量实证研究证明了教育投入对国家经济增长和个人收入的贡献，使该理论在全球得到了广泛的认可和高度的赞誉，舒尔茨、贝克尔等先后获得诺贝尔经济学奖，人力资本理论也长期成为世界各国教育财政政策，尤其是增加教育经费投入的主要理论依据。

人力资本理论认为，人的因素的改变，如提升知识技能、促进健康、保障劳动力的国内和国际流动等，将有力地促进经济的增长。其中，通过教育提高劳动力文化素质和工作技能对于国家经济增长具有尤其重要的作用，教育投资对个人的收入也具有重要作用。研究表明，尽管在不同国家、不同时期、不同教育阶段的教育收益率不同，但总体而言，教育投资具有较高的个人收益率和社会收益率。

尽管人力资本理论没有直接论述教育与幸福的关系，但其基本假设或不言自明的逻辑就是：增加教育投入就可以提高劳动者的知识技能，进而增加个人收入、促进经济增长，经济增长、收入增加自然就能增进幸福。也就是说，从经济学的角度看，教育是通过增加收入的方式促进幸福。

在这一逻辑中，教育与收入关系的假设已经被诸多研究证实，即受教育年限越长、教育质量越高，受教育者收入也越高。但收入与幸福的关系却并非不言自明的。本章第一节介绍的克里斯托弗·彼得森的研究就表明，收入与幸福之间只存在着低相关。大量研究表明，在贫困或低收入阶段，增加收入确实可以显著提升幸福感，但在达到某个临界值或"拐点"之后，收入的进一步增加对幸福的促进作用会越来越小，这就是收入对幸福感影响的"边际效益递减"现象。马斯洛的需求层次论有助于增进对该现象的理解：人的基本生理需求和安全需求对物质的依赖性更高，收入的增加可以有效保证衣食住行所需的各种物质的获取。而生理需求和安全需求得到满足后，人们开始追求社交、尊重等更高级的需求，这些需求可以明显摆脱对物质的依赖，或者说物质的增加并不必然保证获得友情和尊重，因此收入在人生幸福中的作用也将大大降低。这就验证了一句流行语："没钱是万万不能的，有钱却不是万能的。"

人力资本理论被人微词的另一重要方面就是它把人当作生产的"资本"，使人成为经济增长的"工具"，而忽视了人本身的目的性和教育除了经济功能之外的诸多其他功能。在与幸福的关系方面，教育不只是通过增加收入而间接提升幸福，还可以通过提升人觉察幸福、创造幸福、分享幸福的能力以及降低不合理的欲望而直接促进幸福。现实中，很多人受人力资本理论的影响（或者说是误解了人力资本理论），认为读书就是为了挣钱，有钱就幸福，从而大大窄化了教育的功能，也极大地影响了教育对于促进幸福的价值。

二、教育是社会分层的工具？

社会分层理论是重要的社会学理论之一，涉及社会结构、社会公平、社会流动及代际流动等诸多问题。社会分层是用于描述社会结构、社会资源分配状况的重要概念，"层"是指社会群体，"分层"就是按一定的标准将社会成员分类并排列为不同层级。这些标准通常包括经济指标（收入、财富）、社会声望指标（身份群体、职业声望）、政治权利指标（权威、科层等级）、消费及文化指标（消费水平、生活方式、文化品位）等。根据这些指标，可以把全社会的人群分为社会上层、中层、下层等不同阶层，每个阶层还可以进一步细分。

与社会分层理论密切相关的是社会流动理论，它所描述的是社会成员从当前阶层转变为其他社会阶层的状况，这种变化可以分为流入更高阶层的"向上流动"和流入更低阶层的"向下流动"。除了人口的"代内流动"，人们还特别关注"代际流动"，即子辈的社会阶层与父辈的社会阶层之间是否有变化，是向上还是向下流动。

社会分层和社会流动理论的重大意义在于直观地描述了社会结构的现状并揭示了其形成原因，也有助于通过公平竞争、按劳分配、选贤任能等恰当的机制激励社会成员、促进社会合理流动。除了通过激进的革命改变社会结构外，教育、考试和选贤任能被视为是促进社会流动的最重要的途径。在我国古代，科举考试因其有利于选拔贤能、促进社会流动而延续千年；在恢复高考之初，考上大学被视为"跳农门"；时至今日，高考仍然被认为是最公平的制度之一，"高考改变命运"的观念深入人心。受教育程度不仅影响收入和职业选择，更影响社会地位和发展前景，就读名校、获得高学历则往往是进入中、高阶层的敲门砖。

在教育与幸福的关系方面，社会分层理论的基本假设是：接受更多更好的教育就可以进入更高的社会阶层，从而获得更大的幸福。也就是说，该理论认为教育促进幸福的基本途径是提高人的社会地位。

那么，这种逻辑是否成立？从理论上看，社会阶层越高，拥有的经济资本和社会资本、文化资本越多，可供支配的资源越多，个体的自主权越大，就越有可能拥有更幸福美好的生活。但社会阶层理论对幸福的核心假设是：个人幸福主要不是建立在对自我生存状况的主观感受上，而是建立在与他人的横向比较上，也就是说，只有不断"向上流动"、拥有在人群中的相对优势地位才能更幸福，而维持现状或"向下流动"则会导致痛苦。事实上，在相对稳定的社会系统中，"向上流动"的比例是有限的，而且有人向上流动，就很可能导致其他人向下流动，因而从总体而言，社会流动对幸福的影响只会是"零和博弈"，甚至是"负和博弈"，因为在这种阶层、地位上升过程中人们获得的满足感通常是相对微弱而短暂的，而在竞争过程中以及失去地位之后承受的痛苦则是强烈而持续的。更严重的是，根据社会分层理论的推论，似乎在社会分层中被划分为下层、底层的人就必然不会享有幸福，造成这些人群普遍的抱怨、焦躁甚至反社会行为。即便是社会中层和上层也会产生普遍的焦虑，因为他们必须通过各种艰辛的努力来维持自己和后代的社会地位，以免向下流动。社会上普遍存在的"中产阶级焦虑"就是这种认识的产物。所以，如果基于社会分层理论，全社会很少有人可以处于持续的幸福之中。在形成社会结构以及影响社会幸福的过程中，教育也仅仅是发挥社会地位和幸福（或痛苦）的"再分配"功能，其结果就只能是"几家欢乐几家愁"。从文化再生产理论和冲突论的角度看，教育甚至是在扮演一个虚伪的角色，教育及升学选拔看似公平，实则沦为维护既得利益和社会不公的帮凶。若果真如此，教育又怎能促进普遍的幸福？从事教育工作的教师们又如何能获得职业的价值感、崇高感、幸福感？但不幸的是，由于该理论的广泛影响（或者是由于对该理论的误解），很多人读书只是因为相信"吃得苦中苦，方为人上人"，他们不仅难以体会学习本身的乐趣，也很难成为"人上人"；即使有幸真的成了少数的"人上人"之一，所感受到的也只能是短暂的"快乐"，继而又会为继续攀升或免于坠落而陷入无尽的挣扎与焦虑之中。

三、教育在于助人不断向上向善

中国古人一贯认为，人的品行、格局有境界高低之分，教育的目的和作用则在于提升人生境界。孔子认为人生有五种境界："人有五仪，有庸人，有士人，有君子，有贤人，有圣人。"（《孔子家语》）孟子则认为，人生至少有六种境界："可欲之谓善，有诸己之谓信，充实之谓美，充实而有光辉之谓大，大而化之之谓圣，圣而不可知之之谓神。"（《孟子》尽心下）到了近现代，冯友兰依据个体"觉解"程度将人生划分为四种层次的境界：自然境界、功利境界、道德境界、天地境界。不同境界者对世界的认识和体悟不同，对幸福的认识和体验也不同。自然境界的人，有如天真的婴儿，生活的主要目的就是满足生理需求；功利境界的人无论做什么事，都是为了自己的利益打算，所思所想也常常限于自己的小世界；道德境界中的人，为人处事皆以服务社会为目的，常常心怀他人、心怀社会；天地境界的人以天地万物为一体，心怀天下，服务宇宙。"因境界有高低，所以人所实际享受的一部分世界也有大小，一个人所能享受的世界的大小，以其所能感知的和所能认识的范围的大小为限。"[①]另一位著名学者余家菊则认为，人格的发育，大体上可

---

① 冯友兰：《活出人生的意义》，中国友谊出版公司，2017，第18页。

以分为三个阶段：第一阶段重利，可称为"物质我"；第二阶段重名，可称为"社会我"；第三阶段重义，可称为"精神我"。"精神我"是人格发育的最高状态，是教育的终极目标。①

提升人生境界，不仅要靠教育引导，更要靠每个人自己的学习、修养和体悟。《中庸》首章认为："天命之谓性，率性之谓道，修道之谓教。"上天所赋予的人之为人的特性为"天性"；按照人的天性、本性而行就是行道；不断修炼、克服人性之私以获得纯粹的天性，从而依道而行就是接受教育。《中庸》也指出，人的天赋不同，获得"天理""道理"的方式和难易程度也不同。第一类人为"生而知之者"，这些人只需要按照自己的本性"率性而行"就可时时不离中道。"君子素其位而行，不愿乎其外。素富贵行乎富贵，素贫贱行乎贫贱，素夷狄行乎夷狄，素患难行乎患难，君子无入而不自得焉"，说的就是这种状态。"生而知之者"为天生的诚于纯然天性的"诚者"，他们是圣人——所谓"诚者，不勉而中，不思而得，从容中道，圣人也"。第二类人是"学而知之者"，这些人通过向自然、向经典、向他人学习而逐渐明白道理，因明白道理而更诚于本性，这个由明而诚的过程叫"教"，即"自明诚，谓之教"。第三类人是"困而学之者"，他们不是主动去学习，而是遇到困难、挫折之后才开始学习。第四类是"困而不学者"，他们不明白人生真乐，充满困惑，却并不相信人生大道，也不愿意学习，因而终身处于困扰之中。在世界上，生而知之者少之又少，绝大部分都属于学而知之、困而学之甚至困而不学者。由此也道出了学习、教育对人生的意义。《中庸》认为，"诚之者"只是"择善而固执之"而已，若能"博学之、审问之、慎思之、明辨之、笃行之"，而且能

---

① 余家菊：《教育哲学论稿》，华中师范大学出版社，2008，第19—21页。

"人一能之，己百之；人十能之，己千之"，那么就会"虽愚必明，虽柔必强"。而且，从结果看，"或生而知之，或学而知之，或困而知之，及其知之，一也。或安而行之，或利而行之，或勉强而行之，及其成功，一也"，也就是说，通过学习和接受教育，常人可以达到与圣人一样的境界。

境界高低又与格局、心胸大小密不可分。钱穆先生基于中国传统文化认为："天地人生，大同小异。异者在其身，同者在其心。异者在其欲，同者在其性……纵欲则为小人，以其分别专在一身上，其范围小。养性则为大人，以其必在与人和合相处中，可扩至国，扩至天下，扩至后世千万年，其规模大。故中国人以下流为小人，以上流为君子大人。"① 这一传统也从人性的视角对教育和修养提出了清晰的要求，即教育应该助人存心养性、向上向善，助人不断成长、长"高"长"大"。

可见，与人力资本理论和社会分层理论不同，植根于优秀中华传统文化的教育观是"境界自修论"，它认为教育的基本目的是助人提升人格境界以及造福社会的意愿和能力，教育的主要途径不是他人的规训、教导，而是"自修""自明""自新"，即教育是一个"境界自修"的过程。同时，传统文化秉持"德福一致"的幸福观，认为提升品德境界就可以"厚德载福"，只有拥有更宽厚的美德才能使人享受到更大的、更高层面的幸福。依循中国传统文化的倡导，教育就是要引导人进行境界自修，助人不断向上向善，从而促进个人和社会的幸福。这样的教育之道基于每个人都向上向善的人性论，基于每个人自觉自主学习修养的方法论，人人都可以因之而得到提升、成长、发展，人人都可以因之而变得更幸福。这样的教育之道不是走独木桥、攀金字塔，它永远都不会拥挤。

---

① 钱穆：《现代中国学术论衡》，生活·读书·新知三联书店，2005，第161页。

第二章　心安之境

为进一步理解"幸福是不断向上向善的心安"这一基本思想,就需要对"心安"这一核心概念做更深入的探讨。

"安"意味着平安、安静、安定、安稳,"心安"意味着内心的"定""静""平""稳","不安"则意味着情绪波动,如激动、焦躁、愧疚、忧虑、犹豫、恐惧等。"心安"并不意味着"心不动"。《中庸》有言:"喜怒哀乐之未发,谓之中;发而皆中节,谓之和",不论是"未发"之"中"还是"已发"之"和",只要心中所思所想符合中道,无过无不及,就都可称为"心安"。心安可以是"面朝大海,春暖花开",心无杂念,也可以是指挥战场,运筹帷幄而淡定从容。孟子说"仰不愧于天,俯不怍于人",王阳明说"此心安处即是良知",老百姓说"对得起良心",都是指问心无愧、心安理得的状态。可见,心安是因所思所行符合内心的认知预期和价值判断而产生的稳定而愉悦的心理状态。

心安和不安都是一种人人熟知的心理感受。人们在很多情况下会感到心安,如出差回家、家人团聚、身体健康、完成任务、帮助他人、专心工作等;在很多情况下也会感受到不安,如入不敷出、家人生病、面临凶险、违心做事、不负责任、浪费时光等。心安或不安的对象可以因人而异,针对同一事物或处境,因认识水平和价值观念不同,人们心安或不安的感受也会不同,如有的人患得患失,有的人视死如归,有的人小富即安,有的人心忧天下。所以,心安也存在认知和境界的不同。在特定的时点,人们

> 往往只能按照自以为心安的方式行事，但此时很可能只是在较低层次上的心安，甚至可能是"认欲作理"，安于所不当安。
>
> 如何才能做到真正的心安？在《论语》中孔子告诉我们："智者不惑、仁者不忧、勇者不惧"，即达到智者、仁者、勇者的境界，遵循智、仁、勇的要求，就会去除困惑、忧虑、恐惧等不安，获得明理、尽责、无愧的心安。本章将以此为核心，结合其他古圣先贤的经典论述，对心安的内涵、机制和境界作进一步的展开分析。

第一节　智者不惑

"惑"即困惑、疑惑、迷惑，是因为缺乏清晰的认识而难以做出明确判断的状态。韩愈说："师者，所以传道、授业、解惑也"，教师的职责之一就是解惑。但人生之惑何其多，即使智慧如孔子也是"四十而不惑"，"惑"是不安的重要原因之一。

"惑"的反义词是"明"，即明晰、明辨、明确，进而可以做出明智的选择。而"明"的基础是知，知的对象包括物、人、己。要知物、知人、知己，而且只有真知才能明辨，所以在古代汉语中"知"也通"智"。

那么，何为"明"？如何才能"明智"？

用"明"组词最常用的有贤明、高明、光明、聪明、精明、开明、明智、明确、明理、明道等。人们经常说自己"知道"，却不知自己知的往往不是"道"；人们也常常以为自己"明白"，却不知自己对很多最重要的道理却并不真明白。古人强调"知常曰明""自知之明""良知之明"，具备这些"知"才可谓真正的"明"和"智"。

一、知常曰明

"常"可以理解为事物的常识,包括百科知识、生活常识,这是人生非常重要的一部分,例如营养常识、卫生常识、安全常识、科学常识、社交礼仪常识等。随着教育的普及和发展,这些常识已经得到有效普及,通过查阅《十万个为什么》,人们可以很便利地获取各种知识。

当然,"智者不惑"意义上的知,显然不是这些常识性的知识,而是对世界的更普遍、更抽象的规律的把握。例如,老子《道德经》所试图阐释的就是世界之"道",尽管"道可道,非常道",但他还是用各种类比、举例,以"吾言甚易知,甚易行"的方式努力向人们表述他所认识的"道"。这些"几于道"的"常道"或规律至少包括有无相生、难易相成、大道归一、上善若水、反者道之动、柔弱胜刚强、无为而无不为等。关于"常"和"明",《道德经》有直接的阐述:"夫物芸芸,各复归其根。归根曰静,是谓复命;复命曰常,知常曰明。不知常,妄作凶。知常容,容乃公,公乃全,全乃天,天乃道,道乃久,没身不殆。"(《道德经》第16章)意思是:芸芸万物千姿百态,却都会归于其根本,回归根本就会平和安静,这就是复归于天命。复归天命是自然恒常的规律,认识了这种恒常的规律就是明道,否则就会轻举妄作、招致凶险灾难。认识恒常规律,才能包容万物,就会公正而周全,符合天道,长久存续,终身避免危险。老子认为,"复命曰常,知常曰明"。"复命"就是回归天然的使命,也就是说,所有生命都要按照其天生的使命生长,这样才能万物并育、和谐共生;作为万物之一的人也应该活成人应该有的样子,这才是一种正常、正确的状态,按照这种正常状态生活才是真正的明智。

孔子也讲道，但孔子的道并不像老子般玄奥，而是更注重日用人伦之道，如"不可须臾离也"的"中庸之道"、一以贯之的"忠恕之道"，以及为学之道、为师之道、为人之道、治国之道等各种具体的为人处事之道。孔子并不否认具体知识或"术""器"的重要性，但他认为形而上的"道"更重要，更需要学习，因而他反复强调"志于道"、"笃信好学，守死善道"，甚至认为"朝闻道，夕死可矣"。整部《论语》或整个儒家思想，都是在阐释修身齐家治国平天下的道理。由于儒家思想广泛而持久的影响，孔子的很多言论已经成为妇孺皆知的"常识"，孔子所揭示的诸多"百姓日用而不知"的"常道"也得到了越来越多人的体证和认可。在诸多的"道"中，与老子一样，孔子也特别强调"知命"。孔子认为，"不知命，无以为君子"，"不知命，无以立也"。此处的"命"并非命运，而是指天命，即上天赋予人的、使人之为人的使命。只有"知命"才能活出精彩的人生。这一最普通的"常识"却是最容易被人忽视的。孔子说："吾十有五而志于学，三十而立，四十而不惑，五十而知天命，六十而耳顺，七十而从心所欲不逾矩。"他十五岁即立志学道，到三十岁才开始明道（有坚定明确的三观），到四十岁才更为明智，不受外物诱惑；到五十岁才明白人生的天命；在六十之后才能不畏人言讥诮，心胸坦荡豁达；到七十岁更是能随心所欲而事事得宜。可见，在孔子看来，做到明智不惑实属艰难，几乎需要前半生的努力，而要明确人生的使命并活出真正的人生更是困难，学以成人、活以成人，需要人为之奋斗一生。只有如此，才可谓真正"明道"，在离开人世时，才可谓"死而无憾"。

除了"天命"之常，古人告诉我们的另一个"常"就是"变"，即"变是永恒不变的规律"。作为群经之首的《易经》之"易"就有三层含义：简易、变易、不易。意即大道至简，但万物都在变化之中，这是不变的规律。正因为如此，孔子主张"毋意，毋必，毋固，毋我"（《论语》子罕篇），即因为事物始终处于变化之中，所以对未来不主观臆测，处事时不坚持某种必需的、固定的想法和观点，也不怀有自私自我之心。孟子更是告诉我们："大人者，言不必信；行不必果，惟义所在"（《孟子》离娄章句下），意思是说，因为事物在不断变化，真正的大人，说话不一定句句都遵守以往的承诺，做事也不一定非得追求原先预定的结果，只要言行合乎当下的处境、符合道义就行。对此，孔子更是一针见血地指出："言必信，行必果，硁硁然小人哉！"（《论语》子路篇）因为"大人"追求"大信"，追求的是道和义，小人才追求"小信"和所谓守信的名声。认识到事物总是发展变化的，包括人的身体、认知、品行，面临的环境、对象等都是不断变化的，不固守成见、固执己见，这才是"真知"和"知常"。基于这种"知"，既要以不变应万变，更要以变应变，这才是真正的"智"。

在教育实践中，"知常"的教师和父母才可谓"明师"。这种教育"常识"至少就包括：学生是人，教师也是人，而不是容器或机器；教育是帮助学生成人，而不是成为只有欲望的动物或没有思想的工具；成人是一生的使命，因而需要终身学习，而不只是强调职前教育；每个人都需要成人，因而教育要有教无类，而不只是关注少数"优等生"；每个学生都与众不同，因而教育要因材施教、多元评价，而不是千人一面、万人一卷；每个学生都处于发展变化之中，因而教育有法但无定法，等等。只有真正明白"育人"这一不变的使命，才会真正坚持以人为本，才会真正落实立德树人的根本任务；只有真正明白师、生、环境均处于"变"的常态，才会在教育中处变不惊、从容应对。

二、自知之明

人们对世界的认识大体上可以分为两个部分：对自己（内部世界）的认识和对他人、社会、世界（外部世界）的认识。当然，这二者也不是决然分开的，自己是整个世界的一部分，认识自己往往是在认识他人和世界的过程中实现的，而认识自己又可以更好地认识他人。在认识自己和认识他人二者之中，认识他人显然是非常重要的。在《论语》中，樊迟问知，子曰："知人。"即樊迟问何为明智，孔子回答道："知人善任就是明智。"但是，知人也是非常困难的，正所谓"知人知面不知心"，所以，孔子说："不患人之不己知，患不知人也"（《论语》宪问篇），"君子病无能焉，不病人之不己知也"（《论语》卫灵公篇）。孔子一方面严于律己，希望自己尽可能地知人，他担心自己不知人而误解他人、遗漏人才，造成对他人和社会的伤害；另一方面，孔子又宽以待人，他不强求他人完全知道、理解自己，而只是担心自己能力、品德不够。孔子还说："人不知而不愠，不亦君子乎？"（《论语》学而篇）作为君子，基本品性之一就是即使他人不了解、不理解自己也不生气、不怨恨，因为他深知知人不易。

孔子最重视的其实是"知己"，即自知。孔子以忠恕之道"一以贯之"，就是尽可能地认识自己、不断提升自己，再推己及人，坚持做到"己所不欲，勿施于人"。孔子"见贤思齐焉，见不贤内自省也"，曾子"吾日三省吾身"，都是在不断认识自己、提升自己。在《道德经》中，老子也说："知人者智，自知者明"（《道德经》第33章），知人者是智慧的，自知者才是真正的明智。老子还说："是以圣人自知不自见，自爱不自贵"（《道德经》第72章）所以圣人追求的是自知而不是自我表现，是自尊自爱而非自矜自是。

人们常言：人贵有自知之明。在自知之明中，不仅要知道自己的兴趣、爱好、优势、个性，更难得的是知道自己的缺陷和不足，即知道自己不知道。孔子就是有这种自知之明的人，他曾言："吾有知乎哉？无知也"（《论语》子罕篇），"知之为知之，不知为不知，是知也"（《论语》为政篇）。正因如此，孔子才会谦虚好学，才会有"子入太庙，每事问"。他认为，既然自己对太庙祭祀等各种具体礼节并不熟知，就必须真诚地求教，这才是礼，也是真正的智。老子也说："知不知，上；不知知，病。圣人不病，以其病病。夫唯病病，是以不病。"（《道德经》第71章）意思是说：知道自己不知道，才是上等的才智；不知道自己不知道，是一种病态。圣人没有这种病态，是因为他们认识到不自知是一种病患，并且不断医治和去除这种病患。

关于"自知之明"，最不为人所知的是自己的天赋和潜力。现代科学认为，人脑有巨大的潜能，已经被开发的智力可能不到10%。而中国古人更是认为，人在品德发展方面的潜力也是无限的。孟子说："人皆可以为尧舜"；王阳明"龙场悟道"，所悟之道就是"圣人之道，吾性自足"，即每个人都有与圣人一样的天性和发展潜力。这才是真正的自知。由于这种自知，人才会变得无比自尊、自重，也才会有不断学习、提升的内在动力。

认识自己看似简单，其实很难。其原因就在于，人们的眼睛总是向外看，而很少向内反观自己；人有各种欲望，从而导致理智被欲望遮蔽。因为自己都难以认识自己，人们才不应苛求他人认识自己，也才会说："人生得一知己足矣。"因为自知才是真正的"明智"，所以"人啊，认识你自己"这一古希腊阿波罗神庙上的名言才会千古流传。如何才能认知自己？孟子有言："君子深造之以道，欲其自得之也。自得之，则居之安；居之安，则资之深；资之深，则取之左右逢其原,故君子欲其自得之也。"(《孟子》离娄下)也就是说,认识自己的根本途径就是自省自修自悟。

"自知之明"对于教育和人生意义深远。只有明知自己的不足,才会谦虚好学、不断进步,避免不懂装懂的愚昧和困惑;只有明知自己不论在智力还是品德方面都有无限的潜力,才会明确终身发展的方向,保持不断自我提升的信心和动力。而教育,就是应该帮助每个人更好地认知自己,并自觉地持续提升自己,这就是我们主张的"境界自修论"。

三、良知之明

人生由无数次选择构成,有些选择被认为是重大的、影响深远的,如选择专业、职业、配偶、居住城市等,而有些选择看似微不足道,却也可能影响人的一生,例如,一时的冲动、放纵、疏忽、好奇都可能导致违法犯罪,"一失足成千古恨"的事例比比皆是。在每一个时点、每一个处境,每个人都可以有很多种选择,每种选择的结果和影响也不一样。为此,"理性选择理论"主张权衡各种方案的利弊得失,在周全的考虑和精细的计算之后再选择出一种"最优方案"。事实上,由于方案的多样性,各种方案涉及的成本、收益信息的不充分性,人们不可能做出完全理性的选择,充其量只能是一种"有限理性的选择"。但这似乎不会对人造成太多的困扰,因为人们在大多数时候都不是依据理性和计算进行选择,而是依据直觉和良知。

孟子提出了"良知"的概念:"人之所不学而能者,其良能也;所不虑而知者,其良知也。"(《孟子》尽心上)良知是一种特殊的"知",是每个人天生具有的,是一种判断是非对错、进行行为选择的认知与能力。具体而言,孟子认为人天生有"四端",进而可以养成四种重要的美德:"恻隐之心,人皆有之;羞恶之心,人皆有之;恭敬之心,人皆有之;是非之心,人皆有之。恻隐之心,仁也;羞恶之心,义也;恭敬之心,礼也;是非之心,智也。仁义礼智,非由外铄我也,我固有之也。"(《孟子》告子上)

王阳明发扬了良知学说,其思想集中体现在"四句教"上:"无善无恶是心之体,有善有恶是意之动,知善知恶是良知,为善去恶是格物。"(《传习录》钱德洪录)[①] 心的本体毫无私心杂念,也没有固定的关于善恶的观念;而意念发动时就可能出现善恶之别,因为意念有公和私之分,有"过"或"不及";但人纯净的良知能时时明辨是非、判断善恶;按照良知的判断去为善和去恶就是格物或"正事"(把事情做正确)。

按照孟子和王阳明的观点,人类不仅有用以思考和计算的大脑,还有判断是非善恶的良知,帮助人选择的不只是大脑,更多的是良知。王阳明曾言:"千圣皆过影,良知乃吾师",即使有再多的圣贤,他们也都生活在过去,不可能为当下的我们做出行为选择,只有时时伴随自己的良知才是真正指导我们行为的导师。王阳明还说:"良知原是完完全全,是的还他是,非的还他非,是非只依着他,更无有不是处。这良知还是你的明师。"(《传习录》钱德洪录)良知是指引人明辨是非善恶的"明师",只要依良知而行,即使是在复杂、多变的处境下也能做出快速而正确的决定。可以说,良知是使人类更高贵的、更明智的宝贵财富。认识到这一点,也可谓是一种特殊的"自知之明"。

当然,也必须认识到,由于世俗功利、私欲的积染,良知也会

[①] 本书引用王阳明《传习录》原文参见陈荣捷:《王阳明〈传习录〉详注集评》,重庆出版社,2017。《传习录》之外的其他原文参见(明)王阳明著,王晓昕、赵平略点校:《王阳明集》,中华书局,2016。以下引用王阳明著作均只注明书名和篇目。

被遮蔽，时常会昏暗不明。王阳明经常以镜子来比喻人心，用污垢比喻私欲，"致良知"就是清除心上污垢，使内心纯净、光明，从而能明辨是非善恶。他认为："圣人之心如明镜，纤翳自无所容，自不消磨刮。若常人之心，如斑垢驳蚀之镜，须痛磨刮一番，尽去驳蚀，然后纤尘即见，才拂便去，亦不消费力。"(《传习录》语录拾遗)意思是说：圣人的心就像纯净的镜子，没有沾染任何尘埃，也就不需要用力磨刮；常人的心则像沾满污垢锈迹的镜子，必须用力打磨削刮、去掉尘埃污垢才可照人照物，以后再落上点灰尘，只需要轻轻拂拭便可。

关于良知如何针对外物变化进行判断，王阳明与弟子还有以下对话：

问："圣人应变不穷，莫亦是预先讲求否？"先生曰："如何讲求得许多？圣人之心如明镜，只是一个明，则随感而应，无物不照。未有已往之形尚在，未照之形先具者。……只怕镜不明，不怕物来不能照。讲求事变，亦是照时事，然学者却须先有个明的工夫。学者惟患此心之未能明，不患事变之不能尽。"(《传习录》陆澄录)

王阳明认为，圣人应对变化不定的外物，并不是有个事先的预判，而是如明镜一般，随时感应却可清晰照见。作为常人，不必担心镜子能否照见，只需担心镜子是否干净明亮；不必担心良知能否做出及时准确的判断，只需要努力去除心中的污垢。致良知，就是不断磨镜、拂尘、照物的过程，也就是不断去除私心、偏见、执念，提升判断力，从而更好地明辨是非、为善去恶的过程。这也就是修心、明道的本意和关键。

第二节　仁者不忧

忧是一种心理状态，表现为担心、忧虑，常用的相关词语有忧愁、担忧、忧伤、忧郁、忧烦、忧心忡忡、忧惧不安等。过度的忧虑则可能产生忧郁症，主要表现为意气消沉、身体不适、少言寡语以及幻觉、妄想等症状。忧也常常与"乐"相对，如忧郁不乐、郁郁寡欢、乐以忘忧、乐极生忧等。可见，在日常话语中，忧是一种令人不乐、不安的负面情绪。

孔子说"仁者不忧"，从表面上看，似乎可以理解为"仁者没有忧愁"。孔子也主张"不忧"，例如，司马牛问君子，孔子就回答说："君子不忧不惧。"在评价颜回时则说："贤哉回也！一箪食，一瓢饮，在陋巷，人不堪其忧，回也不改其乐。贤哉回也！"颜回之所以为贤者，就是能做到在贫贱和困苦中不忧不怨，仍然保持平和、乐观。但另一方面，孔子本人也是有其忧的。他说："君子谋道不谋食。耕者，馁在其中矣；学也，禄在其中矣。君子忧道不忧贫"（《论语》卫灵公篇），"德之不修，学之不讲，闻义不能徙，不善不能改，是吾忧也"（《论语》述而篇）。可见，孔子是安贫乐道，忧道不忧贫，是生于忧患，心忧天下。由此也可以认为，"仁者不忧"，其实是指仁者不会因外在环境和个人得失而产生不必要的忧苦和不安。为什么会"仁者不忧"？《论语》给我们的答案是：仁者爱人、仁者安仁、仁者克己。

一、仁者爱人

仁是孔子思想的核心概念。何为仁？何为仁者？在《论语》中，樊迟、子张、子贡、颜回、仲弓、司马牛等多位弟子都向孔子提出过这类问题，孔子给出的答案却各不相同。樊迟曾三次问仁，孔子每次都给出了不同的回答：

樊迟问仁。子曰:"爱人。"(《论语》颜渊篇)

樊迟问仁。曰:"仁者先难而后获,可谓仁矣。"(《论语》雍也篇)

樊迟问仁。子曰:"居处恭,执事敬,与人忠。"(《论语》子路篇)

这三次回答的意思分别是:关心、爱护他人,就是仁;抢先选择做困难的事,在获取利益上甘居人后,就可以说是仁了;平时居家恭敬有礼,在外做事严谨认真,与人交往尽心尽力,就是仁。在这几次回答中,"仁者爱人"的表述最简洁、清晰,也影响最大。

与仁者爱人思想相近的是对子贡和子张问仁的回答:

子贡曰:"如有博施于民而能济众,何如?可谓仁乎?"子曰:"何事于仁!必也圣乎?尧舜其犹病诸!"(《论语》雍也篇)

子张问仁于孔子。孔子曰:"能行五者于天下为仁矣。"请问之。曰:"恭、宽、信、敏、惠。恭则不侮,宽则得众,信则人任焉,敏则有功,惠则足以使人。"(《论语》阳货篇)

前一段的意思是说:如果能广泛施惠于人、周济大众,这种人何止是仁义,简直就是圣人了,尧舜都不一定能做到。后一段的意思是:能做到恭、宽、信、敏、惠五种品德,就是仁了。恭敬就不会招致侮辱;宽厚就能得到众人拥戴;诚信就能得到上级任用;勤敏就会取得功绩;慈惠就可以调动和支配他人。

以上对话可以帮助我们找到"仁者不忧"的原因。司马迁说:"爱出者爱返,福往者福来。"人与人的关系是相互影响的,就如物理世界的作用力与反作用力原理一样,给予一份爱,可以得到他人同样的爱;为他人带去幸福,也会使自己得到更多的幸福。因为仁者爱人,自然会得到更多人的尊敬、关爱、信任,也会因此获得更大的成功。正如孟子所言:"君子所以异于人者,以其存心也。君子以仁存心，以礼存心。仁者爱人，有礼者敬人。爱人者，人恒爱之；敬人者，人恒敬之。"(《孟子·离娄下》)仁者因爱人而被人所爱，因敬人而为人所敬，所以，付出爱就能收获友情、尊重、归属感、价值感。爱可以将世界联结成一个互助、互利、温暖、安全的共同体，只要心中充满爱，就会让世界变得更美好，也会使自己更幸福。

反观当下的众生，为什么会普遍焦虑不安？很可能与爱己有余、爱人不足有关。自私自利的人心中只有自己，只有利益的交换或占有，因而也就不会有真正的友情，甚至也会失去亲情。这种极端个人主义者只会是以一种孤立的形式存在，缺乏归属感，也就会缺乏安全感，这就是焦虑的主要原因。赤裸裸的自私当然会被人孤立、鄙视，而"精致的利己主义者"也终究会被人识破。这些人往往以自以为聪明、巧妙的伪装和策略不遗余力地去"战胜"自己的同学、同事、朋友，他们在精疲力竭的努力、苦心孤诣的算计中得到的可能只是一时的小利，而失去的则是友情、尊重、自尊以及长远发展，进而加剧内心的恐惧和不安。

二、仁者安仁

仁者何以能做到不忧？第二个原因是"仁者安仁"：仁者的所作所为，不论是爱人、恭敬、诚信还是先难后获、博施济众，都是发自内心、心甘情愿的。因为心甘情愿，才会不计名利得失；因为不担心名利得失，才会无怨无悔。孔子说："求仁而得仁，又何怨？"(《论语》述而篇)仁者是自愿求仁，而且也得到了仁的品行（尽管有可能事不如意、不被认可），又怎能心生埋怨呢？仲弓问仁，子曰："在邦无怨，在家无怨。"(《论语》颜渊篇)真正的仁者，不论身处何处、不论毁誉得失，都不会怨天尤人。

由于行仁是仁者的本来愿望，行仁满足了自己的内在需求，所以仁者可以在求仁、行仁中获得持久的快乐。孔子曾言："不仁者，不可以久处约，不可以长处乐；仁者安仁，知者利仁。"（《论语》里仁篇）意思是说：不仁的人，不能长久地生活在贫困、俭约的处境之中，也不可能长期处于安乐中；而仁者会自觉安于仁道，智者会用明智助益于仁。不仁者为什么不可以"长处约""长处乐"？因为他们不能忍受贫苦，很可能欺诈偷盗、无恶不作；他们也不会满足现有的享乐，而会追求骄奢淫逸，导致家财破败、幸福不再。换言之，只有仁者才可能"长处约""长处乐"，因为他们的幸福不取决于外在的名和利，而是源自仁爱、奉献的利他之心。既然可以"长处约"，也可以"长处乐"，又有何忧何怨可言？由于无忧无怨，心绪平和喜悦，仁者也会健康长寿，所以孔子告诉我们："知者乐水，仁者乐山。知者动，仁者静。知者乐，仁者寿。"（《论语》雍也篇）

由于心甘情愿，而且可以从中获得健康快乐，仁者也会坚持不懈地行仁行善，利益他人，造福社会。孔子描述自己时说："若圣与仁，则吾岂敢。抑为之不厌，诲人不倦，则可谓云尔已矣。"（《论语》述而篇）子张问政，孔子告知："居之无倦，行之以忠。"（《论语》颜渊篇）子路问政，孔子告知："先之，劳之。"子路请益，子曰："无倦。"（《论语》子路篇）可见，孔门师生不论为学、从教、从政，所追求和展现的都是积极有为、无倦无怨。这就是仁者的生命状态。

三、仁者克己

仁者不忧的第三个原因是"仁者克己"。

颜渊问仁。子曰:"克己复礼为仁。一日克己复礼,天下归仁焉。为仁由己,而由人乎哉?"颜渊曰:"请问其目。"子曰:"非礼勿视,非礼勿听,非礼勿言,非礼勿动。"(《论语》颜渊篇)

孔子的意思是:做到克制、自律,使自己的行为符合礼的要求就是仁。一旦做到了这一点,全天下的一切就都体现为仁了。具体而言,就是在目视、耳听、口言、身行方面都要遵照礼的规定,不符合礼的都不要去做。

颜渊是孔子最得意的弟子,其悟性也最高,因此孔子对他的回答也更抽象、概括,而其含义却极为丰富,这段话被称为仁学的"三纲四目"①。"三纲"之一:"克己复礼为仁",说的是仁之义;之二:"一日克己复礼,天下归仁焉",说的是仁之效;之三:"为仁由己,而由人乎哉?"说的是仁之本。"四目"即为仁在视听言动四个条目上的要求。仁的基本含义是"克己复礼","克己"是对人内在修养的要求,"复礼"则是对外在行为的要求。如果一个人能克制和约束自己的起心动念,使言行举止都符合礼的规范,不违背法律也不违背道德和习俗,他所做的一切就都达到了"仁"的要求,这就是"天下归仁"之意,也是为仁的成效所在。为仁必须是发自真实愿望,是自觉自愿,不能有半点被迫强制,否则就不是真正的为仁,而是"作伪"——用孟子的话说,必须是"仁义行"(由仁义而自然行事),而非"行仁义"(做出仁义的样子给人看)。这是为仁的根本要求。由此可见,一个真正的仁者对内可以顺从本意、问心无愧,对外可以达致时时、事事皆仁,不违礼法,不招怨恨,自然就可以过得心安理得、无忧无惧了。这就是"仁者不忧"的原因。

---

① 鲍鹏山:《〈论语〉导读》,中国青年出版社,2020,第237页。

克己复礼在宋明理学中通常被理解为克除私欲、使行为符合周礼的要求。在现代社会，克己复礼则可以作更广义的理解，即克除自身所有不合理的思想观念和行为习惯，使之符合法律、道德、礼俗。从这个意义上说，人生在世，需要"克己"的方面很多，以下略举数例，从中可知为仁之有益，也可知为仁之不易。

(一) 克制欲望

欲望是指过度的贪欲。人的愿望有正当的需求和过度的贪欲之分。在《朱子语类》中，朱熹有言："饮食，天理也，山珍海味，人欲也；夫妻，天理也，三妻四妾，人欲也。"可见，正当的需求是"天理"，过分的贪欲属于"人欲"。如果人欲不被克制，就会不断膨胀，以至于无法自持而给个人生活和社会正常运转带来祸害。从这个意义上说，"存天理，去人欲"的思想是有其积极意义的。

在各种人欲中，好财、好色、好名、好权是几种最基本的欲望。贪财，不只是为了获取物质、抵御灾害，更主要的是为了贪图安逸、满足享乐；好色，不只是为了生育子女、延续生命，更多的是为了占有美色、满足性欲；好名，不只是贪图虚荣、以名牟利，很可能是为了青史留名、精神不死；好权，不只是为了发挥才能、支配资源，很可能是为了为所欲为、控制他人。好利、好色、好名、好权大多与生死、存续等基本需求有关，看似很正当，因而有极大的迷惑性，也极难克服。但是，不在这些方面自觉克制而放纵欲望泛滥膨胀，只会带来无尽的灾祸。世上有多少贪官锒铛入狱不是因为对钱、权贪得无厌？又有多少英雄的悲剧不是因为难过美人关？正因为在这方面看得透彻，智慧的老子告诉我们："五色令人目盲，五音令人耳聋，五味令人口爽，驰骋畋猎令人心发狂，难得之货令人行妨。"(《道德经》第12章) 他也才特别主张淡泊名利、保持朴素:"不尚贤,使民不争。不贵难得之货,使民不为盗。不见可欲,使民心不乱"(《道德经》第3章),"见素抱朴,少私寡欲,绝学无忧"(《道德经》第19章)。

关于名利与财富,孔子认为:"富与贵,是人之所欲也,不以其道得之,不处也。贫与贱,是人之所恶也,不以其道得之,不去也。君子去仁,恶乎成名?君子无终食之间违仁,造次必于是,颠沛必于是。"(《论语》里仁篇)他认为:君子爱财,取之有道,君子并不排斥财富和富贵,但只是获得自己本该获得的本分而已,不怀非分之想,不占不义之财。同样,君子重名,得之以仁,如果失去了仁德,还怎能称为君子呢?所以君子时时刻刻都不违背仁德。而且,孔子认为"君子疾没世而名不称焉"(《论语》卫灵公篇),君子之名要实至名归,否则会于心不安。

(二)克制情绪

情绪是人面对事物而产生的内心反应。情绪需要管控、克制,既不可面无表情、麻木不仁,也不可情绪泛滥、失去控制。无情和纵情都会导致失礼、失理。克制情绪,就是要追求《中庸》所言的喜怒哀乐"发而皆中节"之"和"的状态。

在《传习录》中,记载有以下故事:弟子陆澄旅居鸿胪寺,收到家书说儿子病危,忧心忡忡、郁闷不已。阳明先生则对他说:

此时正宜用功。若此时放过,闲时讲学何用?人正要在此等时磨炼。父之爱子,自是至情。然天理亦自有个中和处,过即是私意。人于此处多认做天理当忧,则一向忧苦,不知已是有所忧患,不得其正。大抵七情所感,多只是过,少不及者。才过便非心之本体,必须调停适中始得。就如父母之丧,人子岂不欲一哭便死,方快于心。然却曰"毁不灭性",非圣人强制之也,天理本体自有分限,不可过也。人但

要识得心体，自然增减分毫不得。(《传习录》陆澄录)

他认为，越是遇到这样的大事，越要抓住机会克己用功。父亲爱子，感情至深，孩子病危，伤心欲绝，这在很多人看来非常正常，但阳明先生却认为感情表达也要适中、有度，如果过分悲痛，就是私意，如果由此而伤害身体，就更是违背天理、毁灭人性。只要遵照人心本体之良知，自然就会合情合理、无过无不及。

《传习录》中还有一段对话：

问："乐是心之本体，不知遇大故于哀哭时，此乐还在否？"（阳明）先生曰："须是大哭一番方乐，不哭便不乐矣。虽哭，此心安处，即是乐也，本体未尝有动。"(《传习录》钱德洪录)

失去父母，当然该大哭一场，这是情感的自然流露，哭完才会感到"痛快"、不压抑，因而可以说是一种"乐"，是一种通过痛哭发泄情感之后的"心安之乐"。同样，"唯仁者能好人，能恶人"（《论语》里仁篇），真正的仁者敢爱敢恨，因为他们心中有原则、行为有尺度，只有如此才能心安无愧。

凡是符合天理良知、有礼有节的情绪、情感，不论是愉悦、喜好还是悲哀、愤怒、恐惧、厌恶，都可以带来内心深处的"心安"，这就是古人所说的本体之乐。所有的放纵、沉溺，不论是欣喜若狂、乐不思蜀，还是悲痛不已、怒不可遏，都可能带来难以把控的后果甚至致命的灾祸，给人带来的只能是恐惧和不安。可见，管控情绪是人生的一项重大而艰巨的任务。

（三）克制傲慢

傲慢是因为自我、自大而表现出的对他人的不在意、不尊重。

傲慢则容易无礼，谦卑恭敬就是有礼。孔子就特别强调谦恭有礼。仲弓问仁，子曰："出门如见大宾，使民如承大祭。己所不欲，勿施于人。在邦无怨，在家无怨。"（《论语》颜渊篇）"出门如见大宾"就是要像接见贵宾一样庄重、有礼；"使民如承大祭"就是说使用民力要像举行重大祭典一样谨慎、恭敬。己所不欲勿施于人的忠恕之道，体现的是对"施人"这一欲望的克制，也是一种对他人的尊重、恭敬。"无怨"不是"不怨"，前者是"人不知而不愠"，是发自内心的理解、原谅他人的无知、过错，因而没有任何愤怒与怨恨；后者则是努力克制，使自己不发泄对他人的抱怨。"无怨"也可以理解为勤勤恳恳、任劳任怨，也是一种不自足、不懈怠的体现。

王阳明也特别主张"谦"、反对"傲"。他曾教导自己的儿子说：

> 今人病痛，大段只是傲。千罪百恶，皆从傲上来。傲则自高自是，不肯屈下人。故为子而傲，必不能孝；为弟而傲，必不能弟；为臣而傲，必不能忠……汝曹为学，先要除此病根，方才有地步可进。（《王阳明集》书正宪扇）

满招损、谦受益，谦虚使人进步，骄傲则不仅使人落后，还会招致"千罪百恶"。只有去掉"傲"的病根，才能无后顾之忧。

第三节 勇者不惧

面对恐惧，心生畏惧是很正常的事，但何为"勇者不惧"？为此，首先要准确理解孔子所指的勇和不惧的含义。孔子尚勇，但反对"好勇"。子路问："君子尚勇乎？"子曰："君子义以为上。君子有勇而无义为乱，小人有勇而无义为盗。"（《论语》阳货篇）他还说："好勇疾贫，乱也。人而不仁，疾之已甚，乱也。"（《论语》泰伯篇）君子之勇以义为前提，如果只有勇而没有义就会作乱；只是好勇，又过于憎恨贫穷和他人的不仁，都容易导致作乱。孔子也反对有勇无谋的匹夫之勇，他说："暴虎冯河，死而无悔者，吾不与也。必也临事而惧，好谋而成者也。"（《论语》述而篇）他不愿意与那些徒手搏虎、徒步过河，死了都不会后悔的人共事，而是欣赏遇事小心谨慎、善于谋划并取得成功的人。可见，孔子主张的勇是有勇有谋的理智之勇，是有仁有义、有礼有节的"义勇"；这样的勇者不是"无惧"，而是"不惧"，即明知有危险仍然坚持道义、不惧得失、勇往直前。真正的勇者因知耻而勇于改过，因仁爱而勇于担当，因舍我而勇于牺牲。因为能做到改过迁善、见危授命、舍生取义，真正的勇者问心无愧、心安不惧。

一、勇于改过

人当然要尽可能少犯错误才能心安、坦荡。如果一个人能坚持遵纪守法，公平公正，努力依良知而行，不做亏心事，自然就不会有过多的忧虑、担心和恐惧。这就是"生平不作亏心事，夜半敲门心不惊"的道理。但是，人非圣贤，孰能无过？而且，即便是圣贤也难免会有过错。孔子曾言："加我数年，五十以学《易》，可以无大过矣。"（《论语》述而篇）也就是说，孔子承认自己在未学《易》之前是有"大过"的，即使学了《易》之后也不免有小过。古之大贤者蘧伯玉"五十而知四十九年非"，"欲寡其过而未能也"，可见其过错之多。所以，王阳明曾言："夫过者，自大贤所不免，然不害其卒为大贤者，为其能改也。故不贵于无过，而贵于能改过。"（《王阳明集》教条示龙场诸生）圣贤与常人一样会有过错，不同之处在于他们对过错的态度，其一是有勇气坦然承认过错；其二是勇于克服困难改正错误。

子夏说:"小人之过也必文。"《大学》也有言:"小人闲居为不善,无所不至,见君子而后厌然,揜其不善而著其善。"小人不仅经常有意犯错作恶,而且文过饰非,因为他们没有勇气承认错误,担心自己犯过错而不再受人尊敬、信任。而孔子认为,明智的做法是坦承错误,并努力改正。他认为:"君子不重则不威,学则不固,主忠信,无友不如己者,过则勿惮改。"(《论语》学而篇)"过而不改,是谓过矣。"(《论语》卫灵公篇)君子改正了错误,不仅不会影响自己的声誉,反而会得到他人的敬仰,正如子贡所言:"君子之过也,如日月之食焉。过也,人皆见之;更也,人皆仰之。"(《论语》子张篇)有过错而不去改正,才是真正的过错。

人有过错并不可怕,能"吃一堑长一智",把每一次错误都当作学习成长的机会,这是一种智慧;能如颜回一样做到"不迁怒,不贰过"则是一种值得尊敬的美德。遇到错误和问题,首先反思自己可能的过失,若是自己的责任,就勇于承认,绝不推诿,这就是一种勇气;而能做到不在同样的问题上犯第二次错误,则显示了善于学习的能力;即使不是自己的问题,也不指责、迁怒于人,这更是一种胸怀。可见,勇者不惧,是指不畏惧犯错,不畏惧认错,也不畏惧改过。能做到知错认错改过,就可以内省不疚、不忧不惧了。

《中庸》有言:"知耻近乎勇。"也就是说,只有真正认识到自己的过错并深以为耻,才可能勇于去改过。那么,在人的一生中,什么是真正应该深以为耻的大错大过呢?对此,孔子认为:"邦有道,贫且贱焉,耻也。邦无道,富且贵焉,耻也。"在一个有道的国度,不能生财有道,仍然生活在贫困之中,是应该觉得可耻的;在一个无道的国度,发不义之财,即使生活在富贵之中,也是应该以之为耻的。由此可见,孔子是以是否知"道"作为知耻的标准。与此类似，王阳明也认为应该以能否致良知为知耻的标准。他说："所谓知耻，只是耻其不能致得自己良知耳。今人多以言语不能屈服得人为耻，意气不能陵轧得人为耻，愤怒嗜欲不能直意任情得为耻，殊不知此数病者，皆是蔽塞自己良知之事，正君子之所宜深耻者。今乃反以不能蔽塞自己良知为耻，正是耻非其所当耻，而不知耻其所当耻也。可不大哀乎！"（《王阳明集》与黄宗贤）他认为，知耻就是耻于不能致得良知。人们常常以不能言语服人、气势压人、任意发泄情绪为耻，殊不知这些行为恰恰是良知被遮蔽的体现，是应该深以为耻的。以不当耻的行为为耻，而又不知应当以何为耻，真是令人悲哀！可见，在知错知耻上也有愚智之分、境界高低。

二、勇于担当

人生在世，都扮演着各自的角色，由此而肩负着不同的责任。有的人任务多、责任大，有的人任务少、责任小。有一份责任就有一份压力，就需要克服各种困难，也需要面对可能失败的风险。在此过程中，有的人以事不关己、高高挂起的态度，以各种理由推卸责任，有的人则以国家兴亡、匹夫有责的境界，主动承担责任。真正的勇者是敢于承担的人，他们选择的不是轻松、安逸、安全，而是心安。一个人尽到了社会赋予的责任，就会令他人心安，如子女遵纪守法、自食其力，就能让父母心安；父母能衣食无忧、健康无恙也能令子女心安。更重要的是，如果能尽到自己理性、良知所赋予的责任，就会令自己心安，而这种心安则是更持久、深刻的幸福和快乐。

梁启超有一篇影响广泛的短文《人生的最苦与最乐》，对于责任与苦乐的论述可谓极其经典。其中有如下精彩论述：

人生什么是最苦呢？贫吗？不是。失意吗？不是。老吗？死吗？都不是。我说人生最苦的事，莫苦于身上背着一种未了的责任。……该做的事没有做完，便像是有几千斤重担子压在肩头，再苦是没有的了。为什么呢？因为受那良心责备不过，要逃躲也没处逃躲呀。

……翻过来看，什么是最快乐呢？自然责任完了，算是人生第一件乐事。古语说得好："如释重负"；俗语亦说是："心上一块石头落了地"。人到这个时候，那种轻松愉快，直是不可以言语形容。责任越重大，负责的日子越久长，到责任完了时，海阔天空，心安理得，那快乐还要加几倍哩！……处处尽责任，便处处快乐；时时尽责任，便时时快乐。快乐之权，操之在己。

……然则为什么孟子又说："君子有终身之忧"呢？因为越是圣贤豪杰，他负的责任越是重大；而且他常要把这种种责任来揽在身上，肩头的担子从没有放下的时节。曾子还说哩："任重而道远"，"死而后已，不亦远乎？"那仁人志士的忧民忧国，那诸圣诸佛的悲天悯人，虽说他是一辈子感受苦痛，也都可以。但是他日日在那里尽责任，便日日在那里得苦中真乐，所以他到底还是乐，不是苦呀！（原载于：一九二二年八月十二日《时事新报·学灯》）

从梁启超的论述可知，尽责是不愧良知、心安快乐的基础，担责不是承担痛苦，而是幸福之源；如果能时时刻刻担责、尽责，就能事事处处舒坦、心安。反之，推卸责任、缺乏担当，则是自投苦海，永世不能解脱。所以，人必须知道自己的责任，并乐于承担责任，尽责不应该成为外在的要求，而应当是自己内在的需要。梁启超还说过："人生于天地间，各有责任。知责任者，大丈夫之始也。行责任者，大丈夫之终也。自放弃其责任，则是自放弃所以为人之具也。"（《呵旁观者文》）古人说："天下兴亡，匹夫有责"，

"穷则独善其身，达则兼济天下"，"先天下之忧而忧，后天下之乐而乐"，这些名言警句不只是强调了人之为人的道义与担当，也为每个人的幸福指明了一条光明大道。选择担当就是选择幸福，从这个意义上说，"勇于担当"不仅源自勇者的勇气，更是源于智者的智慧。

当然，权力与责任对等，拥有权力即意味着承担相应的责任，而承担责任也需要拥有相应的权力。很多人在平时争权，其实是为了夺利，而在危难之际急于隐退，其实是逃避责任。只有真正的君子、勇士，才能做到义不容辞、临危受命。对此，王阳明也有过非常精彩的论述：

夫惟身任天下之祸，然后能操天下之权；操天下之权，然后能济天下之患。……万斛之舵，平时从而争操之者，以利存焉。一旦风涛颠沛，变起不测，众方皇惑震丧，救死不遑，而谁复与争操乎？……夫权者，天下之大利大害也。小人窃之以成其恶，君子用之以济其善，固君子之不可一日去，小人之不可一日有者也。……夫身任天下之祸，岂君子之得已哉？既当其任，知天下之祸将终不能免也，则身任之而已。身任之而后，可以免于天下之祸。小人不知祸之不可以幸免，而百诡以求脱，遂致酿成大祸，而已亦卒不能免。故任祸者，惟忠诚忧国之君子能之，而小人不能也。（《王阳明集》寄杨邃庵阁老书）

权力蕴含着巨大的能量，如果权力被小人窃取，则可能以权谋私、为害作恶；而君子拥有权力，则可以为民谋利、造福社会。为此，真正的君子平时就不会拒绝权力，也不愿意看到权力落入小人之手，而在国家危难之际，忠诚忧国的君子更是会勇于接受权力，因为他们深知接受权力就是承担责任，是令自己承担天下之祸而使天下免于灾祸，而且，此时的小人急于逃命避祸，无意争权，正是君子获得权力的良机。所以，君子受命，不仅体现了巨大的勇气，也体现了深厚的仁爱和真正的智慧。

三、勇于牺牲

人生总是面临着各种得失取舍，包括财富、地位、名誉、感情、信任、重视等等。人们通常认为，"得到"会给人一种获得感、拥有感，进而产生安全感，而"失去"则会产生被剥夺感、失落感和不安全感，所以人们常常会"患得患失"。在各种得失中，最大的"失"莫过于失去生命，因而最令人恐惧的也莫过于死亡。与其他动物不同，人类是知道自己会死的，自己、亲人终将会死这一事实，会给人带来隐秘的却又始终萦绕的忧虑和恐惧，但是，人类又无法摆脱死亡及其带来的恐惧。为此就有了宗教的救赎，"'救赎'的首要意义是指'被救起，躲避一个巨大的危险或不幸这一事实'"[1]，西方人常常希望通过信仰上帝而获得拯救，得到心安。

中国传统文化则不同，它一方面重视生，认为人生的使命和美德就是"生"。例如《易经》就说："天地之大德曰生，生生之谓易。"认为天地的大德是使万物生长，生命的生长是不变的规律，人生的使命就在于"生"。"未知生，焉知死？"因此希望人们更多地重视和探究现世的生，而少谈未来的不可知的死。另一方面，又认为生命中有高于生的价值，这就是道义或仁德。孔子说："志士仁人，无求生以害仁，有杀身以成仁。"（《论语》卫灵公篇）真正的仁者、勇者不会为了求生而牺牲仁德，却愿意为了成就仁德而牺牲生命。老子也认为："吾所以有大患者，为吾有身，及吾无身，吾有何患。"（《道德经》第13章）人之大患在于有"身"而求生，

---

[1] 〔法〕吕克·费西:《人生难得是心安——另类西方哲学简史》，孙智绮等译，北京大学出版社，2016，第4页。

如果能放下身生之欲，便可轻松自由、无忧无患。孟子"舍生取义"的观点更如一盏明灯，为人们面对死亡的恐惧指明了方向，他说："鱼，我所欲也；熊掌，亦我所欲也，二者不可得兼，舍鱼而取熊掌者也。生，亦我所欲也；义，亦我所欲也，二者不可得兼，舍生而取义者也。生亦我所欲，所欲有甚于生者，故不为苟得也；死亦我所恶，所恶有甚于死者，故患有所不辟也。"（《孟子》告子章句上）人之所以舍鱼而取熊掌，是因为后者更有价值；同理，尽管生命是宝贵的，是人之所欲，但"义"才是人生的真正意义所在，失去了义则生如禽兽，甚至比死还可恶，所以，真正的君子不得不在"生"与"义"之间进行抉择时会毅然决然地舍生取义。诸葛亮"鞠躬尽瘁，死而后已"，林则徐"苟利国家生死以，岂因祸福避趋之"，就是这种价值选择和责任担当的体现。革命战争年代，更是有无数先烈为救国图存、人民幸福而英勇战斗、壮烈牺牲。方志敏临刑前一心想到的仍然是"可爱的中国"，陈毅在九死一生的苏区游击战中写下《梅岭三章》，"断头今日意如何""此去泉台招旧部"①，展现的都是向死而生、乐观豪迈的精神。这些勇于牺牲生命的英雄才是真正的勇士，他们的大勇源自对国家、人民深沉的大爱以及对人生价值的明智选择。这种生命智慧不求永生，也不信靠上帝，而是在超越生死的理性选择中获得坦然心安。

智、仁、勇三者是密切相关的。"仁者爱人"，在爱人、利人中实现爱己、利己，这本身就是一种智慧的选择；"知者利仁"，真正的智慧会帮助人们明智地辨别是非善恶，进而做出仁爱和义勇的选

---

① 陈毅《梅岭三章》全诗如下："一九三六年冬，梅山被围。余伤病伏丛莽间二十余日，虑不得脱，得诗三首留衣底。旋围解。（一）断头今日意如何？创业艰难百战多。此去泉台招旧部，旌旗十万斩阎罗。（二）南国烽烟正十年，此头须向国门悬。后死诸君多努力，捷报飞来当纸钱。（三）投身革命即为家，血雨腥风应有涯。取义成仁今日事，人间遍种自由花。"

择;"仁者必有勇,勇者不必有仁",真正的仁者必然愿意为所爱而勇于奉献。若能具备这"三达德",仁者的爱人、利他将不仅源自天性之善,也将获得理性和勇气的支持;勇者的担当、牺牲也将不只是出于道义和责任,而会变成自觉自愿、心甘情愿的选择。这样的人,确实会不忧、不惑、不惧、心安。

第二篇

修身为本

《大学》有言:"自天子以至于庶人,一是皆以修身为本。"修身是人之为人的根本,也是获得人生幸福的根本途径。"修"既有修养之意,也有修正之意,一方面,对符合人之本性的善端、美德、品性要用心呵护、培养,即修身养"性";另一方面,对人之习性、私欲、恶念要及时发现并不断修剪、克除,即修正改过。可见修身不只是在身体、言行上的修"行",使人举止得体、彬彬有礼,更重要的是修德修心、修"性"修"道"。

在《论语》中孔子不仅描绘了心安的生命状态,即"智者不惑、仁者不忧、勇者不惧",也指明了修养"三达德"的途径,即"好学近乎知,力行近乎仁,知耻近乎勇"。《大学》的宗旨与这一论述也完全吻合:"大学之道,在明明德,在亲民,在止于至善","明明德"就是通过勤学、好学而明德向上,"亲民"就是通过力行、真行而仁爱向善,"止于至善"则要求坚毅英勇、自强不息。据此,我们认为,人生应该在不断向上向善的奋斗中收获心安、幸福,教育则应该助人不断向上向善,从而增进心安、幸福。本篇将以此为线索,从三个方面阐述修身成人和心安幸福之道,即勤学向上(智,向上)、仁爱向善(仁,向善)、自强不息(勇,不断)。

第三章　勤学向上

"不畏浮云遮望眼，只缘身在最高层。"智者不惑，是因为其境界高、格局大，因而看得更清、更明、更全。要做到智者不惑，就需勤学向上。向上不是追求社会地位、做人上人，而是追求品德境界。真正高境界的人反而会"俯首甘为孺子牛"，会"全心全意为人民服务"。人的本性中有向上性，会追求更高尚、纯粹、美好的境界，而要达到这种境界，则需要后天的努力。外在教育和自我修养的目的都在于促进人不断向上。中国古人历来重视教育和修养，关于人生修养方面的论述汗牛充栋，《四书》《五经》都可谓修身之书。本章基于王阳明《教条示龙场诸生》中"立志、勤学、改过、责善"八字教规和老子《道德经》"为学日益，为道日损"思想，认为要做到勤学向上就应该立志为先，要在"为学日益、为道日损"上用功。

第一节　立志为先

一、人贵有志

立志是古圣先贤一贯的教导。在《论语》中，孔子就多次论述"志"的重要性，例如："吾十有五而有志于学。""志于道，据于德，依于仁，游于艺。""三军可夺帅也，匹夫不可夺志也。""志士仁人，无求生以害仁，有杀身以成仁。"孟子强调"尚志"，认为："志者，气之帅也。"朱子主张"居敬持志"，认为为学功夫"专在人自立志"。苏轼说："古之立大事者，不唯有超世之才，而必有坚忍不拔之志。"曹操老骥伏枥、志在千里；岳飞岳母刺字、精忠报国；毛泽东"为有牺牲多壮志，敢教日月换新天"；周恩来"为中华之崛起而读书"。这些仁人志士都在用其言行强调立志的重要意义。

在历代先哲中，王阳明对立志可谓最重视，论述也最详尽。他在1508年龙场悟道之后为龙冈书院制定了"立志、勤学、改过、责善"八字教规，其中第一条就是立志："立志。志不立，天下无可成之事，虽百工技艺，未有不本于志者。今学者旷废隳惰，玩岁愒时，而百无所成，皆由于志之未立耳。故立志而圣，则圣矣；立志而贤，则贤矣。志不立，如无舵之舟，无衔之马，漂荡奔逸，终亦何所底乎？"（《王阳明集》教条示龙场诸生）。人若无志，则一事无成；人生百无所成，皆因无志。可见王阳明对立志重要性的强调可谓无以复加。在《与黄诚甫书》中，他曾写道："立志之说，已近烦渎，然为知己言，竟亦不能舍是也。"可见他已经反复多次强调立志，甚至已经到了令人"烦渎"的地步，但为了知己的发展成长，他还不得不继续强调。在写给弟弟王守文的《示弟立志说》一文中，他再次强调："夫学，莫先于立志。志之不立，犹不种其根而徒事培壅灌溉，劳苦无成矣。世之所以因循苟且，随俗习非，而卒归于污下者，凡以志之弗立也。"对于立志的这些劝导，真是言真意切、一片赤诚。

那么，何为志？"志"的最基本含义是"志向""志愿"，即追求、奋斗的目标、愿望和方向。根据志的内容不同，可以有学业之志、事业之志、德业之志和人生之志。考大学、上名校属于学业之志；当教师教书育人、做医生救死扶伤，属于事业之志；做君子、圣贤，或做道德高尚、受人尊敬的人，属于德业之志；人生之志则是包含以上方面的对人生的总体目标。实现学业之志不仅有赖于自身天赋和努力，也要靠外部的天时地利人和，所以对于学业之志不能强求；每一种职业都有其意义和价值，古人主张"君子不器"，即君子不像器具那样只有某一方面的用途，在现代社会，职业变换更是常态而且也常常身不由己，所以对于"事业之志"也不必过于执着。"志"字从造字看就是"心"上有"士"，即志就是人心中想成为何种人。判断和区别人的最重要的标准是品德，而且"为仁由己，而由人乎哉"成为何种品德的人（大人、君子或小人、庸人）是每个人可以自主决定、自主实现的。所以，我们认为，真正应该立的志就是为人之志，其核心是德业之志。立学业之志、职业之志很可能让人"常立志"，只有立德业之志、人生之志才可能是"立常志"。在幸福教育实践中，我们则希望每位师生都立人生幸福之志，即立志成为不断向上向善的幸福的人，并坚信通过不断向上向善，自己此生一定会更幸福。这就是人生之志，也是每个人都可以立、也愿意立的志向。

为何要立志？立志的意义首先在于明确人生的方向。《大学》说："知止而后有定，定而后能静，静而后能安、安而后能虑、虑而后能得。"对此，朱熹的理解是："止者，所当止之地，即至善之所在也。知之，则志有定向。静，谓心不妄动。安，谓所处而安。虑，谓所处精详。得，谓得其所止。"[①]知道人生的终极目的，就是志有定向，就会内心坚定、平静，就会随处而安、思虑周全，最终实现理想、获得成功。如果把人生视为一次旅行或登山，志则是方向和目的地。在这样的人生旅程中，需要面对无数的选择和诱惑，没有明确的目标定位，就会漫无目的、失去方向，就很容易走向歧途。明确的志向则犹如天空的北斗，能帮助人在迷茫中找到正确的

---

① （宋）朱熹：《四书章句集注》，金年良今译，上海古籍出版社，2006，第6页。

方向。立志就是要坚定地向上向善，使人免于在欲望中沉沦、在不明中偏航。

立志也是为了获得人生持续发展的动力。在人生旅程中，即便方向明确，也还会遇到无数的困难和挫折，如果缺乏前行的动力，就很可能不思进取、随波逐流；如果没有高远志向的引导和激励，就很可能小进即安、随遇而安。很多人因为只有一个学业之志，将立志理解为实现高考志愿，所以一旦考上大学就找不到继续学习的意义和动力，甚至患上"空心病"；还有一些人只有职业之志，将立志理解为从事何种职业，所以一旦找到工作就按部就班，不求有功但求无过，只求尽早退休养老。而"成人"是持续一生的过程，成为一个怎样的人，只有在离开人世时才可以"盖棺定论"。所以，立人生之志才可能给人一生持续不断的发展动力。

笔者依自身经历切实感受到立志的重大意义，因而认为：立志是人生最好的礼物，爱自己，就应立志；爱他（她），就该帮他（她）立志；深爱，就立大志。立志是每个人的人生大事，不仅青少年要立志，每一位老师、家长也要立志，甚至应该为人表率，率先立志；每一位有影响的企业家、公务员、公众人物更要立志。"扶贫先扶志"，即使是贫困人群，为脱贫致富也要先立志。不仅个人要立志，一个集体、一个政党以至于一个国家都要立志。由于立志意义重大，因而要特别重视，应该有特别的仪式感。为进一步推动青少年立志，笔者也建议把每年的5月18日定为"青少年立志日"。选择5月18日是因为"我十八"这一谐音。十八岁被认为是成人的标志，意味着从此要成为大人，成为大人就要立大人之志，有大人的担当。[1]

---

[1] 文东茅：《立志是人生最好的礼物——在"5·18立志日"上的分享》，《中国德育》2018年第12期。

二、志存高远

志有高低、大小之分，不同志向对人生的影响不同。王阳明在《与黄诚甫书》中辨析了三种志：志于道德、志于功名、志于富贵。他认为："志于道德者，功名不足以累其心；志于功名者，富贵不足以累其心。但近世所谓道德，功名而已矣；所谓功名，富贵而已矣。"也就是说，人若能立道德之志，则必将严于律己、勤奋精进。如此，就有更大的可能立功扬名、生财有道，他们也不会被功名、富贵所累，而是会智慧地利用功名、富贵来更好地成就道德人生。反之，如果只是在功名、富贵上追求，就很可能德行不足以驾驭权财、名位，反而为功名、富贵所累，因为"德不配位，必有殃灾"。他认为，很可惜的是，人们并不懂得这一道理，并不真正立定道德之志，而只是以道德为名追求功名之实，以功名为名追求利益之实。

在立志方面，孔子师徒为我们树立了榜样。《论语》中有以下记载："颜渊季路侍，子曰：'盍各言尔志？'子路曰：'愿车马，衣轻裘，与朋友共，敝之而无憾。'颜渊曰：'愿无伐善，无施劳。'子路曰：'愿闻子之志。'子曰：'老者安之，朋友信之，少者怀之。'"(《论语》公冶长篇）对这一段，程子认为孔子师生之志都在于仁德："夫子安仁，颜渊不违仁，子路求仁。""子路、颜渊、孔子之志，皆与物共者也，但有小大之差尔"。① 孔子之志是"修己以安人""修己以安百姓"。《大学》提出的大人之志是修身齐家治国平天下，孟子认为"人皆可以为尧舜"，王阳明说"立志而圣则圣矣，立志而贤则贤矣"，程颐说"有求为圣人之志，然后可以共学"。可见，古人之志是止于至高至上、至大至善，是成圣

---

① （宋）朱熹：《四书章句集注》，金年良今译，上海古籍出版社，2006，第150页。

成贤。

如今,"成圣成贤"这类话语很可能令人望而生畏,也容易引起误解,但志存高远仍然应该是对我们的要求。"高"就是要品德、境界高尚,"远"就是要有长远的目标、远大的理想。立志成为品德高尚的人、令人尊敬的人、有益于社会的人、问心无愧的人、不断向上向善的人、真正幸福的人,这些都可以成为我们的人生目标。鲁迅曾言:"无穷的远方,无数的人们,都和我有关。"北大教授林毅夫也曾说:"只要民族没有复兴,我们的责任就没有完成,只要天下还有贫穷的人,就是我们自己在贫穷中,只要天下还有苦难的人,就是我们自己在苦难中,这是我们北大人的胸怀,也是我们北大人的庄严承诺。"这些表述就是他们心中大志大愿的个性化呈现。

在北大,笔者总是期望每一位同学都立志,同学们对志向的表述也各不相同,而有一种表述则引起了大家的广泛共鸣和高度认可,即"找到北,走向大"。何为"北"？何为"大"？北大校徽给出了答案。北大校徽由鲁迅先生设计,由三个篆体的"人"字构成,上面的"北"字由两个"人"构成,看似为两个人背靠背席地休息,下面的"大"字是一个大力士形象,似乎在肩负重任。我对该校徽含义的解读是:北大的"北"是人民的幸福美好生活,北大的"大"是肩负重任、担当大任。"岁月静好,只因有人为你负重前行",北大人要"找到北,走向大",即要以人民幸福、民族复兴为初心和使命,努力学习、不断成长,成为堪当大任的国之栋梁。"找到北,走向大"应该成为每个北大人甚至每位青年的志向;只有"找到北,走向大",才可谓真正的"北大人"。

三、笃志力行

尽管立志的意义重大，但实际上，大多数人或者是从来没有立过志，或者只是在某个场合许下一个空洞的承诺，之后很快就抛之脑后。立志不只是"立下志向"，真正的立志是"立定志向"，甚至是"立得志向"，即要做到志向坚定并最终实现自己的志向。我们主张的立志不是立只管一时一事的学业之志、职业之志、功名之志、富贵之志，而是立指向一生的道德之志、人生之志。从这个意义上说，人生只有一件大事，即立得志向，成为君子、大人。所谓"人生为一大事而来"，就是这个意思。立得人生之志必定是一个漫长、艰巨的过程，所以，人生不仅要庄严立志，更需要始终不违志向、笃志力行。对此，王阳明也有精辟的教导：

夫立志亦不易矣。孔子，圣人也，犹曰："吾十有五而志于学，三十而立。"立者，志立也。虽至于"不逾矩"，亦志之不逾矩也。志岂可易而视哉！夫志，气之帅也，人之命也，木之根也，水之源也。源不浚则流息，根不植则木枯，命不续则人死，志不立则气昏。是以君子之学，无时无处而不以立志为事……然后此志常立，神气精明，义理昭著。一有私欲，即便知觉，自然容住不得矣。故凡一毫私欲之萌，只责此志不立，即私欲便退；听一毫客气之动，只责此志不立，即客气便消除。或怠心生，责此志，即不怠；忽心生，责此志，即不忽；躁心生，责此志，即不躁；妒心生，责此志，即不妒；忿心生，责此志，即不忿；贪心生，责此志，即不贪；傲心生，责此志，即不傲；吝心生，责此志，即不吝。盖无一息而非立志、责志之时，无一事而非立志、责志之地。故责志之功，其于去人欲，有如烈火之燎毛，太阳一出，而魍魉潜消也。

……后世大患，尤在无志，故今以立志为说。中间字字句句，莫非

立志。盖终身问学之功，只是立得志而已。(《王阳明集》示弟立志说)

在王阳明看来，立志是一件极其困难的事，即便是圣人孔子，也是在十五岁就"立下志向"，到三十岁才"立定志向"，而到七十岁"随心所欲不逾矩"也只是做到不违背志向而已。立志关涉人生根本，所以，君子之学应当时时刻刻不忘自己的人生志向，只有如此，才能志定心坚。在立定志向之后，也要事事处处依据志向来明辨是非善恶，但凡生出懈怠、疏忽、急躁、嫉妒、愤恨、贪欲、傲慢、吝啬等私心杂念，都要依据自己的人生志向来自责自省，使之得到及时克除。如此努力一生，才能最终"立得志向"。

因为立志不易，所以也需要外部支持。"一个人可能走得很快，一群人才能走得更远"，在实现人生志向的漫漫旅途中，找到志同道合的朋友和组织也至关重要。当然，立志过程尽管艰苦，但立志成人是人的本性使然、天命所需，是每个人心甘情愿的事。幸福是奋斗出来的，在为自己人生理想而奋斗的过程中能收获成长的快乐、尽责的心安。这也是人能长期坚持克除内在私欲和外在困难而笃志力行的内在动力。

党的十九大报告提出，要"不忘初心，牢记使命"，"中国共产党人的初心和使命，就是为中国人民谋幸福，为中华民族谋复兴。这个初心和使命是激励中国共产党人不断前进的根本动力"。每一位共产党人以至于每一个中国人，都应该以为人民谋幸福、为民族谋复兴为人生志向。同样的道理，每一位教师、家长、学生也都应该以为人民谋幸福、为民族谋复兴为初心和使命，从中获取奋斗的动力源泉。在实现这一理想的过程中，所有以幸福为初心和使命的师生、家长都是我们的志同道合者，都是可以相互帮助、砥砺前行的同志。

基于以上认识,在幸福教育实践中,我们倡导师生和家长要先立志,"立志幸福",即每个人都立志成为一个幸福的人,立志以幸福教育为终身事业,在幸福他人的过程中幸福自己。不少学校(如河北三河市燕灵路小学、河南息县五中等)要求每位教师都立志,并将教师照片和立志内容张贴于校园醒目的位置,以示立志之庄严和坚定,以期成为学生表率。广州市天河区还成立了由二十多所学校组成的"立志教育联盟",以立志教育为抓手激发学生的内在动力,推动学校的各项工作,并定期开展校级交流。联盟中的大多数学校都取得了可喜的成绩。例如天河区长兴中学曾经是一所城乡结合部的薄弱学校,校园空间小、办学条件和学生基础差。在开展立志教育后,学校要求每位师生都立志,并由校领导带领全体学生每天在晨会中集体诵读"立志名言",其内容如下:"'志不立,天下无可成之事。虽百工技艺,未有不本于志者。''立志而圣,则圣矣;立志而贤,则贤矣。''故立志者,为学之心也;为学者,立志之事也。''志于道德者,功名不足以累其心;志于功名者,富贵不足以累其心。''凡学之不勤,必其志尚未笃也。''不以聪慧警捷为高,而以勤确谦抑为上。''古之立大事者,不惟有超世之才,亦必有坚忍不拔之志。'"通过多年持续的立志、励志、砺志系列活动,学校师生的精神面貌大为改观,学生学习成绩不断提升,教师在全区教研、赛课等各项活动中经常名列前茅。

笔者的个人经历和幸福教育实践都表明,人若立志幸福,就会念念不忘为他人谋幸福,不断产生有益于他人的善行善念,并在造福他人和社会的过程中收获意义感、价值感;一群人共谋幸福,就会以集体的智慧探索出更有效的幸福教育的途径和方法,也会在其中收获归属感、成就感。在实践中不断体证和收获价值感、归属感、幸福感,正是我们持续推进幸福教育、实现幸福人生的内在激励机制和动力源泉。

第二节　为学日益

立志给人方向、带来动力，但要立得志向、实现目标，还需要一步一个脚印地去努力。人生成长的最基本途径就是学习，向师长学、向书本学、在实践中学。如果说立志是"心动"，学习才是"行动"。人生修养不仅要靠心动，更要靠行动。老子说："为学日益，为道日损。"一方面，要通过学习，丰富知识、增强能力、提升品格，另一方面，也要遵照道的要求，克除自身的缺点、错误和贪欲，做到大道至简、返璞归真。不论是"日益"还是"日损"都会带来收获和成长，因而学习能给人成长感，进而带来成功感、成就感、价值感，所有这些都会让人更心安。要做到"为学日益"，就需要重视学习、善于学习、乐于学习，要知道为何学、学什么、如何学。只有明确学以成人，做到学以明道、学以致用，才能学有所得、学有所乐、学而不厌。

一、学以为己

"学以为己"源自《论语》宪问篇。子曰："古之学者为己，今之学者为人。"孔子认为古人的学习是为了充实提高自己，而现今的人们学习只是为了讨好、迎合他人。对此，钱逊解释道："'为己'，是说所学所为都是出于自己的内心要求，既不是畏惧外力的强制，也不是顾虑他人的议论，更不是为了沽名钓誉，而是只求自己心安，除此别无所求。'为人'，则是所学所为只求人知，借以博取名利，与自身修养无关。"[1]正因为学习只是"为己"而非"为

---

[1] 钱逊编著:《中华传统文化经典教师读本〈论语〉》(下册)，济南出版社，2015，第258页。

人",孔子才会说:"君子病无能焉,不病人之不己知也"(《论语》卫灵公篇),"不患人之不己知,患其不能也"(《论语》宪问篇)。作为君子,不会因为他人不了解、不理解自己而担心、生气,只是担心自己是否有真才实学。

"学以为己"这一道理看似简单明了,但却常常不能被人真正理解,相反,很多人都在"学以为人"、学以为利、为名、为色。有很多广为流传的说法就是这种思想认识的写照,例如:"书中自有颜如玉,书中自有黄金屋","吃得苦中苦,方为人上人"。按照这些说法,似乎学习就是为了未来获得金钱、美色、地位,而学习过程必然是艰苦的,只有"刻苦"学习,才能获得上述的一切以及所谓的成功。这就是试图从外部、从未来定义学习的目的和动力。但事实上不可能人人都能名列前茅、考入名校,都升官发财,所以,这类人很快就会在幻灭中走向迷茫。

"学以为己"告诉我们:学习是每个人自己的需要,因此应该高度重视、自觉自愿。在这方面,孔子以身示范,为我们树立了不朽的典范。他说:"十室之邑,必有忠信如丘者焉,不如丘之好学也"(《论语》公冶长篇);"学如不及,犹恐失之","笃信好学,守死善道"(《论语》泰伯篇)。之所以能如此,是因为孔子深知学习的意义,他说:"吾尝终日不食,终夜不寝,以思,无益,不如学也"(《论语》卫灵公篇);"学而不思则罔,思而不学则殆"(《论语》为政篇)。更重要的是,学习是使人之为人、使人与众不同的基本途径。孔子认为:"性相近也,习相远也。"人天生的本性是相近的,是后天的学习导致了人与人之间的巨大差异。他认为,根据对学习的态度可以将人分为不同层次:"生而知之者,上也。学而知之者,次也。困而学之,又其次也。困而不学,民斯为下矣。"(《论语》季氏篇)由于上等的人生而知之,不必改变,下等的人因为愚昧，以至于困而不学，也不可改变、不可救药，所以他认为"唯上知与下愚不移"（《论语》阳货篇），除此之外的人都是可以通过学习而发生改变的。而且，孔子认为自己也不是生而知之者："我非生而知之者，好古，敏以求之者也。"（《论语》述而篇）

人生的成长需要在知识、技能、品德等各方面广泛地学习，而作为君子，最应该注重的是道德的学习成长。孔子认为，每个人的天赋和使命不同，作为君子，要成为"大人"、成就更大的事业、利益更大的群体，就应该注重学"道"，而不是具体的"术"。他认为："君子上达，小人下达。"上达于道或仁、义、礼、信，下达于术、利、事、功。与樊迟的以下对话突出体现了孔子的这一主张：

樊迟请学稼，子曰："吾不如老农。"请学为圃，曰："吾不如老圃。"樊迟出。子曰："小人哉！樊须也。上好礼，则民莫敢不敬；上好义，则民莫敢不服；上好信，则民莫敢不用情。夫如是，则四方之民，襁负其子而至矣。焉用稼！"（《论语》子路篇）

孔子重视德行，但他认为绝不能停留于"好德"，而要以切实的行动、努力的学习来养成美德。他与子路有以下对话：

子曰："由也，女闻六言六蔽矣乎？"对曰："未也。""居！吾语女：好仁不好学，其蔽也愚；好知不好学，其蔽也荡；好信不好学，其蔽也贼；好直不好学，其蔽也绞；好勇不好学，其蔽也乱；好刚不好学，其蔽也狂。"（《论语》阳货篇）

仁爱、智慧、诚信、正直、勇敢、刚强都是美好的品德，但若仅有愿望而不善于学习，则不仅不能养成这些美德，反而可能导致愚昧之爱、肤浅之行、固守之害、尖刻之言、犯上作乱、狂妄不羁等问题。

因为学习是自己的需要，学习就不应该是被迫的，而应该是心甘情愿、自觉自愿的事；因为学习可以满足人生成长的需要，这种满足就能带来快乐，这样的学习也是快乐的。《论语》开篇即说："学而时习之，不亦说乎？"通过学习获得品德、才能的成长，并不断将所学用之于实践，进一步验证所学、服务社会，从中就能收获成长感、成功感、价值感，这显然是一件快乐的事。在学习中体悟快乐，才能做到勤于学习、乐于学习，而不是在痛苦中咬牙坚持。孔子自认为："默而识之，学而不厌，诲人不倦，何有于我哉？"（《论语》述而篇）因为深知人生需要乐学而不是苦学，孔子告诉我们："知之者不如好之者，好之者不如乐之者。"只知道学习的目的意义不如怀有兴趣、爱好，仅有兴趣、爱好往往还不能持久，只有真正体悟到学习带来的内心的快乐，才能学而不厌、坚持不懈、终身学习。这就是学习的"内在动机"。

二、读书明理

"读书"有广义和狭义的理解，狭义的读书是指阅读书籍，尤其是阅读经典；广义的"读书"则指各类学习，常常被称为"上学"。文以载道，经典中蕴含着对道的理解和阐释，所以读书可以明理、明道，从而获得得理心安、明道心安之乐。"上学"之"上"不仅有"去"的意思，还有"向上"的蕴意，也就是说，"学"是为了"向上"，提高人的认识水平、知识能力、品德境界。好好学习，是为了"天天向上"。

上学之"学"又有"小学"和"大学"之分。朱熹在《大学章句序》中认为："人生八岁，则自王公以下，至于庶人之子弟，皆入小学，而教之以洒扫、应对、进退之节，礼乐、射御、书数之文；及其十有五年，则自天子之元子、众子，以至公、卿、大夫、元士之适子，与凡民之俊秀，皆入大学，而教之以穷理、正心、修己、治人之道。"①可见，上学的初级阶段是学习基本知识、基本技能和品德习惯，而到高级阶段则是学习为人、处事、治理社会的道理。

古代上学所学的主要内容，在小学阶段是日常生活中的洒扫应对，以便于习惯养成，同时学习包括《三字经》《百家姓》《千字文》等在内的基本的"小学"读物；大学阶段则学习四书、五经等经典。现代学校已经建立了更完备的课程体系，在小学有语文、数学、外语、体育、音乐、美术、道德与法治等不同课程；到中学会逐渐增加地理、历史、政治、物理、化学、生物等课程；到大学则实行分科学习，或者在通识教育基础上的专业化学习。所有这些学习，都可以说是为了让人们"明理"或"明智"，其中主要包括有关自然、社会和人自身的基本知识、行为规范，这些都构成了本书第二章"知常曰明"中"常"的一部分，即科学常识、社会常识、生理常识、生活常识等。而大学阶段的分科学习和研究，主要致力于探究自然和社会的"规律"，探讨人类生活的历史、语言、伦理、法律现象和基本规则，这些规律、原则、原理也是一种"常"，即恒常不变的常理、常规。所以，读书、上学是知常、向上的基本途径。

广泛阅读是开阔视野、增进学识的重要途径。一生需读、可读的书很多，除了阅读纸质书籍，看电影电视、阅读浏览网络都是广义的读书的一部分。需要注意的是，书海无边，鱼龙混杂，有好有坏，有适合或不适合。爱默生曾言："书籍用得好的时候是最好

---

① (宋) 朱熹：《四书章句集注》，金年良今译，上海古籍出版社，2006，第3页。

的东西；滥用的时候，是最坏的东西之一。"别林斯基也说："阅读一本不适合自己阅读的书，比不阅读还要坏。我们必须学会这样一种本领：选择最有价值、最适合自己所需要的读物。"经典因出自智者和圣贤，又经过了历史岁月的长期检验和筛选，因而更具有普适性。读经典，就是与伟大的灵魂对话。从人生成长和幸福的角度看，最有效的方式也是阅读经典。作为中国人，尤其要注重中国传统文化经典的阅读。

孔子就特别注重读书。他主张"学则不固"，要"博学于文，约之以礼"。他告诉弟子们要学《诗》，他认为："不学《诗》，无以言"，"不学礼，无以立"（《论语》季氏篇）；"《诗》，可以兴，可以观，可以群，可以怨，迩之事父，远之事君，多识于鸟兽草木之名。"（《论语》阳货篇）此外，孔子一生用了大量精力著《春秋》、删《六经》，也就是为了导之以正、隐恶扬善。

朱熹也特别重视读书，读经典之书。他曾有言："为学之道，莫先于穷理；穷理之要，必先于读书。"在汗牛充栋的书籍中，朱熹尤其推荐《大学》《中庸》《论语》《孟子》，合称"四书"。为了便于人们阅读，他几乎是以一生的精力著《四书章句集注》。

王阳明也认为，要立得圣贤之志，则需"证诸先觉，考诸古训"："夫所谓'正诸先觉'者，既以其人为先觉而师之矣，则当专心致志，惟先觉之为听。言有不合，不得弃置，必从而思之；思之不得，又从而辨之。务求了释，不敢辄生疑惑。……夫所谓'考诸古训'者，圣贤垂训，莫非教人去人欲而存天理之方，若《五经》、《四书》是已。吾惟欲去吾之人欲，存吾之天理，而不得其方，是以求之于此，则其展卷之际，真如饥者之于食，求饱而已；病者之于药，求愈而已；暗者之于灯，求照而已；跛者之于杖，求行而已。"（《王阳明集》示弟立志说）

他认为，立志求学，一方面要以有觉悟的圣贤为师，尊师重道，同时要学习"四书""五经"等古代经典。由于这些经典凝聚着圣贤智慧，阐述了去人欲存天理的方法，所以能真正开卷有益，使人明理解惑。

在如何读书方面，钱穆的观点也很有教益。在《我所提倡的一种读书方法》中，他认为："现在人太注意专门学问，要做专家。事实上，通人之学尤其重要。做通人的读书方法，要读全书，不可割裂破碎，只注意某一方面；要能欣赏领会，与作者精神互起共鸣；要读各方面高标准的书，不要随便乱读。"他认为中国人必读的有以下九本书：《论语》《孟子》《大学》《中庸》《老子》《庄子》《六祖坛经》《近思录》《传习录》。当然，他也说："这九部书中，也不一定要全读，读八部也可七部也可。只读一部也可。若只读一部，我劝诸位读《论语》。"

读书不只是为了考试升学或向人炫耀自己博闻强记、知识丰富，而是要真正明白道理、提升心性修养。在此方面，朱子读书法特别值得推荐。其要点包括"循序渐进""熟读精思""虚心涵泳""切己体察""居敬持志""紧着用力"等方面。循序渐进，就是注重先后顺序，例如朱熹就认为，读《四书》，要先读《大学》，以定其规模；次读《论语》，以定其根本；再读《孟子》，以观其发越；后读《中庸》，以求古人之微妙处。熟读精思，就是要反复阅读，熟读成诵，"书读百遍，其意自现"，在人生的不同阶段、在不同处境下，可能有不同的理解。虚心涵泳、居敬持志，就是要有谦卑之心，不断体悟圣贤道理，就如钱穆所言："读一书，先要信任他，不要预存怀疑，若有问题，读久了，自然可发现，加以比较研究；若走来就存怀疑态度，便不能学。"切己体察，则是要本着学以为己的态度，密切结合自己的切身经历去体证和感悟，真正把书中的道理转化为自己的认识，内化于心、外化于行，通过读书改变认识、信仰、行为和生活。紧着用力，则是指要珍惜时间、勤奋学习。如果知道为何读书、读何书、如何读书，并且勤于读书、乐于读书，就离读书明理、学以成人不远了。

三、素位而学

学习不只是读书，也不只是到学校上学，处处留心皆学问，在日常生活中、在社会实践中学习也是基本的学习途径，甚至是更真实、更重要的学习。孔子说："弟子入则孝，出则弟，谨而信，泛爱众，而亲仁。行有余力，则以学文。"（《论语》学而篇）可见，最重要、最基本的是在日常生活中学习孝悌仁爱，只有做好这些之后仍然有余力，才建议去学习文献知识。子夏也说："贤贤易色，事父母能竭其力，事君能致其身，与朋友交言而有信，虽曰未学，吾必谓之学矣。"（《论语》学而篇）孔子强调，不仅要向书本学、向老师学，而且应该随时随地、向所有可能的人学习，也包括通过自省来"自学"。他说："三人行，必有我师焉；择其善者而从之，其不善者而改之。"（《论语》述而篇）"见贤思齐焉，见不贤而内自省也。"（《论语》里仁篇）

《中庸》有言："君子素其位而行，不愿乎其外。素富贵行乎富贵，素贫贱行乎贫贱，素夷狄行乎夷狄，素患难行乎患难，君子无入而不自得焉。"王阳明认为，素位而"行"是圣贤的境界，是孔子"七十随心所欲不逾矩"的状态，作为普通人，应该素位而"学"："后之君子，亦当'素其位而学，不愿乎其外'。素富贵，学处乎富贵；素贫贱患难，学处乎贫贱患难，则亦可以无入而不自得。"（《王阳明集》黄纯甫书）素位而学的思想对我们当今的学习有以下重要启示。

第一，不仅要在贫贱中学，也要在富贵中学。贫贱和富贵是一个社会的常态，也是人生在不同阶段可能遭遇的状态。正确对待贫富是人生修养的重要一课。孔子就特别强调不论贫富都要"有道"，他说："富与贵，是人之所欲也，不以其道得之，不处也。贫与贱，是人之所恶也，不以其道得之，不去也。"（《论语》里仁篇）在贫贱中，衣食温饱等基本需求都难以满足，此时为了生存，人们往往更愿意学习、奋斗，因而寒门子弟刻苦学习改变命运的案例不胜枚举，这是"以道得之"。但也有一些人试图以不正当的途径摆脱贫困，即"不以其道得之"，由此就可以区分小人和君子的境界。"君子固穷，小人穷斯滥矣。"（《论语》卫灵公篇）君子固然也有贫困的时候，但仍然能固守人格操守，而小人贫穷时则可能偷盗抢劫、为非作歹。在贫穷时，即便不偷抢作乱，时有抱怨却是人之常情，而在富贵时则易生骄慢之心，所以孔子认为："贫而无怨难，富而无骄易"（《论语》宪问篇），他希望人们不仅要做到"贫而无谄，富而无骄"，还应该追求"贫而乐，富而好礼"的境界。他不仅自己做到安贫乐道，"饭疏食饮水，曲肱而枕之，乐亦在其中矣。不义而富且贵，于我如浮云"（《论语》述而篇），也时时提醒弟子们在贫困中守节、修道。他说："君子食无求饱，居无求安，敏于事而慎于言，就有道而正焉，可谓好学也已。"（《论语》学而篇）不论贫富贵贱，只要慎言敏行、正心求道，就可称为好学。

对个人如此，对一个国家也是如此。《论语》记载：子适卫，冉有仆。子曰："庶矣哉！"冉有曰："既庶矣，又何加焉？"曰："富之。"曰："既富矣，又何加焉？"曰："教之。"（《论语》子路篇）孔子认为，一个国家人口众多之后，就要使之富裕；富裕之后，就应该进一步教化民众。这一点对当代中国具有尤其重要的启示。经过四十多年的改革开放，我国已经走过"站起来"的阶段，进入了一个"富起来"并走向"强起来"的新阶段。我国国民生产总值已经稳居世界第二，并有可能在近期实现超越，成为世界第一；人均收入也进入中等收入国家水平。在过去几千年的历史中，我们从来没有如今天这样普遍地富裕过。对待贫困，我们有很多的经验和教训，而对待富裕，却很少有国家层面的经验。对一个国家而言，初步富裕之后，国民就有可能走向普遍的懈怠、躺平，走入"中等收入陷阱"。真正的"强起来"，应该是人们内心的强大，要学习在富裕中学会"富而不骄""富而好礼"，继续艰苦奋斗。这不仅是为了在物质上更加富裕，也是为了获得精神的富足。

第二，不仅要在关键时刻学，也要在平常生活中学。关键时刻、重大事件，不论是好是坏，都可能给人们深刻印象，人们也容易从中获得经验教训。其实，道不远人，道也不离人伦日用，但人们却常常忽视日常生活中的学习。《大学》认为修身在正心，但人们却常常"心不在焉，视而不见，听而不闻，食而不知其味"。《中庸》也转引孔子的话说："人莫不饮食也，鲜能知味也。"用现在的话说，人们经常心不在焉，不在"正念"上，不知道自己当下身处何方、在想什么、做什么。因此在西方流行"正念"练习，从观察自己的呼吸开始，感知自己的身体、意念、情绪，并逐渐学会接纳自己。

第三，要做到"素位而学"，必须有一定的工具和抓手。素位而学意味着在时时、处处学，从所有处境、经历中学，这种要求若不能具体化，就会沦为一种一般性的理念和要求，对学习、修养很难有实质性的意义。为此，在幸福教育实践中，我们特别倡导大家每天书写"幸福日志"。"幸福日志"是一种功能性的日记，是按照一定的要求反思、记录每天所思所行并指向人生幸福的长期实践。其基本原理是：幸福是一种能力，只有不断学习、觉察、反思,才能不断提升感知幸福、创造幸福、分享幸福的能力。积极心理学的研究证实,幸福日志是最简单、高效且易于坚持、推广的提升幸福感的方式之一。《大学》也认为:"自天子以至于庶人,壹是皆以修身为本",修身就体现在日行一善、每日三省吾身等方面,通过日积月累、积善成德,进而齐家、治国、平天下。基于此,我们研制了一个结合中华传统文化的"幸福日志"模板,其中规定每天修身的功课包括:(1)"读书明理":每日熟读一句经典,尽可能体悟其中做人做事的道理。(2)"觉察幸福":从"善行善念""幸福时光""感恩世界"等方面回顾一天的所思所行,感知日常生活中点滴的美好和幸福,感恩他人的关爱和温暖。(3)"三省吾身":今天是否做到了"不说谎""不抱怨""不懈怠"。(4)"日记心得":记录当天学习、观察、思考的主要感悟和收获,可重点突出读书、育儿、工作、交友等主题。

为便于记忆、理解,我们又将"觉察幸福"的三项内容概括为"好""幸福""谢谢"。"好",即善行善念,指自己一天中做过哪些有益于他人的好事,有哪些好的、有益于他人的想法,同时反思"不好"的方面,并引以为戒。长此以往,必然会使知善知恶、为善去恶的能力得到增强。"幸福",即幸福时光,就是要去回忆一天中觉得幸福的时刻,在细微处、熟视无睹中觉察幸福,例如家人团聚、天气凉爽、身体健康、偶得好书、体悟道理等,以此提升感知幸福、分享幸福、创造幸福的能力。"谢谢",即"感恩世界",就是要回忆一天中值得感谢的人和事。我们偶然的看似理所当然的获得,其实是无数的人辛勤付出的结果,从盘中之餐,到干净的街道、安全的环境、丰富的市场、发达的科技,以至于一个微笑,无一不值得我们感谢。需要感谢的不仅有时代,还有祖先和世界。长期发自内心的感谢,会让自己感到被世界温柔以待,从而远离孤独、无助。感恩也会让我们升起回报世界的责任心，由于感知到世界于我有恩，就会有意愿用行动去感谢他人的恩情，去尽自己的责任回报社会。这种良性的循环，不仅让人能真切地体会人与人之间、人与世界之间的普遍联系，给人归属感，也将增进人们学习和工作的动力。

为将"读书明理"落到实处，我们开发了一套以传统文化经典为内容的"幸福日志"，分别从《大学》《中庸》《论语》《孟子》《道德经》中选出若干重要章句，以"每日一句"的方式呈现。为了便于大家相互交流，我们还组织参与幸福教育实践的教师和家长通过专门软件在网上书写幸福日志。我们的实践也表明，长期书写幸福日志不仅可以及时记录日常生活的大小事件，也是一种提升觉察幸福、反省自我的自主训练，有助于养成随时学习、不断反思的习惯，从而使"素位而学"变为可能。

第三节　为道日损

一、道常无为

老子有言："为学日益，为道日损。"（《道德经》第42章）勤于学习可以不断增加知识、提升能力、促进品德和智慧；追求大道则需要不断克服私欲、偏见、妄为，回归于自然无为的境界。在这一语境中，老子似乎更强调"为道"，其实，为学和为道是修身的一体两面，为学就是为道，为道也是为学，并没有高下之分，只因为人们更容易看到并且更重视"日益"的为学，而相对忽视"日损"的为道，所以老子特别强调"为道日损"。

老子所言为道日损，可以理解为少私寡欲、回归自然质朴。他认为："祸莫大于不知足，咎莫大于欲得。故知足之足，常足矣。"（第46章）"见素抱朴，少私寡欲，绝学无忧。"（第19章）为道日损也可以理解为追求简单、统一，也即由"多"返回到"少"，不断去除各种错误的、不合时宜的思想、观点、品德、习惯。他认为："少则得，多则惑。是以圣人抱一为天下式"（第22章）；"知者不博，博者不知"（第81章）。"少"到什么程度？应该少到"一"或"无"的境界。老子说："昔之得一者，天得一以清；地得一以宁；神得一以灵；谷得一以盈；万物得一以生；侯王得一以为天下正。"这里的"一"可以理解为与天道合一，与万物一体，实际上就是一种无私、无我的至高境界。

"为道日损"不仅体现在思想观念上，也表现在行动上："为学日益，为道日损。损之又损，以至于无为。无为而无不为。"（第42章）在《道德经》中，老子多次阐述其"无为"思想，例如："爱国治民，能无为乎？"（第10章）"道常无为而无不为。"（第37章）"不言之教，无为之益，天下希及之。"（第43章）"我无为而民自化；我好静而民自正；我无事而民自富；我无欲而民自朴。"（第57章）对于老子的"无为"，常人通常看到的是"无"字，以为圣人无所事事，只要拱手而治就可以"治大国若烹小鲜"，而没有看到圣人的积极有"为"。实际上，《道德经》也在多处直接强调了"为"（或"处""事""行"）："是以圣人处无为之事，行不言之教。"（第2章）"为无为，则无不治。"（第3章）"为无为，事无事。"（第63章）"是以圣人为而不恃，功成而不处，其不欲见贤。"（第77章）可见，老子在强调"无为"时，实际上是指"不妄为"，即不以个人的私心巧智或功利之心而故意"作为"。他在强调"为无为"时，前一个"为"是动词，即为了"无为"而积极有"为"，其目的是追求不妄为的"无为"状态。在教育实践中，有一些广为熟知的理念，如"教是为了不教"、"管是为了不管"、"言教不如身教"等，所体现的就是这种"为无为"的智慧。好的教育并不需要老师昼夜监管、事必躬亲、反复说教，如果校长、教师能将工作重心从"管"和"教"更多地转向学生学习动力激发、良好习惯养成、自主能力培养、思维品质提升，转向教师自己的身体力行、为人师表，定能事半功倍，甚至达到"天下希及之"的成效。

老子认为，在婴儿身上常常更充分地体现出质朴、真诚、直率、无私、无欲、无执、无伪等优良品质，因而主张保持或返回到婴儿的状态。他说："含德之厚，比于赤子。"（第55章）"载营魄抱一，能无离乎？专气致柔，能如婴儿乎？"（第10章）"我独泊兮，其未兆，如婴儿之未孩。"（第20章）"知其雄，守其雌，为天下溪。为天下溪，常德不离，复归于婴儿。"（第28章）这也提醒我们，在教育实践中应该少一些追求"高大上"和指标、业绩的浮华、功利，多一些由爱而生、自然而然的朴素、真诚；少一些"想当然"的成人思维，多一些对儿童天性的尊重、保护和顺应。只有这样，才能逐渐远离"伪教育"，走向"有道""为道"的真教育。

二、惟精惟一

"为道日损"换成儒家的话语，则可以理解为"惟精惟一"。相传尧舜禹禅让天下时有"十六字心传"："人心惟危，道心惟微，惟精惟一，允执厥中。"王阳明认为这是心学之源，并对其有过许多论述。关于道心和人心，他说："心一也，未杂于人谓之道心，杂以人伪谓之人心。人心之得其正者即道心；道心之失其正者即人心，初非有二心也。"（《传习录》徐爱录）也就是说，道心若染杂人欲、失去其正就是人心，人心若除去人欲、归于纯正就是道心。关于人心惟危，他说："危即过也，惟其兢兢业业，尝加'精一'之功，是以能'允执厥中'而免于过。古之圣贤时时自见己过而改之，是以能无过，非其心果与人异也。"(《王阳明集》寄诸弟书）意思是说，"危"就是过错、危险，如果能兢兢业业、不断知错改过，并且以诚敬之心坚守中道，就能做到无过免过。圣贤之心与常人并无不同，也同样有危和过，只不过他们能在隐微、细小上用功，随时知过改过，因而能免于过错。圣人之所以能保持道心，就在于能坚持做到"惟精惟一"。对此，他说："'惟一'是'惟精'主意，'惟精'是'惟一'功夫，非'惟精'之外复有'惟一'也。'精'字从米，姑以米譬之：要得此米纯然洁白，便是'惟一'意；然非加舂簸筛拣'惟精'之工，则不能纯然洁白也。舂簸筛拣是'惟精'之功，然亦不过要此米到纯然洁白而已。博学、审问、慎思、明辨、笃行者，皆所以为'惟精'而求'惟一'也。"(《传习录》陆澄录）大意是说："惟一"是目的，"惟精"是手段，目的和手段是统一的。"精"字是"米"字旁加一个"青"字，所以就姑且用舂米做比喻：要让米纯然洁白、不掺杂遗留谷粒砂石，就是"惟一"的意思；通过舂、簸、筛、选，去除杂物，使米纯净洁白，这就是"惟精"的过程。在学以成人的过程中，所有博学、审问、慎思、明辨、笃行的功夫都可称为"惟精"，其目的是"惟一"，即去除心中私欲杂念，使人归于纯粹高尚。

王阳明认为，是否为"圣人"不看其名望、权位、功绩，只要内心纯粹、没有私欲，就可以称为"圣人"，因此不仅尧、舜、禹、汤、文、武、孔、孟是圣人，而且可以"满街都是圣人"。对此，他有过令人醍醐灌顶的精辟论述：

圣人之所以为圣，只是其心纯乎天理，而无人欲之杂。犹精金之所以为精，但以其成色足而无铜铅之杂也。人到纯乎天理方是圣，金到足色方是精。然圣人之才力，亦是大小不同，犹金之分两有轻重。

尧、舜犹万镒，文王、孔子有九千镒，禹、汤、武王犹七八千镒，伯夷、伊尹犹四五千镒。才力不同而纯乎天理则同，皆可谓之圣人，犹分两虽不同，而足色则同，皆可谓之精金。以五千镒者而入于万镒之中，其足色同也；以夷、尹而厕之尧、孔之间，其纯乎天理同也。盖所以为精金者，在足色而不在分两；所以为圣者，在纯乎天理而不在才力也。故虽凡人而肯为学，使此心纯乎天理，则亦可为圣人，犹一两之金比之万镒，分两虽悬绝，而其到足色处可以无愧，故曰："人皆可以为尧、舜"者以此。学者学圣人，不过是去人欲而存天理耳，犹炼金而求其足色。（《传习录》薛侃录）

依此观点，是否为圣人，就如评判金子，只看纯色，不看分量；圣人就是纯金，常人则只是掺杂有砂石铜铁的金石。圣人因才能有不同，成就的事业有大小，但不论成就大小，都可以称为圣人，就如不论分量大小，只要是纯金就可以称为金子一样。普通凡人，只要肯学勤学，使内心纯粹无私，尽管可能成就的事业非常微小，但都可以称为圣人。这就是"人皆可以为尧舜"的道理。我们学圣人，就是学他们如何去人欲存天理，像炼金过程去除杂质提炼纯金一样。

可见，在王阳明看来，为学就是"惟精惟一"，就是"去人欲、存天理"，与"为道日损"的精神完全吻合。对此，他还感慨："吾辈用功只求日减，不求日增。减得一分人欲，便是复得一分天理。何等轻快脱洒！何等简易！"（《传习录》薛侃录）

三、致良知

在王阳明自己的话语体系中，良知即是天理，即是道，他曾言：

夫良知即是道，良知之在人心，不但圣贤，虽常人亦无不如此。若无有物欲牵蔽，但循着良知发用流行将去，即无不是道。但在常人多为物欲牵蔽，不能循得良知。……学者学循此良知而已，谓之知学，只是知得专在学循良知。（《王阳明集》与陆元静书）

吾心之良知即所谓天理也，致吾心良知之天理于事事物物，则事事物物皆得其理矣。致吾心之良知者，致知也。事事物物皆得其理者，格物也。（《传习录》答顾东桥书）

可见，致良知一方面是指达致良知，所谓学习，就是学如何致得良知、如何遵循良知，其基本途径就是去人欲、存天理；另一方面，致良知也指学以致用，以心中的良知对待事事物物，使事事物物皆符合良知、天理，这就是致知、格物。简而言之，修道、为道就是致良知，依道而行就是循良知而动。

"去人欲"的具体内容，应该因人而异。本书第二章"仁者克己"一节已阐述了一些应该去除的人欲的主要方面，如对钱权名色的欲望、对喜怒哀乐等情绪的放纵、对人对事的傲慢等；"勇者不惧"一节论述了要克除恐惧、畏难、怕死等心理，在此不再赘述。关于"致良知"的具体方法，也没有一定之规。按照王阳明的理解："自古圣贤因时立教，虽若不同，其用功大指，无或少异。《书》谓'惟精惟一'，《易》谓'敬以直内，义以方外'，孔子谓'格致诚正、博文约礼'，曾子谓'忠恕'，子思谓'尊德性而道问学'，孟子谓'集义、养气、求其放心'。虽若人自为说，有不可强同者，而求其要领归宿，合若符契。何者？夫道一而已。道同则心同，心同则学同。"（《王阳明集》示弟立志说）也就是说，古圣先贤的教导因人因时而异，所以，《尚书》《易经》及孔子、孟子、子思、曾子等人在具体表述上各不相同，但其基本要领、本质追求却是相互吻合、完全一致的，因为他们心中所遵循的道是相同的，因而为学的方法也相互一致。

在幸福教育实践中，我们认为"致良知就是致幸福"，因为致良知本质上就是要求时时以内心的良知为判断依据、行动指针，不断为善去恶，提升道德品质、思想境界和造福社会的能力，这就是一个不断向上向善的过程；依良知而行、不愧良知就是获得内在心安的基本途径。

为此，我们推荐的日常修养功课也是书写"幸福日志"，其中"读书明理""觉察幸福"可以视为"为善"或"为学日益"，在前文已有介绍；"三省吾身"部分则是"去恶"或"为道日损"。"三省吾身"是曾子的修养方法，他要求自己每日反省："为人谋而不忠乎？与朋友交而不信乎？传不习乎？"（《论语》学而篇）根据时代特点和初学者的水平，我们将"三省吾身"的内容修改为"不说谎，不抱怨，不懈怠"。"不说谎"，就是诚。在言语上对他人不说谎，获得的是"信"，有了信任、信誉，就少了交易、沟通成本，与家人、朋友、家长、学生等的交往将简单、顺畅而有效。真正的"诚"是在独知处诚于己，不违背自己的良知，就是"忠"（忠于自己的良知）。长此以往，将会更"自信"（相信自己），也会更"自尊"（认为自己值得尊敬）。关于"不说谎"，很多人都会质疑："难道善意的谎言也不能说吗？"对此，我们也不持绝对的观点，在某些"万不得已"的时候（例如家人查出得癌症，如果贸然直接告知可能会使人崩溃甚至危及生命），如果能清晰地意识到自己可能说谎并经过反复权衡认为"别无选择"，或许偶尔有"善意的谎言"也是可以理解和原谅的，但这并不意味着说谎的正当性，而只是意味着此时诚实的义务暂时让位于另一个更紧迫的义务（如尊重生命）。"义务只接受义务的限制，允许勾销诚信义务的，只能是一种在此时此地更迫切、更重要的义务","我们不要把说谎只看做是一件小事,不要只计算得失,而是要看做是一件关系到人类尊严和正直的大事","不仅要同时看到它对受骗一方和说谎一方的影响,也要看到它对整个社会的长远影响"。[①]"不抱怨"就是"恕",就是己所不欲勿施于人。抱怨就是推卸自己的责任,把责任归罪于他人、社会、制度、环境等,而抱怨不能解决任何问题,只会传递负能量,加剧矛盾和痛苦。不抱怨也意味着立足当下、直面现实,去积极地找问题,想办法,想更多、更好的办法。长此以往,能量、智慧就会不断提升。"不懈怠",就是"学而不厌,诲人不倦"。懈怠、放松不仅是浪费时间,也是不尽责任,因而就难以获得尽责、成长的心安和快乐。只有在学习、工作中不懈努力才能实现终身成长、自我超越。当然,在实践一段时间之后,我们也主张每个人根据自己的实际和需要调整"三省吾身"的具体内容,以便有的放矢,针对自己的问题不断反省、不断改过、不断提升。

[①] 何怀宏:《良心论》,北京大学出版社,2009,第140页。

第四章　仁爱向善

向上是提升自己的知识、能力、品德、境界，向善则是积极做有益于他人、社会、国家的事。向上是"明明德"，向善则是"亲民"；向上的最高境界是"内圣"，向善的宏伟目标则是"外王"。向上与向善是一体两面、不可分割的整体，向上的成果必然会表现为向善的动机和行为，向善的行为也自然会进一步促进向上的成长，这也是一个知行合一、知行并进的过程，向上是求"知"，是内心的修养；向善是"行"，是对外的为人处事。在向上中获得成长感、成功感、成就感而令人心安，在向善利他中获得归属感、意义感、价值感而令人心安。仁者爱人，仁是一种内在品质，爱人是外在行为表现；勤学向上是求仁、求智，向善则是爱人、利他。本章将从向善的视角谈修身，主要讨论为何要向善、如何行善、从哪些方面行善等问题。

第一节　率性向善

《中庸》开篇有言："天命之谓性，率性之谓道，修道之谓教。"上天（大自然）赋予人的使命是使自己具有人的本性；按照人的本性行事就是道；不断提升修养、努力依道而行就是接受教育。人性本善，向善、行善是人天生本性需求的外在体现。向善、行善使人与人之间、人与世界之间建立起紧密而良善的关系，给人带来归属感、价值感、意义感、责任感，从而给人带来心安、愉悦的感受。

一、人性本善

"性"是中国哲学中非常重要的概念,有关人性的认识不仅是一个哲学问题,对政治、法律、经济、教育等社会实践都具有重要影响。关于"天命之性"或"人之天性",孔子认为"性相近,习相远",他只是说人的先天本性是相近的,由于后天的学习才导致外在的现实表现各不相同。此后,孟子讲性善,荀子讲性恶,告子则认为"性无善无不善"或"性可以为善,可以为不善",观点各不相同。到底谁是谁非?对此,可以先看孟子的论述:

> 孟子曰:"所以谓人皆有不忍人之心者,今人乍见孺子将入于井,皆有怵惕恻隐之心。非所以内交于孺子之父母也,非所以要誉于乡党朋友也,非恶其声而然也。由是观之,无恻隐之心,非人也;无羞恶之心,非人也;无辞让之心,非人也;无是非之心,非人也。恻隐之心,仁之端也;羞恶之心,义之端也;辞让之心,礼之端也;是非之心,智之端也。"(《孟子》公孙丑章句上)

孟子以看到小孩将要掉入井中这一场景为例,认为此时人人都会心生担心并自然会想到去施救,此举不是为了与孩子的父母交好,或在乡里朋友中获得美誉,也不是由于不喜欢孩子掉入井中的哀哭声,而是一种在心中自然而然产生的念头。可见,人人都会有恻隐、羞恶、辞让、是非之心,否则就不可称之为人。恻隐、羞恶、辞让、是非之心就是仁、义、礼、智四种美德的发端和源头。也就是说,善是先赋性的,每个人都有善的种子,这些种子经过培养就可以成为美德。不过,为什么还有些人品性恶劣,甚至一家人之间都有天差地别,如尧为圣明的国君,而其弟象的品性恶劣;瞽瞍品性恶劣,其儿子舜则为一代圣人呢?孟子认为:"乃若其情,则可以为善矣，乃所谓善也。若夫为不善，非才之罪也。"(《孟子》告子章句上）也就是说，这些人恶劣品性不是由于天生之性（"非才之罪"），而是由性所发之"情"的差别，这里"情"的差异就类似于孔子所言"习相远"了。

关于性善性恶的争论，笔者认为王阳明的观点可谓直指要害，非常清晰明了。他说：

> 性无定体，论亦无定体，有自本体上说者，有自发用上说者，有自源头上说者，有自流弊处说者。总而言之，只是一个性，但所见有浅深尔。若执定一边，便不是了。性之本体原是无善无恶的，发用上也原是可以为善，可以为不善的，其流弊也原是一定善、一定恶的。……孟子说性，直从源头上说来，亦是说个大概如此。荀子性恶之说，是从流弊上说来，也未可尽说他不是，只是见得未精耳。(《传习录》钱德洪录）

即"性"是一个由不同部分构成且变化的整体，关于"性"的观点不同是因所论所指各不相同，有的从本体上说，有的从发用上说，有的从源头上说，有的从流弊上说，所以都不能说不对，但认识的深浅程度就有所不同。孟子说性善，是从源头上说的，但只是说了个大概；荀子说性恶，是从流弊上说的，也不能说他不对，只是认识不够精深而已。

关于"天性"之性或"心之本体"，王阳明本人认为是无善无恶的，但心却可以区分是非善恶，并且天然有趋向于恻隐、羞恶、辞让、是非等"善端"，也即人心是"向善"的，而依照人的本性、良知而行，则会知善知恶，也应该"为善去恶"。对此，王阳明在其致良知学说中有著名的"四句教"："无善无恶是心之体，有善有恶是意之动，知善知恶是良知，为善去恶是格物。"其中第一句所言"心之体"即心之本体、本性，也可以理解为天性、天命、道心，是心的本来状况。这种心的天然状况与天地万物一样，也是无善无恶的。第二句"意之动"是指心意、意念、意愿的指向、动向，它是可以向善、向恶的，这种"意之动"的动态、表现有可能出现"中节"或"过"和"不及"，因而就有了善、恶之分。第三句"知善知恶是良知"，良知可以判别心所发出的意念之善恶；因而就有了第四句"为善去恶是格物"，即应该根据良知所作出的善恶判断去为善去恶，这就是"格物"。

基于上面的论述，并不能认定孟子的性善论就一定正确，或者说王阳明的评论就是定论，但能给我们确定的启发是：人性是向善的，而且作为人，就应该向善；向善、为善就是在遵循人的天性、满足天性的需求。这也是"有德必有福""德福一致"幸福观的人性论基础。

二、学以知善

中国人一贯重视"善"，例如，"积善之家，必有余庆；积不善之家，必有余殃。""百善孝为先。""莫以善小而不为，莫以恶小而为之。"这些话妇孺皆知。那么，何为善？何为恶？如何辨别是非善恶？

孟子认为人具有不虑而知的"良知"，王阳明也认为"知善知恶是良知"。良知可以帮助人辨别是非善恶，如孺子入井要救，老人跌倒要扶。但是，常人的良知常常会有被遮蔽、不能明辨的状况，所以要致良知，要读书明理、事上磨炼，要"博学之，慎思之，审问之，明辨之"。也就是说，一方面，要相信人都有知善知恶的良知，另一方面，又要警惕习气、执念、不明所带来的误判、误导，要在学习和实践中不断提升知善知恶的能力和水平。

学史可以明智，寓言、故事等也都是在说理，学习《论语》之类传统文化经典也可以帮助我们提升认识和判断，有人甚至认为："一部《论语》五百多章，是五百多道价值判断题。不同的人问孔子，问的都是有关价值的问题。""所以读一本《论语》，等于跟孔子一起做五百多道价值判断题。五百多道价值判断题全部做完，人生就不会出太大的问题。"①在辨析善恶及其真假、大小等方面，明代袁了凡所著《了凡四训》进行了非常全面而深刻的阐述，该书认为："善有真有假；有端有曲；有阴有阳；有是有非；有偏有正；有半有满；有大有小；有难有易；皆当深辨。为善而不穷理，则自谓行持，岂知造孽，枉费苦心，无益也。"故此介绍其核心观点如下。

善有真假。"有益于人，是善；有益于己，是恶"；"是故人之行善，利人者公，公则为真；利己者私，私则为假"；"无为而为者真，有为而为者假"。这是对善的基本界定，即有益于人、对他人好就是善，只有益于己就是自私，是恶；出于公心是真善，出于私心是伪善；出于真心、不带功利目的、自然为之者是真善，带有功利目的、有意为之者则是假善。

善有端曲。"凡欲积善，决不可徇耳目，惟从心源隐微处，默默洗涤，纯是济世之心，则为端；苟有一毫媚世之心，即为曲；纯是爱人之心，则为端；有一毫愤世之心，即为曲；纯是敬人之心，则为端；有一毫玩世之心，即为曲。"积善修德，不能只在可见可闻处做表面文章，而应该从内心默默省察自己的起心动念，如果纯粹是济世、爱人、敬人之心，则善心端正，否则，抱有一毫媚世、愤世、玩世之心，就心藏不正。所以处处讨好、阿谀奉承的"乡

---

① 鲍鹏山：《好的教育》，东方出版中心，2022，第156—157页。

愿"实际上是"德之贼"。

善有阴阳。"凡为善而人知之,则为阳善;为善而人不知,则为阴德。阴德,天报之;阳善,享世名。"行善而为人所知,就是阳善,行善而不为人所知,则是阴德。积阴德,上天会给予报答;行阳善者可以获得世人的赞誉、获得名声。但如果名不副实、贪图虚名,则可能反受其害。所以,要注重积阴德而不必求人知、回报和虚名。

善有是非。"人之为善,不论现行而论流弊;不论一时而论久远;不论一身而论天下。现行虽善,其流足以害人,则似善而实非也;现行虽不善,而其流足以济人,则非善而实是也。"是否为善,不能只看它当时的、短暂的对当事人的影响,还要看它衍生的、长远的、广泛的影响。即使暂时看是善的,但从长远影响看是有害的,则是似善而实恶,反之亦然。作者举例了子贡和子路的事例从正反两面予以说明。当年鲁国有规定,如果有人能从诸侯手中把沦为妻妾、奴隶者赎买出来,则可以得到官府的奖金。子贡赎了人却不去领赏。孔子得知后很不高兴,认为子贡此事不当,因为君子做事,重在移风易俗、教化百姓,而并非只为自己感到合适。如今鲁国富人少穷人多,如果因为子贡的行为使人认为接受奖励是贪财,不去领赏是高洁,那还有谁愿意去赎人呢?与子贡不同,当年子路救下落水之人,这人送子路一头牛以示谢意,子路坦然接受了。孔子很高兴地说:从今以后,鲁国一定会有更多的人愿意去救落水之人了。表面上看,与子路接受牛的行为相比,子贡不领赏似乎更高尚,但孔子批评子贡而褒奖子路,就是从长久、广泛影响而论的。这才是真正的辨别是非。

善有偏正。"善者为正,恶者为偏,人皆知之;其以善心行恶事者,正中偏也;以恶心而行善事者,偏中正也;不可不知也。"

善为正、恶为偏，这是人人皆知的，但还应知道的是，以好心做了坏事，虽然发心为正，结果却偏，这是正中偏；以坏心做了好事，则是偏中之正。作者举了明朝宰相吕文懿的事例：当初吕文懿辞去相位，告老还乡，大家都非常敬仰他，却有一乡民喝醉之后对其大骂。吕文懿并不因此而动怒，反而对其随从说："他喝醉了，不必与其计较。"但第二年，他听说此人因犯死刑而入狱，后悔不已，心想：如果当初稍微与之计较一下，把他送到官府责罚一番，让他长些教训，或许就不至于酿成如此大祸。这就是出于善心却办成恶事的"正中之偏"。

善有半满。"《易》曰：'善不积，不足以成名；恶不积，不足以灭身'……勤而积之，则满；懈而不积，则不满。""为善而心不着善，则随所成就，皆得圆满。心着于善，虽终身勤励，止于半善而已。"《易经》教导说：如果不积累善行，不足以成就美名；如果没有累积恶行，也不会招致杀身之祸。勤奋积善，终会有圆满之时；如果懒惰懈怠，就不可能有美满。另一方面，在行善的过程中，如果总是一心想着积善以求圆满，就终身最多只得到半满而已；只有行善而不执着于善，则不论最终成就多少都将是圆满的，因为前者的发心其实很大程度上是为了自己的圆满，而后者则是抱着纯然的利他之心。

善有大小。"志在天下国家，则善虽少而大；苟在一身，虽多亦小。"如果是为了天下国家，则所做善事看似很少、很小，功德却很大；如果只是为自身或一人着想，则尽管行善很多，所得功德却很小。

善有难易。"凡有财有势者，其立德皆易，易而不为，是为自暴。贫贱作福皆难，难而能为，斯可贵耳。"有财势的富贵之人要建立些功德比较容易，但如果容易而不作为，则是为富不仁、自暴自弃，既不积善也不积福；贫贱之人建立功德比较困难，尽管难却勤勉为之，就是难能可贵的。所以，每一个普通人甚至贫困、病弱的人都可以行善，在干旱的沙漠分人一口水，在寒冷的冬夜分人半碗粥，就是难能可贵之善，甚至可能予人救命之恩。

从这些辨析可见，善恶之别细微而辩证，因人、因时、因事而异，并没有一个机械、固定的标准，而需要靠活泼泼的人心在真实的现场去细致省察、深刻辨析，并在经验、教训中总结、提升。每个人都可以发自真心地去从善，在此过程中，尽管可能有失于偏颇者、有考虑不周者，但只要内心纯正，心诚求之，则终将圆满。

三、为善心安

古人总是教导我们要向善、明善、行善。但为什么要行善？行善与人生幸福有何关系？其理由大致有两种观点，一种是获得外在回报的"因果福报"观，另一种是获得内心愉悦的"为善心安"观。

人们常说："善有善报，恶有恶报。""爱出者爱返，福往者福来。""积阴德，天报之。"《了凡四训》中就把袁了凡老年得子、延年益寿作为了积善改命的例证，以劝导人为善去恶。按此观点，似乎在万事万物之间都存在一种作用力与反作用力，爱恨情仇都存在一种对等的"交换"，或者或有一种神奇的力量（如天），会对善、恶进行评判和奖惩。在很多情况下，确实善人终将得到福报，恶人也终将得到正义和法律的惩罚。《大学》说："有德此有人，有人此有土，有土此有财，有财此有用。"有德的人不断行善，就会获得人心、集聚人缘人力，从而更有可能获得资源和财富，建立更大的功业，从这个意义上说，有德者确实有更大的概率获得世俗的成功与幸福。《大学》也说："小人闲居为不善，无所不至，见君子而后厌然揜其不善而著其善，人之视己如见其肺肝然，则何益矣。"无德的小人无恶不作，其恶行不可能掩饰隐藏，从这个意义上说，恶人也确实更有可能受到惩罚、遭人唾弃，得不到友情和尊重，因而不能得到真正的幸福。但反例也同样不少，有很多时候好人命运悲惨、并无善终，恶人似乎也过得锦衣玉食、逍遥自在。对此，"因果福报"论的解释是："不是不报，只是时候未到。"这种有待时间验证的因果关系实际上就很难去证实或证伪了。只能说，善恶与报应之间的关系非常复杂，类似袁了凡改命的事例都并非由简单因素产生的直接因果关系。

关于行善与人生幸福的关系，笔者持"为善心安"论的观点，即人性本善，为善是人天性的需求，因而行善就是在满足人天性的需求，这种需求的满足就能使人获得心安、愉悦和幸福。也就是说，君子行善是自己的本来就有的愿望，通过行善实现自己的愿望，当下就能获得内心的满足，不必另外去求得他人的奖赏或外在的物质、名利的回报。孔子说："求仁而得仁，又何怨？"（《论语》述而篇）他还说："欲仁而得仁，又焉贪？"（《论语》尧曰篇）仁者欲仁、求仁，而且通过行仁、为善也得到了仁德，那还需要贪求什么呢？如果得不到其他的回报，又有什么值得抱怨的呢？关于求与得、付出与回报的关系，孟子有言："求则得之，舍则失之，是求有益于得也，求在我者也。求之有道，得之有命，是求无益于得也，求在外者也。"（《孟子》尽心章句上）有些东西，只要追求就能得到、舍弃就会失去，这种追求就是有益于得到的追求，因为所追求的是自己具备的；有些东西，即便是按照正道去追求，也不一定能得到，还取决于机缘或命运，这种追求就是不一定有益的追求，因为所追求的是外在的东西。孔子说求仁而得仁，所追求的就是内在的仁德；王阳明说致良知，所追求的也是内在的良知，得到了仁德、良知，就会心安、幸福。所以，人只需要按照本性去行善即可。当然，我们说"德福一致""有德必有福"，还有一个重要的前提，就是坚信人性本善，并清晰地觉知行善所带来的满足感，否则就会有怨、有贪，或"身在福中不知福"。孟子曾言："言非礼义，谓之自暴也；吾身不能居仁由义，谓之自弃也。仁，人之安宅也；义，人之正路也。旷安宅而弗居，舍正路而不由，哀哉！"（《孟子》离娄章句上）仁义礼智是人的本性特征，失去仁义礼智就是自暴自弃；仁心就像家一样为人带来心安，做正义、适宜的善事就是人生幸福的大道。但可悲的是，很多人明明有安宅而不住，有大道而不走，真是可悲呀！

关于为何会为善心安，除了人性本善的性善论基础之外，还有一种解释就是关爱他人，于己心安，即关爱、帮助他人是获得自己心安的基本途径。在这方面，钱穆在《如何安放我们的心》一文中有过精彩的论述。

钱穆认为，安顿人心是人类的重大课题，其中有两种常见的途径：第一种是寻求宗教的支持，让人心在神、上帝、天堂找到安放处；第二种路径是走向物，希望在物质的占有中获得安顿。钱穆认为："中世纪的西方，心跑向天国太远了，太脱离了自己的家，在他们的历史上，才有一段所谓黑暗时期的出现。此刻若一向跑进物之邦，跑进物世界，跑得太深太远，再不回头顾到它自己的家，人类历史又会引致它到达一个科学文明的新黑暗时期。这景象快在眼前了，稍有远眼光的人，也会看见那一个黑影已隐约在面前。""人心不能尽向神，尽向神，不是一好安放；人心不能尽向物，尽向物，也不是个好安放。人心又不能老封闭在身，专制它，使它只为身生活作工具，作奴役，这将使人类重回到禽兽。"[①]

---

① 钱穆：《人生十论》，九州出版社，2016，第99—100页。

那么，该如何安放我们的心呢？钱穆认为孔子给我们指出了一条究竟的道路，即在进入他人之心、了解他人、关爱他人的过程中获得自己的心安："各个人的心，走向别人的心里找安顿，找归宿。父的心，走向子的心里成为慈；子的心，走向父的心里成为孝；朋友的心，走向朋友的心里成为忠与恕。心走向心，便是孔子之所谓仁。心走向神，走向物，总感到是羁旅他乡。心走向心，才始感到是它自己同类，是它自己的相知，因此是它自己的乐土。""心走向心，跑得愈深愈远，会愈见亲切，愈感多情的。因它之所遇见，不是别的，而是它同类，还是它自己这一心。心遇见了心，将会仍感是它自己，不像自己浪迹在他乡，却像自己到处安顿在家园。"① 由于人同此心，当人们走进他人的心，将会感到他人的心就像是自己的心。这种走进人心的过程，终将引导人走向天人合一的境界，获得内在的心安。这就是从儒家思想得出的关爱他人、帮助他人的内在逻辑。关爱他人，就是关爱自己；帮助他人、令他人心安就是在帮助自己、令自己心安。

关于为善心安，也可以从人生意义的视角来理解。即为善去恶，就是用爱心联结世界，使人与世界建立更广泛、紧密而良善的关系，在此过程中，就能找到自己的归属感、意义感、价值感，从而收获心安。《活出生命的意义》的作者弗兰克尔认为，生命在任何条件下都有意义，即便是在奥斯威辛集中营这样最为恶劣的情形下。找到生命意义的途径有三条：工作（做有意义的事）；爱（关爱他人）；拥有克服困难的勇气。工作（劳动）能给他人提供帮助，为社会创造财富，也为自己带来价值感、意义感。在勇敢地面对不可改变的厄运时，生命在那一刻就有了意义："那时重要的是，能

---

① 钱穆：《人生十论》，九州出版社，2016，第100—101页。

够见证人类潜能之极致,即人能够将个人的灾难转化为胜利,将个人的厄运转化为人类之成就。"① 关于爱的意义,他认为:"爱是直达另一个人内心深处的唯一途径。只有在深爱另一个人时,你才能完全了解另一个人的本质。……只有通过爱,才能使你所爱的人实现他的全部潜能。通过使他认识到自己的所能和应为,他就会实现自己的潜能。"② 爱是通过帮助他人更好地生活和成长进而实现自己的价值和成长的重要途径。爱的本质就是关爱他人、成就自己。弗兰克尔也认为自己生命的意义就在于帮助他人找到生命的意义,因此他开创了心理治疗的意义疗法。

当代社会有越来越多的抑郁症患者,其主要表现为情感低落、抑郁悲观,轻者闷闷不乐、兴趣减退,重者痛不欲生、悲观绝望、度日如年、生不如死。其内在倾向则是自我评价降低,产生无用感、无望感、无助感和无价值感。与抑郁症类似,大学生中会出现大量"空心病",外在表现是疲惫、孤独、迷茫,缺乏热情,极端痛苦甚至有自杀倾向,而内在原因则是价值观缺陷,缺乏学习和生活的意义,看不到人生的希望。可见,不论是抑郁症还是"空心病",共同的特点都是找不到人生的意义。根据意义疗法的理论,如果能走进他人的心、心中装下更多的人,也就能找到自己人生的意义和学习、工作的动力。这就是为善的意义。

第二节 忠恕友善

如何才能做到对他人友善?东西方都有类似的经典回答。《圣经》中提倡"爱人如己",即要像爱自己一样关爱他人。在其《加

---

① 〔美〕维克多·弗兰克尔:《活出生命的意义》,吕娜译,华夏出版社,2010,第139页。
② 同上书,第137页。

拉太书》中有言,"全律法都包在爱人如己这一句话之内了"。《马太福音》中也说:"无论何事,你们愿意人怎样待你们,你们也要怎样待人,因为这就是律法和先知的道理。"爱人如己在西方被称为"道德金律"。

在我国,《论语》中也提出了"忠恕之道",它出自以下两段对话:

子曰:"参乎!吾道一以贯之。"曾子曰:"唯"。子出,门人问曰:"何谓也?"曾子曰:"夫子之道,忠恕而已矣。"(《论语》里仁篇)

子贡问曰:"有一言而可以终身行之者乎?"子曰:"其恕乎!己所不欲,勿施于人。"(《论语》颜渊篇)

有一天,孔子对曾子说:"曾参呀,我的人生之道(主张)是一以贯之的。"曾子说:"是的,老师!"孔子出门后,其他弟子不理解,就问曾子:"老师说的是什么意思呀?"曾子说:"夫子之道(主张),就是忠、恕二字罢了。"可能子贡后来也听说了以上对话,但还是不甚理解,就直接问孔子:"您认为有哪个字或哪句话是可以终身奉行的吗?"孔子说:"就是恕呀!其要义就是:自己不愿意的,不要施加于他人。"对于忠恕之道,《中庸》有言:"忠恕违道不远,施诸己而不愿,亦勿施于人。"《大学》也有相关表述:"所恶于上,毋以使下;所恶于下,毋以事上;所恶于前,毋以先后;所恶于后,毋以从前;所恶于右,毋以交于左;所恶于左,毋以交于右。"由于有这些经典的长期影响,忠恕之道也成了中国人为人处事的基本准则。

从字面上理解,《圣经》的"爱人如己"是从正面进行规定,要像爱自己一样爱他人,中国儒家"忠恕之道"则是从反面进行界定,即自己不想要的,不要施加给他人。其实,从"恕"这个会意字的直接意思看,就是"如心",即以己之心度人之心,将心比心,如果从正面理解,也可以理解为"爱人如己",这两种表述有其相通之处。而这二者在一正一反的强调中也都有忽视另一面的倾向和问题。对于"爱人如己",需要讨论的是:爱己是最高的准则吗?如果人不爱己、不会爱己怎么办?有的人经常自虐、自残甚至自杀,难道也主张他们以同样的态度对待他人吗?对"忠恕之道"而言,在排除并努力做到"己所不欲,勿施于人"的前提下,哪些是可以施于人的?己所欲是否就可以施于人?朱熹对"忠"和"恕"的解释是:"尽己之谓忠,推己之谓恕。"这种解释特别有启发意义:恕的前提条件是忠,即推己及人之前要先有一个尽己所能提升自我的过程。孔子终身好学,已是"尽己",所以在回答子贡时只需说一个"恕"字,而对常人而言,"忠"是必不可少的。对于"爱人如己"而言,"忠",即做到真正爱己、对自己好,也是前提条件。据此,笔者认为,要做到真正爱人、助人,首先要先学会善待自己,再推己及人,并且有节有度。

一、善待自己

爱自己、善待自己,似乎是毋庸置疑、无需多言的,但现实生活中,却有大量的人并不爱自己,也不知道如何去爱自己。很多人总是眼盯着自己的缺点、不足,抱有深深的自卑感、负罪感,因而拒绝、排斥、厌恶自己。例如,在笔者的课堂上,一位各方面都非常优秀的女生就有过以下的自述:

爱自己其实对我来说并不是一件简单的事情。初中的时候,我有点发胖,个子还没有长开来,身体却在不断横向发展。初二初三的女孩子,哪个对于美没有意识呢?那时候的我每一天都被自卑感淹没,甚至这样的自卑感也殃及当时一个喜欢我的小男生身上。我想着，我自己都不喜欢自己，你凭什么说你喜欢我呢？这也太荒谬了吧。当时我的成绩也不好，长相也不好，几乎什么都不尽我的意，那是一段非常"黑暗"的日子。

直到现在，有些时候看到镜子里的面容，看到自己的体重，看到自己有点发胖的身材和脸蛋，心里还是会觉得很沮丧。这样的沮丧会在拿自己和别人比较的时候变得尤其的具象化：我没有A聪明，没有B身材好，没有C好看，我的自律程度不及D，我腿没有E长，我没有F勤奋，等等等等。我承认，在过去的十几年的人生里，这样的比较我没有少做，每做一次心里就更难过一点。

爱自己，首先应该全方位地接纳自己。要认识到自己是独一无二的，每个人都有自己的优势，每个人也都不完美，既要肯定自己的长处和优点，也能包容自己的缺点和不足，不要苛责自己。全然地接纳自己，才是"无条件"的爱自己。

爱自己，最基本的要求是爱惜和关爱自己的身体。保持身心健康，这是学习和工作的基础，也是人生幸福的重要基础。爱惜身体、强身健体，与必要时勇于舍生取义并不矛盾，身体强健甚至是成为英勇的战士的基本条件。爱自己，要从一日三餐、规律生活开始，从保证睡眠开始，从坚持锻炼身体开始。

爱自己，也需要关爱自己的情绪。健康的情感、积极的情绪是保持身体健康、乐观心态、良好人际关系的基础。为此，一方面要认识到喜怒哀乐各种情绪的产生是正常的，需要有情绪的正常表达和纾解，另一方面，也要清晰地意识到过度的情绪会伤己伤人，不做自己情绪的奴隶，而是时时觉察、主动把控，做情绪的主人。此外，也不要让自己或他人的错误伤害自己，要努力做到不抱怨、不迁怒、不苛责、不贰过。

爱自己，其本质是对自己好，是为了使自己变得更好。对自己好，不只是体现在饱食暖衣、轻松安逸上。与"利他"一样，真正的"对自己好"就是帮助自己在身心上积极成长。溺爱就是伤害，严格才是真爱，这一点对自己同样适用。为此，就要志存高远、刻苦努力、勇于挑战、积极上进。爱能让自己遇见更好的自己，爱自己是一生最浪漫的事。

爱自己的终极目标是成就最好的自己。这个"最好的自己"体现为体能、智力、品德等方面潜能的充分发展，是自我实现。爱自己，也体现为去小我、成大我，甚至"我将无我"，是一种自我超越。对此，弗兰克尔就认为："人越是忘记自己——投身于某种事业或献身于所爱的人——他就越有人性，越能实现自己的价值。所谓自我实现，绝不是指某种可以实现的目标，因为人越是追求这个目标，越是容易失去他。换句话说，自我实现可能是自我超越的唯一的副产品。"[1] 在忘我、无私的努力和奉献中才能成就真正的大我。

二、推己及人

善待自己是一种责任，每个人都善待自己，就是人人都在善待和创造更好的世界。善待自己也是推己及人的基础，只有懂得善待自己并且做到善待自己的人才能更好地善待他人；苛求自己的人通常也会苛求他人。推己及人则是善待他人的基本原则和基本路径。

之所以要把推己及人作为为人处事的基本原则，是因为它有着重大的意义。对此，孟子有言："老吾老以及人之老，幼吾幼以及人之幼，天下可运于掌。诗云：'刑于寡妻，至于兄弟，以御于家邦。'言举斯心加诸彼而已。故推恩足以保四海，不推恩无以保妻

---

[1]〔美〕维克多·弗兰克尔：《活出生命的意义》，吕娜译，华夏出版社，2010，第136页。

子。古之人所以大过人者无他焉，善推其所为而已矣。"（《孟子》梁惠王章句上）尊敬自家老人进而尊敬其他老人，爱护自家幼小进而爱护其他幼小，以此推而广之，则治理天下也将易如反掌。《诗经》说："做好自己妻子的榜样，进一步推广到自己兄弟，就能治理好家族和国家"，说的就是将心比心、推己及人的道理。同样，若将对家人的恩德加以推广就足以安抚四海百姓，不推广恩德就连妻子儿女都安抚不了。古代圣贤之所以能大大超过别人，别无他法，就是善于推广他们的善行而已。可见，在孟子看来，个人成长的关键就在于推己及人，不仅要"推"，而且要"善推"，即一方面要擅长推，做到有策略、有智慧地推，由近及远、由己及人、由家至国，有顺次地推；另一方面是"推善"，即在内容上有选择地推广自己已经践行的、有益于家人的真正的善。

之所以推己及人能成为善待他人的基本途径，是因为它有"同心说"这一心性论的基础。孟子认为："口之于味也，有同耆焉；耳之于声也，有同听焉；目之于色也，有同美焉。至于心，独无所同然乎？心之所同然者何也？谓理也，义也。圣人先得我心之所同然耳。故理义之悦我心，犹刍豢之悦我口。"（《孟子》告子章句上）不同的人的口、耳、眼对于味道、声音、美色都有相同的爱好，人心怎么会例外呢？人心所共同追求的就是理、义，就像美食能让口感到愉悦一样，理、义则能让人心感到愉悦。圣人只不过先领悟了"理义悦心"这一道理而已。"同心说"意味着人同此心，心同此理。每个人都有一颗本善的心，每个人的初心都追求向上向善，都向往和追求幸福美好的生活，同时，每个人也都能从符合理义、道德的善行中收获快乐与幸福。因此，人与人之间就可以"将心比心""推心置腹"；就可以"以心换心""心心相印""心心相通""心领神会""感同身受"。

因为有"同心说",也就有了"同理心"的基础。同理心要求人们尽可能考虑对方的处境、感受,并采取令对方感到舒适的态度和行为。这是一种极高的修养,实际上也常常只是一种良好的愿望,因为要真正了解和理解对方是非常困难的,人了解自己尚且困难重重,何况是去认识和理解一个个各不相同且不断变化的其他生命?可以说,同理心实际上是"推人及己",是通过观察、推测他人而要求自己,由于推测常常不准确,因而"推人及己"就比"推己及人"更容易犯错误。实际上,我们需要以同理心为出发点,而在采取具体行动时还是只能推己及人。

三、友善有道

如何才能更好地推己及人、利益他人呢?

最重要的原则和方法之一就是"恕",即"己所不欲,勿施于人"。这是一个对人行为要求的负面清单:首先把不能做的排除。自己所不喜欢的、厌恶的,通常也一定是他人不喜欢的、厌恶的,因而就是不善的;这一原则也是一种要贯彻始终的禁令,勿施于人就是不能为恶。那么,"己所不欲"具体指哪些内容呢?何怀宏认为,这种"不欲"应当是指人的基本欲求的反面。人最基本的欲求包括生存、延续、工作以谋生、拥有合法财产、拥有尊严等,与之相应,人最基本的不欲则包括:被剥夺事物,被阉割,被杀害,被剥夺工作机会,被偷盗、抢劫,被贬低、侮辱,等等。当然,从现代法律意义上说,人的基本权利还包括言论和宗教信仰自由、接受义务教育、接受公共福利和安全保障等。己所不欲的就是这些基本权利被剥夺,勿施于人的也就是剥夺他人基本权利的不道德、不合法的行为。这些确实是每个人应该做的,也是通过努力可以做到的。"通过'己所不欲,勿施于人'为人们扫清一些对任何追求来说都是基本障碍的东西，这样扫清基本障碍实际上也就保证了那些最基本的欲望得到满足，但更高、更全面的欲求则要交由每一个人自己去理解、去把握、去追求，我们不能代替他们去追求。"①

由此，我们提出友善利他的第二个原则："己所欲，慎施于人"。人的基本欲求是大体相同的，因而在这个层面上是比较容易实现人与人之间相互沟通、理解和支持的。但人还有很多非基本的、差异化的需求，例如对食物、服饰、音乐、艺术、运动项目的不同偏好。即使同为音乐爱好者，大家对不同风格、流派和歌星、演奏家的喜好程度仍然差异悬殊，每位歌星都会拥有一群忠实的粉丝。同样是喜欢足球，不同国家、不同俱乐部、不同球星也都有各自的球迷，他们可能都具有"外人"不可理喻的狂热。这种偏好就是"萝卜白菜，各喜各爱"，没有什么特别的逻辑和道理，而且都应该彼此尊重，不能把自己的偏好强加于人。正因为有众多的不同爱好，世界才会如此丰富多彩。除了后天的爱好，还有先天个性的差异，如有的人活泼、开朗、乐观，有的人则沉稳、谨慎、内秀，二者各有优势，不必勉强他人改变，很多时候，性格互补反而更能促成友谊和幸福的婚姻。除兴趣爱好和个性差异之外，还有带有明显群体特征的习俗、文化、价值观、宗教信仰等方面的差异，如北方人爱面食、南方人爱米饭，上海人爱甜食、湖南人爱辣味，中国人用筷子、西方人用刀叉，等等。习俗、文化是人的生存环境，从出生开始就对人产生潜移默化的、长期一贯的影响，因而往往是刻入人心的、根深蒂固的、难以改变的。宗教信仰（或无宗教信仰）则更是一种不需要充分证据的坚定信念，很难说有优与劣、科学与愚昧之分，试图改变人的宗教信仰显然是不明智的，甚至会引起反感

---

① 何怀宏：《良心论》，北京大学出版社，2009，第147页。

和强烈冲突。因此,把自认为好的行为、观念、价值、信仰推加给他人时都应该小心谨慎。只要不违背法律、道德,不伤害他人,每个人多样化、差异化的需求都应该得到许可和尊重。

"己所欲,慎施于人"并不意味着放弃行动、"不施于人"。所有的善行都是在对他人发生影响,所有的教育都是在试图使人发生改变。因而,我们所强调的是"慎",即审慎、谨慎,有所取舍,讲求方式方法和策略,是为了避免因简单、草率、鲁莽而犯不必要的错误。要做到"慎",一方面,就应该减少主观武断,不把"推断的需要"作为对方真实的需要,减少"我认为""你应该"之类的表述,而是多给对方表达的机会,多问"你需要什么""我能为你做什么",多给对方尝试、学习、成长甚至犯错误(在错误中成长)的机会,而不是越俎代庖、包办代替。另一方面,我们也主张"当行则行,当止则止",只要是能真正帮助他人、有益于他人,必要的严格要求、适度的强制都是必要的,哪怕会在短时间内、一定程度上引起对方的不解、不适和反对。要求全体青少年接受规定年限的义务教育就是这方面的典型事例。在一些大是大非的问题上,在核心价值观的引导上,更是应该坚持原则、坚决行动,例如,所谓"言论有自由,课堂有纪律"的要求,就是坚决反对教师在课堂上散布反对党和政府、鼓动国家分裂的言论。

"当行则行"也体现为"忠"的要求。"忠"有尽忠之意,即忠于本心,对该说的话、该说的事尽心尽力,不迎合、不袒护、不放任对方的错误,不做好好先生。孔子说:"益者三友,损者三友。友直,友谅,友多闻,益矣。友便辟,友善柔,友便佞,损矣。"(《论语》季氏篇)有益的朋友有三种:正直、诚信、博学多闻;有害的朋友也有三种:谄媚逢迎、两面三刀、花言巧语。不直率、不尽责,不但无益,反而有害。朋友之道,忠告而善导之。"爱之,能勿劳乎？忠焉，能勿诲乎？"（《论语》宪问篇）对待朋友，要劝其向善，帮其改过，助其成长，这样的朋友才是真正的益友。

友善利他的第三个原则是"由仁义行，非行仁义"。此话出自《孟子》离娄章句下，意思是要根据仁义的品性由内而外、发自内心地做善事，而非刻意地做善事以显示自己的仁义。"由仁义行"，就要求所有与人为善、公益慈善的行为，都要心甘情愿，而不是被人胁迫、诱惑，或为了功利的目的。所谓"助人为乐"，是真心乐于助人，在助人中自然而然地体验到快乐。所以，做志愿者不应该是为了获得志愿者证书；进行慈善捐赠也不应该是为了上慈善排行榜。"非行仁义"则要求在行善过程中摒弃功利之心。行善是出于自己的乐善好施，不是为了获取他人赞誉或其他回报，否则就是在追名逐利，不是真善，而是伪善。"非功利"的原则就要求没有算计比较。董仲舒说："夫仁人者，正其谊不谋其利，明其道不计其功。"（《汉书·董仲舒传》）真正的仁者，端正其心，明确其道，做适宜之事，不算计功利得失。王阳明也进一步强调："一有谋计之心，则虽'正谊明道'，亦功利耳。"（《王阳明集》与黄诚甫）就像营救即将落井的孩子，就是纯粹出于自己的恻隐之心，而非先想到是否享誉乡里，或先算计比较救人的风险利弊。在"妈妈与妻子落水先救谁"的所谓"千古难题"中，如果从功利的角度计算利弊得失，就真会左右为难、不能取舍，而如果是从仁义、良知出发，则无须权衡，即毫不犹豫地跳入水中救人，救到谁是谁，救了之后就会心安，而且谁也不会有怨言。如果是经过算计比较，认为母亲有遗产或妻子年轻更有价值，再选择性地施救，这就很难说是一种善行，而只是在追求利益罢了。在此情况下，不论最终救下谁，或许都会遭到另一方的抱怨；如果有任何一人落难，自己也会终身受到良心的自责。当然，"由仁义行，非行仁义"是从为善者的发心视角提出的要求,也是一种很高的要求。对于一些人带着一定的功利之心行善,也应该抱理解、支持的态度。从促进他人行善的角度看,甚至利用一定的声誉、奖赏机制激励人行善也是非常必要的。

第三节 积善成德

荀子曾言:"积土成山,风雨兴焉;积水成渊,蛟龙生焉;积善成德,而神明自得,圣心备焉。"(《荀子》劝学篇)通过善行的日积月累可以养成高尚的品德,也自然会使自己心智澄明,从而达到圣人的精神境界。所以,古人告诉我们:"勿以善小而不为,勿以恶小而为之。"为善是每个人自己的需求,积善成德也是每个人立德树人的需要,是不断成就自己道德人生的过程。

善有大小之别,也种类繁多。基于不同的时代特征或文化、价值观念,人们对为善的期待和强调各不相同。《了凡四训》把各种善行归为与人为善、爱敬存心、成人之美、劝人为善、救人危急、兴建大利、舍财作福、护持正法、敬重尊长、爱惜物命等十个方面,并注重随缘济众。佛教特别倡导"诸恶莫做,众善奉行",也强调"十善道业",即"永离杀生、偷盗、邪行、妄语、两舌、恶口、绮语、贪欲、嗔恚、邪见"(《十善道业经》)。这些概括和分类对我们知善为善仍然具有重要启示。

笔者认为,在现代社会,每个人都可以从以下方面去尽己所能,相机行善。

一、善念善行

最小的善当属于"善念"。王阳明说:"一念发动处,便即是行了。"(《传习录》黄直录)从这个意义上说,即便没有任何可见的动作,只是单纯地为他人默默祝福、祈愿,就已经是在行善了。这是每个人都可以做到的。只要怀有善心，就随时会产生善念，这些善念既包括对他人的慈悲、恻隐、尊重、欣赏、祝福，也包括对自己的警示、劝诫、节制、鼓励等。常存善念，心也就会变得更加善良。善念中的一部分也会直接转化为善言善行。在日常生活中，有些话可以称为"最美的语言"，如"您好""谢谢""对不起""没关系""请放心"等，也有很多看似微小的"小动作"，却可称为"最美的行为"，如微笑、倾听、关注、在公共场所轻声细语、随手捡起垃圾等。经常保持微笑，就会给他人带来微笑和温暖，也会给自己带来信心和力量；认真倾听，不仅是对对方的尊重，也是为了更好的交流和理解，从而为相互支持、相互合作奠定基础。当然，也有许多是"最恶毒的语言"和"最恶毒的行为"，在此不必举例。读者可以结合自己的经历，尝试写出自己认为的最美、最丑言行各五句（种），有意识地提醒自己"为善去恶"。从善念善言开始，从举手投足的微不足道的小事做起，若能长期坚持，便会习惯成自然，积小善为大德。

二、公益慈善

志愿服务是一种不计报酬的公益助人行为，也被称为做"义工"。志愿者精神为"奉献、友爱、互助、进步"。这也揭示了志愿服务的实质是在奉献和友善中相互帮助、相互成就。志愿服务因其公益、无偿，可以更便利地获得利他机会，而在此过程中，可以向他人、向社会贡献自己的时间、精力、聪明才智，收获价值感、意义感，也可以在志愿服务中展现和锻炼自己的才能，或发现自己的不足，为自己的进一步提升获得内在动力。所以，志愿服务是每个人，尤其是青少年成长的重要途径。

慈善捐助是以经济方式实现互助的重要途径，尤其是在遇到灾荒、疾病、危难之际,"一方有难八方支援",充分体现了人情的温暖。随着经济的发展、个人和企业财富的增加,公益捐赠得到了进一步的倡导,并逐渐成为重要的制度安排。2021年8月17日,中央财经委员会第十次会议指出:要坚持以人民为中心的发展思想,在高质量发展中促进共同富裕,构建初次分配、再分配、三次分配协调配套的基础性制度安排。通过市场进行的收入分配被称为第一次分配,通过政府主持、用税收或扶贫等政策实现的收入分配被称为第二次分配,第三次分配则是指基于道德信念、通过自愿缴纳和捐赠等而形成的收入分配。①第三次分配的动力机制是基于道德的爱心驱动,它表面上是一种财富和资源、服务的再分配,实际上是一种"双赢"的过程,不仅增加了被资助、帮扶对象的获得感、幸福感,也为捐助者提供了实现自身价值从而获得内在喜悦的机会。显然,要达到这种效果,不论是捐赠还是志愿服务,都必须是出自真心,因"情愿"而"心甘"、快乐。古人说"舍财作福",西方人也有言:"施比受更有福。"若能超越从获得中得到快乐,而能从给予、利他中获得幸福,则幸福可以源源不断,因为"给予"是可以自主的、随时随地的。有了这些政策倡导和认识的提升,相信不论是志愿服务还是公益捐赠的行为都会越来越多。

三、敬业尽责

公益志愿活动通常都是"业余"性的,每个人的主要时间和精力都是用在自己的本职工作上。本职工作是发挥自己聪明才智、服务社会和他人的最主要的舞台,因而,可以说做好自己的本职工作是最大的公益。从这个意义上说,人们行善的舞台主要不在偶尔的

---

① 厉以宁:《超越市场与超越政府——论道德力量在经济中的作用》,经济科学出版社,2010,第142页。

志愿服务中，而是在每天服务客户的过程中，是医生治病、交警指挥交通、厨师做好每一道菜，是教师教好每一堂课，是公务员时刻去为人民办实事。企业家的慈善也主要不在于每年的几笔捐赠，而在于办好自己的企业，用自己的产品和服务为社会创造价值，为员工创造就业机会和实现价值的舞台。相应的，作为学生也不能过多地投身于公益活动和志愿服务，而要把学习作为自己的主要任务，以提升自己的专业能力为己任，只有这样，才能在将来更好地为社会服务。在选择工作时，也要把有意义、有价值、能发挥自己专长作为主要的考虑因素。

工作的意义不只是挣钱养家，工作也是服务他人、体现自己人生价值的基本途径。如果说行善就是帮助他人的话，所有的工作都在以不同的方式帮助他人，公务员是"为人民服务"，医生是救死扶伤，警察是维护治安，教师帮助学生学习成长。各行各业都是不同意义、不同形式的"为人民服务"。能工作、能为他人服务，说明自己健康，能在劳动中创造价值，能为他人带来幸福；若能感受到这种价值，也就能为自己带来幸福。反之，如果只是接受他人的服务而不能为社会做贡献，就会像是在ICU的病人，尽管人人都为他服务，却不可能有真正的享受和幸福；如果看不到工作的意义，工作本身就会毫无乐趣，就会令人疲惫、倦怠，就会总是想着早点退休，甚至总是幻想"财富自由"而提早退休，而退休之后又充满失落。所以，要尽可能地热爱工作，全身心地投入工作中，在完成工作目标、任务的过程中不断体悟工作的意义、价值，从中获得快乐和幸福。对此，哲学家罗素曾言："目标的持续性是获得长久幸福最根本的要素之一，大多数人主要是通过工作来实现这个目标的。""始终如一的目标并不是生活幸福的充分条件，但却可以成为生活幸福的必要条件。而始终如一的目标则主要包含在工作中。"①能在工作中确立人生目标并从中获得幸福的人是幸运的，因为他们的幸福不只是来自工作之余的娱乐、休闲、家庭生活，也来自工作本身，工作的幸福使他们对工作乐此不疲，使他们感受幸福的时间倍增。积极心理学的研究也表明，人们在工作中往往更容易感受到幸福。《心流》的作者在一项研究中就发现，在工作中获得"心流"状态（沉浸其中的幸福）的比例到达54%，而在娱乐休闲时中则只有18%。②可见，改变"工作就是劳役"的传统观念对于提升幸福感之意义重大。

工作也是增进人们知识、技能，提升品德、境界的"学校"。看到工作的意义和价值，一方面可以以公益的心态工作，增强自己的自尊心、自豪感，让自己获得更持久的、深沉的幸福，另一方面，也能更清晰地意识到本职工作与他人的关系，从而增强工作的责任感、使命感，进而更认真地在工作中学习、成长。因此，在工作中学习与成长，是终身学习、终身成长的主要途径。也可以说，是工作成就了人本身。而成就自己是爱自己的终极体现。认识到工作对于人生幸福和成长的意义，我们对工作的态度自然就会更积极、主动了。

四、爱国奉献

"爱国""敬业""诚信""友善"是社会主义核心价值观在个人层面的要求。爱国是一种大德，也是一种大善。根据百度百科："爱国主义是指个人或集体对祖国的一种积极和支持的态度，揭示了个人对祖国的依存关系，是人们对自己家园以及民族和文化的归

---

① 〔英〕罗素：《幸福之路》，刘勃译，华夏出版社，2016，第185、192页。
② 〔美〕米哈里·契克森米哈赖：《心流》，张定绮译，中信出版集团，2017，第270页。

属感、认同感、尊严感与荣誉感的统一。集中表现为民族自尊心和民族自信心，为保卫祖国和争取祖国的独立富强而献身的奋斗精神。"① 从这一定义可以看出，爱国既是一种对祖国积极的情感倾向，也体现为使祖国独立、富强、美好而努力奋斗甚至勇于献身的各种行为；爱国既是国家发展的需要，是每个人的责任，更是每个人归属感、认同感、自豪感的重要源泉，是个人获得心安、幸福的需要。家国一体，没有国就没有家，没有富强、美好的国家，也就没有个人富裕、美好的生活。国家不仅为每个人的物质生活提供来源和保障，也是每个人精神的寄托和归宿。所以，爱国不只是国家的需要，而是我们每个人自己的需要，是自己的责任。

爱国一方面体现为因祖国的美好而认可和喜爱，如热爱自己国家美好辽阔的河山、灿烂悠久的历史、善良勤劳的人民等，另一方面更是体现在"为了祖国更美好"而努力奋斗和奉献。国家发展过程中，总会有各种各样的问题和不足，社会现状与国家理想之间总会存在不同程度的差距，此时，与对自己和他人的爱一样，对祖国更深沉的爱就是要接纳它的不完美，并努力使之更美好、更可爱。所以，爱国，不只是因为祖国可爱而爱，更是要用实际行动使祖国更可爱。

爱国不是抽象的概念和空泛的情感，而应体现为广泛而具体的行动。爱国可以体现为爱国旗、国歌，遵守国家法律，维护国家利益，促进民族团结和祖国统一，也可以体现在学习、传承和弘扬国家的历史、文化，学习、领会和拥护国家大政方针、政策，为国家发展建言献策，进行科学创造，提升国家科技硬实力和文化、制度软实力，从而增强理论自信、道路自信、制度自信、文化自信。

---

① https://baike.baidu.com/item/爱国主义? from Module=lemma_search-box，访问日期：2022年1月2日。

爱国精神突出体现在国家危难时的保家卫国、英勇牺牲。为国捐躯者就是舍生取义，他们生命的价值在为国牺牲中得到升华，英雄也会为世世代代的人们所铭记和感谢。正如泰戈尔说："我们只有献出生命，才能得到生命。""成为国家栋梁"是很多人的志愿，也是长辈对晚辈的期望。而一棵树要成为栋梁，不仅要经历岁月、风雨的洗礼，长大、长高，变得强壮、挺拔，更关键的是要勇于"牺牲"，只有被人砍下，才能走出深山，走入大殿，在肩负重任中焕发新的生命。树木如此，"国家栋梁"也是如此。这种"牺牲"不一定体现在战场上，更常见的是体现在日常生活和工作中，以牺牲自己时间、精力的方式体现出来。这种牺牲，因其崇高而受他人尊敬，而令牺牲者自豪。

五、仁爱天下

中国传统文化不仅认为家国一体，而且认为天下一家，因为天人合一、万物一体。地球是人类共同的家园，人类是一个命运共同体。因此，我们不仅要用良善的行为爱家人、爱朋友、爱家乡、爱祖国，也应该尽己所能爱这个世界，为世界人民的和平与美好生活做出自己的贡献。《大学》认为，"大人"应当修身、齐家、治国、平天下，孟子也主张"穷则独善其身，达则兼济天下"。

中国传统文化还主张"天下兴亡，匹夫有责"。天下大事看似遥不可及，其实与每个人息息相关，每个人的行为也在反作用于这个世界。例如垃圾分类、绿色出行、低碳环保，不仅是保护周边环境的善举，也是对保护整个地球、促进可持续发展的一份贡献。在应对资源短缺、气候变化、网络安全、环境污染、疾病流行、金融危机、跨国犯罪等问题方面，每一个普通人都有一份责任，都可以做出可能微弱但有价值的贡献。在价值多元又紧密联系的地球村，对不同国家、民族、语言、文化、治理方式的理解和尊重是一种必要的美德。在国际政治舞台上，我国一贯坚持互相尊重主权和领土完整、互不侵犯、互不干涉内政、平等互利、和平共处五项基本原则，在国际事务中坚持协商对话、共建共享、合作共赢、交流互鉴、绿色低碳，这些都可谓仁爱天下在国家层面的体现。党的二十大报告提出"必须坚持胸怀天下"："中国共产党是为中国人民谋幸福、为中华民族谋复兴的党，也是为人类谋进步、为世界谋大同的党。我们要拓展世界眼光，深刻洞察人类发展进步潮流，积极回应各国人民普遍关切，为解决人类面临的共同问题作出贡献，以海纳百川的宽阔胸襟借鉴吸收人类一切优秀文明成果，推动建设更加美好的世界。"胸怀天下不仅是对党和政府的要求，每个中国人也都应该各尽己责，投入建设更加美好世界的洪流。

第五章 自强不息

我们主张"真正的幸福是不断向上向善的心安"。这种心安应该是持久的而非偶然的、短暂的,为此,就需要不断学习向上,不断仁爱向善。也就是说,只有持续不断地向上向善,才能获得长久的心安。做一件好事并不难,难的是一辈子做好事;坚持一段时间的学习并不难,难的是终身学习、终身成长。那么,如何才能"不断"向上向善呢?

通常,外在的帮助和影响是非常重要的,例如,师长引导、上级监督、制度要求、金钱刺激、荣誉激励、团队帮助、榜样示范、良好环境等,都能在一定程度上激发人更持久地坚持向上向善。这也是本书在"幸福家庭""幸福学校"部分需要进一步阐述的内容。本章将主要从个人修身的视角,讨论如何通过个人努力,实现不断向上向善。

《周易》有言:"天行健,君子以自强不息";"地势坤,君子以厚德载物"。张岱年认为,中国文化的基本精神以及中华民族的民族精神都凝聚于这两句话之中。[①]"自强不息"指要依循天道的刚健有为、努力向上、发奋图强、坚忍不拔、永不懈怠;"厚德载物"指要效仿大地的宽厚包容、崇德向善,厚重淳朴、仁慈大爱、善待万物。因为自强,才能勇于面对外在的困难、挑战、诱惑以及内心的软弱、慵懒、恐惧,做到不屈不挠、勇往直前、勇猛精进。

---

① 张岱年:《文化与哲学》,中国人民大学出版社,2006,第75页。

> 因自强而不断向上,因厚德而不断向善;由向上之德而促进向善之行,在向善之行中促进向上之德,如此而循环不已。自强不息是不断向上向善、持久心安之道,也是勇者不惧的具体体现。

第一节 自立自强

讨论"自强不息",首先需要辨析何为"强"。这方面,孔子和老子都给了我们深刻的教导。《中庸》中有子路问强的记载:

子路问强。子曰:"南方之强与?北方之强与?抑而强与?宽柔以教,不报无道,南方之强也,君子居之。衽金革,死而不厌,北方之强也,而强者居之。故君子和而不流,强哉矫!中立而不倚,强哉矫!国有道,不变塞焉,强哉矫!国无道,至死不变,强哉矫!"

子路问何为"强"。孔子回答:你说的是南方人的强还是北方人的强?或者是你应当追求的强?宽弘柔和,注重教化,对蛮横无理不武力报复,这是南方人的强,是君子拥有的品质。枕戈席甲,果敢刚强,临死不惧,这是北方人的强,强悍者拥有这种秉性。所以,真正的君子和顺而不迁就,中立而不偏倚,国家有道时不放弃自己的操守,国家无道时至死不改变自己的志向,做到这四点,才是真正的强。可见,孔子所偏爱的是南方之强、君子之强,这种强,不是体力强大、血性勇猛,而是对人柔和而又内心坚强,面对外在诱惑或纷扰有自己一贯的原则,不曲意迎合;不论面对顺境还是逆境,都有自己明确的道德坚守,不变节失义,有"富贵不能淫、贫贱不能移、威武不能屈"的大丈夫气概。这种强者并非懦弱无力,而是有"自反而缩,虽千万人,吾往矣"的勇气。

老子在《道德经》中对"强"也有丰富的论述。他推崇

"柔""弱",反对坚硬、刚强、强势、逞强。老子认为:"人之生也柔弱,其死也坚强。草木之生也柔脆,其死也枯槁。故坚强者死之徒,柔弱者生之徒。是以兵强则灭,木强则折。强大处下,柔弱处上。"(《道德经》第76章)其大意是:人有生命时是柔软的,死后就坚硬了;草木有生命时是柔韧的,死后就枯槁了。所以,强硬是死的表现,柔韧是生的特征。兵力强大可能走向灭亡,树木强硬则容易折断,强大不一定是好事,选择柔弱反而是上策。有道之人辅佐君王,不会用战争耀武扬威、强取天下,在不得已而动武时也只是适可而止、达到目的就罢休,因为以战争逞强必然带来灾荒凶害,使民不聊生甚至天下灭亡。老子认为:"胜人者有力,自胜者强"(《道德经》第33章),"守柔曰强"(《道德经》第52章)。能战胜他人可以显示有力量,而能战胜自己才是真正的强大;真正的强大不必体现为对外的强势,只要守住生命柔韧的本性就是强大。可见,老子与孔子对"强"的态度是内在一致的,都是宽以待人的柔中之强,是严于律己的自胜之强,是慈故能勇、大智大勇的勇者之强,这种强才是使生命生生不息、和谐并育的强大力量。

那么,如何才能修养出这种"自强"的品质呢?成语"自立自强"给了我们重要启示:只有通过学习、实践、成长,先"立定"一些品质,才能迎风屹立、强立不倒、中立不倚,才能富贵不淫、贫贱不移、威武不屈。孔子说:"己欲立而立人,己欲达而达人",只有自己先"立"然后才能帮助别人立,只有自己先有基本的"达"然后才能帮助别人达成目标。可见,不论是不断向上提升自己,还是不断向善利益他人,都要求先"自立"。具体而言,要做到"自立"而"自强"且"不息",可以从以下几个方面入手。

一、培养习惯

老子说:"天下难事必作于易,天下大事必作于细。"任何难以成就的、值得称道的"大"事业,都是由点滴的、细小的、微不足道的"小成就"逐步积累的结果。荀子也说:"故不积跬步,无以至千里;不积小流,无以成江海。骐骥一跃,不能十步;驽马十驾,功在不舍。锲而舍之,朽木不折;锲而不舍,金石可镂。"(《荀子》劝学)没有一步一步的积累不可能行走千里,没有小溪小河的汇集不可能成就大江大海。骏马能力再强,一次飞跃也不过十步之远;劣马再弱,连走十天,也能马到成功;一刀一刀锲而不舍可以变金石为精美雕刻,否则就会连朽木也不能折断。很多人之所以大事不成,不是小事不做,而是不能长期坚持,或不能坚持到底而功败垂成。但要长期坚持一件哪怕非常简易的事也非常不容易。所以民间有言:"好手难提四两",意思是说四两之物看似轻微,若要提着行走半天一天却非常困难。如果换一种方式,人穿着四两的鞋,甚至穿着数斤重的衣物,整天行走也不觉得累,原因就在于穿鞋、穿衣已经成为习惯,习惯成自然,自然则轻松、长久。

经常、稳定的行为方式就是习惯。蔡元培认为:"习惯者,第二天性也。"[1]若能注重良好习惯的养成,为人处事按习惯而行就会有如出于天性,就可以轻松、自然而持久。从促进身心健康发展的角度看,每个人都应该注重良好的生活、学习、交往、工作等习惯的养成。

1.健康的生活习惯。要有健康的饮食习惯,坚持一日三餐,规律饮食,不暴饮暴食,不偏食节食,少盐少油,清淡饮食;要有规律的作息,坚持按时睡觉、早睡早起,保证睡眠时间,不熬夜,不

---

[1] 蔡元培:《中国人的修养》,作家出版社,2016,第9页。

赖床；要有良好的运动习惯，每天坚持适量运动，保持正确的站、坐、行走姿势，不久坐，不长时间低头看手机、电脑；注重公共卫生，不随地吐痰、扔垃圾，注意垃圾分类；等等。这些都是维护身体健康的基本要求，也是"爱自己"的基本体现。就像每天早上起来洗脸刷牙、睡前洗脚洗漱、饭前便后洗手等，因为习惯了，就会成为一种惯性，做起来也就不难了，甚至会成为一种肌肉记忆，就像养成跑步习惯之后不跑不舒服一样，打破习惯反而会不舒服。比较令人担心的是很多人恰恰相反，养成了一些时代性的不良习惯，如长期熬夜，长期久坐，经常节食，不吃早饭，等等。很多慢性病都是这些坏习惯慢慢积累而成，所以，改掉坏习惯与养成好习惯一样重要。养成良好的生活习惯，就如进入"自动驾驶"模式，节能省力，利于持久坚持。好的习惯能影响人的一生。

2. 良好的学习习惯。学习是持续一生的事，好的学习习惯也影响人的一生。在学生时代，好的学习习惯决定学生的成绩，其中包括一些基本的学习习惯，如上课认真听讲，积极举手发言，按时完成作业，自觉检查作业，有问题随时请教，及时复习、总结、改错，等等，这些就是最重要的学习方法和成功的"秘籍"。在成年之后，好的学习习惯决定个人成长的高度，其中也包括一些基本的学习习惯，如坚持读书、思考，乐于请教、分享，勤于书写、记录，定期反思、总结，等等。此外，还有一些个性化的或更高要求的习惯，如分析归类、迁移联想、学以致用、反思创新等。这些习惯已经与勤学、乐学、善学的品质密不可分。同样，很多人也会在不知不觉中养成一些不良的学习习惯，如拖拉、磨蹭，注意力不集中，不爱读书、不做笔记，不注重积累，突击应付，无计划、无节奏，不检查、不总结，等等。这样的学习没有成效，也不会持久。成年之后，坏的学习习惯可以克服，好的学习习惯仍然可以养成。

在北大"幸福亲师"研修班中，我们就要求教师和家长每天书写幸福日志，每天早起阅读传统文化经典10分钟，每周读2～3章现代教育名著，每个月读完一本书，定期与同事、小组成员交流分享，等等。经过100天的学习之后，很多人都不再以忙为借口，也不再畏惧读不懂古文，形成了坚持阅读、反思、记录、分享的良好习惯。养成良好的学习习惯，就如随时给自己的人生旅程加油充电，不断续航。

3.友善的交往习惯。行为举止是人的品德修养的外在体现，而好的语言、行为习惯也会内化为人的良好修养。中国被称为礼仪之邦，传统文化特别强调礼义。礼者，理也；义者，宜也，符合礼义的行为即意味着有礼有节、合情合理。生活礼节看似是一些规矩、约束，实际上体现的是对他人的尊重、对自己的节制、对良好关系的维护，很多"礼节"背后都反映了谦和、利他的价值观，也体现了一定时期特定文化对于"适宜"的行为的规定。符合礼节就会行为举止得体，令自己感到心安踏实，令他人感到舒适、受尊重，否则就会令自己手足无措，也会让他人觉得自己无知无礼。所以，孔子说："不学礼，无以立。"不学习礼节、礼仪，连基本的立足都将困难。他也要求弟子们"非礼勿视，非礼勿听，非礼勿言，非礼勿动"，即要求视听言动无一不符合礼的规范。"礼"不仅是社交、交友之需，也是养成美德、习惯的重要途径。蔡元培就认为："礼仪者，交际之要，而大有造就习惯之力。夫心能正体，体亦能制心。是以平日端容貌，正颜色，顺辞气，则妄念无自而萌，而言行之忠信笃敬，有不期然而然者。"[①] "礼"的内容非常丰富，体现在居家、社交、工作、娱乐、运动等社会生活的方方面面，要求也可能非常

---

① 蔡元培:《中国人的修养》，作家出版社，2016，第9—10页。

具体，如一次聚会，可能就包括邀约、衣着、见面、问候、入座、交谈、敬茶、敬酒、告别等各方面的礼节，在入座方面，主人、主宾、次宾、主陪等的位次要求，敬酒的顺次、数量都会有规定，而且各地可能各不相同。除了日常礼节，还有各种重大活动中的礼仪规定。这些名目繁多的礼节礼仪，要逐一学习是非常困难的，而如果能从小养成习惯，或入乡随俗，就会使生活简单、轻松，人际关系和谐友善。当然，在现代生活中，各种"繁文缛节"已经被大大简化，不同地方的习俗也不断同化，人们对所谓"不合礼"的行为的包容程度也不断提高。但人际交往的基本要求是不变的，即礼貌而适宜，最好的修养就是让人感到舒适。日常生活中养成谦和友善、彼此尊重的交往习惯，就可以形成良好的人际关系和互动模式，为向上向善奠定基础，为人生之旅保驾护航。

二、严格自律

自律就是自己约束自己，管束好自己的言行，与之相对应的是他律，即通过他人或外在的法律、道德、习俗规范自己。人生是一次漫长的旅程，要做到"不断"向上向善，不能指望外在的监督和约束，而必须依靠自觉自律。

世界充满诱惑和陷阱，同时"人心惟危"，也有各种习性和弱点，如果不能克制欲望、管控情绪，人生的道路就会险象环生，举步维艰。所以，自律首先意味着要给自己树立基本的底线，通过坚持基本的人生准则来保证自己少犯错误。《论语》中有很多教导可谓人生准则，可以作为时刻提醒自己的座右铭，如："己所不欲，勿施于人"（《论语》卫灵公篇），自己所不喜欢的，绝不强加于人，这是君子需要一生坚守的原则；"君子固穷，小人穷斯滥矣"（《论语》卫灵公篇），君子即使在贫苦困顿中也坚持道义，绝不泛滥无章、无法无天;"子绝四,毋意,毋必,毋固,毋我"(《论语》子罕篇),孔子努力杜绝四种倾向,不主观猜测,不坚持预期(一定要达成某目的),不固执己见,不自我中心。老子也有自己的基本原则,他说:"我有三宝,持而保之:一曰慈,二曰俭,三曰不敢为天下先。慈故能勇,俭故能广,不敢为天下先故能成器长。"(《道德经》第 67 章)老子有三件一直坚守的法宝,分别是慈爱、节俭和不敢在名利上争先。有慈爱就能有保护众人的勇气,能节俭就能广积久用,在名利上不争不抢,则能得到人们的拥戴,成为民众的尊长。老子的另一个原则是"知常""秉公":"不知常,妄作凶。知常容,容乃公,公乃全,全乃天,天乃道,道乃久,没身不殆。"不知常道,就会胆大妄为,就会产生凶险祸害。知道常道,就会包容万物,秉持公正,顾虑周全,就会如天如道一般长久,终身免于危险。由于古今中外人心人性相通,以上很多教导也是今天的我们仍然应该坚持的,例如每个人都应该坚持道义、遵纪守法,都应该以忠恕之心待人,等等;有些则是现代社会普遍的问题,因而坚持下来可能更困难,如在富裕的社会做到节俭、不贪,在充满诱惑、充满竞争的环境中"戒色""戒斗",等等。

自律就是为自己制定纪律并严格遵守。为自己制定纪律,一方面表现为接受外在的法律法规,使之内化为自己的行为准则,如公民对国家法律、政策、规定的遵守,党员干部的"四个坚持""八项规定"等。另一方面,自律也体现为根据自己的实际而对自己提出要求,使之成为自己的"纪律""法律",并且去严格执行。例如,很多年轻人对自己提出"管住手机,戒除游戏";很多老年人要求自己"管住嘴,迈开腿";有"三高"(高血压、高血糖、高血脂)的人要求自己清淡饮食、低盐少糖;等等。

自律不是为了自讨苦吃,而是通过自我管束满足真正的需求,促进长远的发展。把外在的法规纪律内化，不是为了避免惩罚，而是为了自己的安全和自由。例如自觉遵纪守法，看似在约束自己，实则是使自己在法律许可的范围内行事，从而受到法律保护，免于违法犯罪，使人生行稳致远。就如驾驶车辆时自觉遵守交通规则，不是为了不被拍照罚款、扣分，而是为了自己的人身安全。为自己立法立规，获得的是一种延迟满足感，克服的是当下的、小的、不当的需求，满足的是未来的、长远的需求和发展，如适当节食就是一种自律，克服美食的诱惑，不暴饮暴食，就会避免肥胖，促进健康；作息规律也是一种自律，克服随意懒散，坚持不赖床、不熬夜、不拖延，就会使生活有节奏有规律，使事业和人生得到更好的发展。真正自律的人，不会感觉外部或自我的纪律是一种约束，而会因自律而获得自由。孔子"七十而随心所欲不逾矩"，就是自律与自由高度统一的一种境界。

三、独立自主

自主就是成为自己行为和命运的主人，能独立选择并为自己的选择负责。爱德华·德西等人提出的自我决定论的幸福观认为，幸福来源于自主、胜任、归属这三种基本心理需要的实现，其中自主需要就是指人们能自由选择能体现自己价值、天赋和个性的活动。[①]与自主对应的是"他主"、受控、失控或"不由自主"。一方面，自主有条件性，受外在约束和自身条件的限制，每个人都不可能"为所欲为"。不同时代和外在环境为成就某些事业提供了一定的机遇和可能，也会带来相应的限制和挑战。这就是古人讲的"天命"或"时势"。另一方面，自主也有其绝对性，每个人的行为实

---

① 〔美〕斯蒂夫·鲍姆加德纳、玛丽·克罗瑟斯：《积极心理学》，王彦、席居哲等译，上海人民出版社，2021，第39页。

际上都是自己在特定环境条件下做出的选择，是这些选择改变或主宰自己的命运，所以说"我命由我不由天"。

自主意味着行为选择。人生时时都在选择中，就如走路，会不断遇到各种"道路的选择"，有大路也有小路，有正路也有歧路，有新路也有老路。人生之路就是在百年人生之中每个人经历无数选择之后留下的所有足迹。而在人生的每一个节点，都可能面临超乎自己想象的选项，例如，每一天在食堂吃饭有几十种菜品选择，每一次到超市购物有成千上万的选择。人生有若干次关键的选择，如高考升学中对高校和专业的选择；恋爱成家时对人生伴侣的选择。这种关键选择对人生有着尤为重要的影响。每一次选择时看似备选对象很多，但往往只能挑选其中的一个（如大学、专业、伴侣）或几个（如菜品）。每一次成功的选择不一定能成就一生，即便是重大选择正确，也只是增加了成功的概率，而错误的选择，甚至常常是一个微小的错误的选择，却足以毁掉人的一生，如很多犯罪行为往往就发生在"一念之间"，正所谓"一失足成千古恨"。

真正的自主意味着根据自己的意愿进行选择。人们的行为选择方式通常有以下几种：第一是从众，这是为了节省选择成本、降低风险，获得心理安全感；第二是顺从习惯或偏好，遵从习惯也可以节省成本，如在琳琅满目的商品中直接选择自己常用的品牌，在众多餐馆中选择自己偏好的口味。第三种方式是"非理性选择"，可能是凭直觉或一时冲动所进行的选择。第四种是"理性的选择"，即在理性判断的基础上，权衡各种选择的利弊，做出"最佳选择"。但实际上，人们的选择往往是"有限理性"的，因为面临的备选方案很多，利弊权衡需要评判的因素复杂多样，而决策时间又非常短暂，因而通常都只能是选择"可以接受"的方案。第五种则是根据自己的价值和原则进行选择，如"廉者不受嗟来之食""君子爱财，取之有道""杀身成仁，舍生取义"等就是根据道义而非利益进行取舍。上述前三种选择方式，实际上缺少了人的理性、觉知，自主性的程度并不高，更像是"不由自主"的行为；第四种方式虽然是经过自己权衡的、理性的，但如果它是被功利计算绑架，也很难说是真正的自主。只有依据清晰的觉知并完全按照自己的价值和立场进行选择才可谓真正的自主选择。正确、坚定、一贯的价值观可以大大减少人们选择过程中的算计、纠结、内耗，帮助人们做出快速、连贯且正确的选择。

从以上分析也可以看出，真正的自主需要以独立和自由为前提。每个人都是独立的个体，每个人都是独立地进行选择，并对选择的后果负责。经济独立，可以在一定程度上摆脱他人的依赖、胁迫和控制；思想独立，则意味着不受他人思想观念的控制，能进行独立思考、独立判断。没有经济独立，很容易屈从，没有思想独立，很容易盲从，屈从和盲从都是在改变自己的原意和自愿行为。自由是一种重要的价值追求，自由意味着可以自主选择去做自己想做的事（积极自由），或是行为不受限制（消极自由）。只有真正自由的人才能不受外界诱惑或他人胁迫，按自己的真正意愿进行选择，并使自己选择的行为得以持续，不被中断或改变。

独立自主能赋予人内心强大的力量，使人有毅力和勇气战胜自己的退缩、抵制外在诱惑或阻力，持久地坚持自己的意愿和立场，不屈不挠，勇毅前行。这就是真正的强者的品质和行为表现。要增强独立自主能力，不仅需要稳定的工作收入以获得经济的独立，更应该进行价值观的教育和培养，提升理性判断力、思想道德水平和格局境界，还要培养为自己的行为选择负责的意识和能力。这些品质和能力需要从小培养，也需要终身提升。"自主"也是本书在幸福家庭和幸福学校部分特别强调的观念和立场。

第二节　坚定信念

坚定的理想信念也是促使人不断向上向善的更深沉的内在动力。

理想是对未来事物的美好想象，也是对目标追求的合理期待。理想源自人们对更美好事物的追求，它给人希望，是激发人们克服困难、不懈追求的动力源泉。列夫·托尔斯泰说："理想是指路明灯。没有理想，就没有坚定的方向；没有方向，就没有生活。"爱因斯坦则进一步说："每个人都有一定的理想，这种理想决定着他的努力和判断的方向。在这个意义上，我从来不把安逸和快乐看作是生活目的本身——这种伦理基础，我叫它猪栏式的理想。照亮我的道路，并且不断地给我新的勇气去愉快地正视生活的理想，是善、美和真。"衣食无忧、猫狗齐全以至于财富自由都不能给人带来持久奋斗的动力。党的十九大报告指出："不忘初心，方得始终。中国共产党人的初心和使命，就是为中国人民谋幸福，为中华民族谋复兴。这个初心和使命是激励中国共产党人不断前进的根本动力。"人民幸福、民族复兴、世界大同的崇高理想和光荣使命也是每个人不断向上向善的动力源泉。只有志存高远，才能鹏程万里。由于本书"立志为先"一节对立志的意义以及如何立志已有较详细论述，在此对理想、志向不再做过多赘述。

信念是认为正确并且坚信不疑的观念。与之密切相关的是信仰。信仰是对思想、观点、宗教或个人的极度信任和敬仰。信仰是一种强烈的信念，通常表现为对那些缺乏足够证据、不能说服每一个理性人的事物的固执信任。科学因可以提供可见的、可重复的实事依据而能增强人们对某些知识、规律的认可和信心。例如，知道了浮力原理，人们就敢坐轮船，知道了空气动力学原理，就可以更放心地坐飞机。但很多领域在科学之外，尤其是思想意识领域，它不属于科学，很难提供可见、可重复的证据，在这些领域人们常常更需要借助信念或信仰的力量。信念、信仰体现为具有稳定性的思想、价值观念，因而能为人提供连续一贯的判断准则和选择依据；信仰还具有神圣性，使人产生崇高感、心理认同感和对相同群体的归属感，从而使人获得更大、更持久的行为动力。宗教信仰还能提供有关人类起源和死后归宿等的解答，相信有上帝和天堂的存在能帮助人们克服对死亡和不确定性的恐惧，也能促使人们为死后进天堂而为善去恶，所以即使在科学如此发达的当代世界，仍然有数十亿的人选择信仰某种宗教。中国传统的儒、释、道都不主张有创世的上帝（神），孔子认为"未知生，焉知死"，"不语怪力乱神"，主张加强对现世的体认和修养；佛学和道教则更强调对来世和世界本源的认识，本质上是一种哲学思想，只是后人为了传播、教化的需要，人为地对佛家、道家的各种人物、事件进行了神化而形成了佛教、道教。由于信仰、宗教涉及世界观、人生观、价值观等诸多深奥、复杂、终极性的哲学、宗教问题，是笔者难以驾驭的，在此也不能具体展开。为阐明信念对人持续发展、终身成长的重要意义，以下仅就人生观的某些具体方面做举例说明。

一、潜能无限

人具有多大的发展潜力？对此的回答意味着对自己未来发展的信心，也会影响人努力的程度。当代脑科学认为，人脑具有巨大的潜力，90%以上的潜能都有待进一步开发。大多数人可能知道这一数字，但仅仅把它当作与自己无关的科学知识，很多人还是相信人天生有愚笨之分，而且智商是难以改变的。斯坦福大学卡罗尔·德韦克教授在《终身成长》一书中通过大量研究和不同行业、职业的实例证明，人的智力和能力都是可以通过后天学习和努力改变的，之所以有些人能不断走向成功而有些人成就有限，就是因为存在不同的思维模式。她区分了两种思维模式，一种是"固定型思维模式"，认为人的智力和能力主要是先天决定的，学习的主要目的就是在与他人的比较中证明自己的天赋，学习是为了成功；与之相反的是"成长型思维模式"，认为人的智力和能力都有巨大的潜力，都是可以依靠后天的学习和努力改变的，学习的目的是不断挖掘自己的潜力，促进自己的成长，因而这种人不畏惧失败，敢于接受挑战，并且能长期坚持学习和训练。她在该书的引言中就开宗明义地阐述了自己的初心："我的作品属于心理学中的一种传统研究，向人们阐述了人类信念的力量。我们不一定能意识到这些信念的存在，但它们对我们想要什么以及能否成功达到目标至关重要。这种传统研究也展示了人类信念的改变——即使是最简单的——是如何对人类产生深远影响的。"① 所以，她的整本书都在试图帮助人们改变固定型思维的信念，形成成长型思维模式。《终身成长》一书的英文书名是 *Mindset*，即"思维模式"，书名中并没有"终身成长"之意。该书在内容上也只是论证了成长型思维模式确实有助于人们在知识、智力、能力方面不断提升，也没有说人的智力、技能可以"终身成长"。因为人的精力、耐力、记忆力、灵活性、协调性等随着年龄的增长而不断下降是一种不可抗拒的自然规律，这是必须承认的。

二、人皆可圣

人的潜能不仅体现在智力、能力方面，也体现在品德、境界

---

① 〔美〕卡罗尔·德韦克：《终身成长》，楚祎楠译，江西人民出版社，2017，第1页。

上。孟子说"人皆可以为尧舜"。这看似令人望而生畏、遥不可及，其实，孟子所言不是每个人在能力、功绩、名位上达到尧舜的程度，而是人在品德、境界发展中的无限可能。每个人在智力、体力方面的天赋是有显著差异的，但在人之为人的人性和品德方面的天赋是相同的。之所以有些人始终只是庸人、常人，而有些人则能成为君子、贤人以至于圣人，关键不在于"能不能"，而在于"信不信"，"肯不肯"为之努力。如果相信并且愿意为之努力，那么"人皆可以为尧舜"的信念就会为我们的人生展现无限可能，也才会为品德、境界的终身成长提出要求并提供动力。

人生在不同的场合会扮演不同的角色，例如，一个人可能同时是父亲、儿子、丈夫、教师、学生、上级、下级、同事。针对不同角色、不同职位、不同场所会有不同的行为要求，这是"角色道德"和"场合道德"。为此，人们需要时时、处处学习，而且要随着职位、身份的变化不断学习。更重要的是，在人生的每个年龄阶段，人们所面对的主要问题、困难和挑战不同，对自己的道德要求也不同，这就是"时年道德"。孔子就提醒人们在不同年龄阶段要特别警戒一些行为："君子有三戒：少之时，血气未定，戒之在色；及其壮也，血气方刚，戒之在斗；及其老也，血气既衰，戒之在得。"(《论语》季氏篇) 在他看来，君子在少年时，血气未定，需要戒除的是迷恋美色；在壮年时，血气方刚，需要戒除的是争强好斗；到老年时，血气衰弱，能力下降，需要戒除的就是守财守权，贪得无厌。从这可以看出，每个年龄阶段都有需要修养的人生课题。

特别需要看到的是，在老年阶段，由于退休，没有了权力，收入下降，而且随着年龄变老，疾病不断出现，经济、情感、身体照护等各种需求不断增加，死亡的威胁和恐惧也随之降临。以病弱的身体、有限的资源去面对最大的困境和挑战,并不可避免地要走向死亡,这就是老年人的处境。此时,很多人会不遗余力地占有财物,抓住以往权力残留的一点影响力,以期获得更多更好的医疗、保养条件,尽可能地延续生命。这种因恐惧死亡、想延续生命而产生的占有欲是何等强大,要在老年"戒得"又是何等困难。正因为如此,如果一个人能在年老时放下身外之物,甚至看淡生死,又是何等的令人敬佩。老年阶段才可能充分展现君子的人格境界,老年阶段的学习修养也尤其艰巨,却又最容易被人忽视。由此看来,老年阶段绝不只是学习诗书棋画、保健养生甚至"坐吃等死",而是人生修养的"决战阶段",此时,对名利、疾病、生死的态度都无一不在为子孙后代做出示范,也无一不展现了人生修养的最终境界。从这个意义上说,终身学习、终身修养是如此真实、迫切。

三、终身成长

从知识、能力水平的角度看,人生就是一条抛物线,在年轻时不断学习、提升,到一定年龄阶段达到峰值,尽管不同技能达到峰值的年龄有一定差异,但都终将不可避免地走向衰退。所以,有人说,人生可以分为上下两个半场,上半场向上走,下半场向下走;上半场看看谁走得快、走得高,下半场看谁走得慢、降得少。这种观点在五十至六十岁的人群中是非常普遍的,笔者一度也持有这种观点。这种认识确实能使人注重工作和休息、健康的平衡,避免身体过度透支。但是,它给人带来的终究是悲观和失望,因为无论如何养生,疾病、衰老、死亡都不可避免。而当认识到人生就是一场终身修炼的旅程,尤其是看到老年仍然可以不断提升人生品德、智慧和境界时,呈现在我们眼前的认识就不再是一条抛物线,而可能是一条不断向上的直线。人生如登山,尽管每一步都很小,但每一步都不虚度，都在使自己获得点滴的提升。这样的人生才是积极、乐观、不断向上的，这也是信念带来的希望和力量。

终身成长，可以体现为品德格局上的"长高"，也可体现为心胸关怀方面的"长大"。"长大成人"通常有以下含义：第一是生理上的长大，即从婴幼儿开始，身体逐渐发育、成长，长高、长壮；第二是人的思想、价值观的成长和发展，形成相对稳定的三观，在思想上走向"成熟"；第三是人的格局、境界的扩展，即不断从"小人"变成"大人"并不断"长大"的过程。前两种成长在成年之后都会完成，只有品德、格局的成长才会持续一生，永无止境。《大学》认为："大学之道，在明明德，在亲民，止于至善"，"大学之道"就是"大人之道"，它对内体现为"明明德"，最高境界是"止于至善"，对外是"亲民"，最大胸怀是"治国""平天下"。判断是否为"大人"的标准就是看他心中能装下多少人。心中只有自己的人，就是自私自利的"小人"；心中能关爱自己的家人，则可以说是"常人"；如果能关爱小家庭、大家族之外的非亲非故者，则可以称为"大人"，装下的人越多则越"大"。古代把官员称为"大人"，就是期待他们成为关爱百姓的父母官，官品越高，管辖的疆域越大、人口越多。关于"大人"，王阳明认为："大人者，以天地万物为一体者也。其视天下犹一家，中国犹一人焉。若夫间形骸而分尔我者，小人矣。"（《王阳明集》大学问）真正的大人是以天地万物为一体的，即心中装下天地万物，完全没有私心，没有你我的分别。张载所言"我心即宇宙，宇宙即我心"，鲁迅所言"无穷的远方，无数的人们，都和我有关"也都是这种意思。人身体上的成长是有限的，但心胸的成长是无止境的，因为心可以大到"心怀天下"，因而也需要终身学习、终身成长。而能否终身成长、不断长大以及能长多大，在很大程度上都取决于是否对成为"大人"有坚定的信念。由此也可以看出理想信念教育的重大意义。

除以上列举的人生信念外，人们也会形成许多具有积极意义的生活信念，如：我能对自己负责；我不能改变环境，但能改变自己的态度；每一次挑战都提供了学习和成长的机会；我相信生活会更美好；只要想改变，什么时候开始都不迟；一份付出一份回报；完成胜于完美；我是独一无二的；等等。人们也会坚持一些约束自己行为的道德信念，如：有德必有福；爱出者爱返，福往者福来；善有善报，恶有恶报；为仁由己；反求诸己；修身为本；等等。在幸福教育实践中，我们还特别希望每一位师生、家长都树立坚定的信念："我坚信，只要不断向上向善，此生一定可以更幸福。"这些看似具体、细微的信念是支撑和促进人不断向上向善的重要力量源泉，需要每个人去觉察、明晰和体证。

第三节 至诚无息

前两节从行为习惯、自律自主、理想信念等方面论述了"自强不息"的途径，这些途径是通行而且有效的。但不论是"自立自强"还是"坚定信念"，都还要依赖人的主观努力和意志品质，有点"勉强维持"的感觉。靠坚强的毅力坚持做事往往是痛苦的，也是难以长久的。《中庸》中另外指明了一条"至诚无息"之道："至诚无息。不息则久，久则征，征则悠远，悠远则博厚，博厚则高明。博厚所以载物也，高明所以覆物也，悠久所以成物也。博厚配地，高明配天，悠久无疆。如此者，不见而章，不动而变，无为而成。"因为完全诚于人纯然的本性和良知而行，行为就能持久不息，持久不息就会有成果，进而就可以更加坚定自己和他人的信心，使人德行更博爱厚重，境界更高尚，方法更高明。因博厚、高明并且持久而能更好地驾驭、关照、成就事物。这样的人，可以化育天下于无形，实现无为而治。可见，相对于自立自强、坚定信念，"至诚无息"是一种自然而然的状态，也是一种因自觉自愿、心甘情愿而不需特意努力就能持久的状态。这也是更值得期待的状态。

一、诚己慎独

何为"诚"？现代汉语中通常将"诚"与"诚信"联系起来，其实在古人看来，"诚"是"诚于己"，即对自己诚实；"信"是信于人，即对他人守信。古人所说的"书""信"也有区别，"书"是手书的有文字的信函，"信"则是没有文字的口信，"书"因有手迹字据可凭，可信度较高，容易被人采信；"信"则只是口说，并无凭据，因此需要建立在对传信者的高度信任之上，传信者也需要尽可能准确地传达，不在转述中添油加醋或遗漏、曲解。

《中庸》中一段话就很好地阐述了"诚"与"信"的区别和关系："在下位不获乎上，民不可得而治矣。获乎上有道，不信乎朋友，不获乎上矣；信乎朋友有道，不顺乎亲，不信乎朋友矣；顺乎亲有道，反诸身不诚，不顺乎亲矣；诚身有道，不明乎善，不诚乎身矣。"这一段话的基本逻辑是：要得到善治就要获得上位者的支持，要得到上级的支持就需先证明自己能得到朋友的信任；要得到朋友信任就需要先证明自己是孝顺亲长的；要做到孝顺亲长，就得反过来对自己诚实；而要做到对自己诚实，就需要先明辨善恶。从这一段也可以看出，诚就是"诚于己"，信是"信于人"，诚于己是信于人的前提，明辨善恶又是诚于己的基础。

《大学》也明言"诚其意"就是"毋自欺"："所谓诚其意者，毋自欺也，如恶恶臭，如好好色。此之谓自谦。故君子必慎其独也。小人闲居为不善，无所不至，见君子而后厌然揜其不善而著其善，人之视己如见其肺肝然，则何益矣。此谓诚于中，形于外，故君子必慎其独也。"这里举了两个典型的事例说明"诚"就是不自欺："恶恶臭"和"好好色"。人见到恶臭的东西就会厌恶，见到美好的东西就会喜欢，这是人性使然，自然而然。君子为人处世就是这种自然、真实的状态。而小人只要有闲、有钱就无恶不作，但又怕被人看见，所以要掩饰和伪装。其实，这是徒劳无益的，因为明白人一眼就能看得清清楚楚。这就是诚于内心，必会现于外表。所以，君子必然会努力追求慎独。

"诚于己"即"不自欺"，"不自欺"则体现在"慎独"。关于慎独的重大意义，王阳明有以下强调："人若不知于此独知之地用力，只在人所共知处用功，便是作伪，便是'见君子而后厌然'。此独知处便是诚的萌芽，此处不论善念恶念，更无虚假，一是百是，一错百错，正是王霸、义利、诚伪、善恶界头。于此一立立定，便是端本澄源，便是立诚。古人许多诚身的工夫，精神命脉全体只在此处。真是莫见莫显，无时无处，无终无始，只是此个功夫。"（《传习录》薛侃录）只有在己所独知处用功才是真正的诚，只在人所共知处用功其实是作伪。诚就是诚于自己的起心动念，诚于善念还是恶念是区分善恶、诚伪以至于义利、王霸的分界线、分水岭。坚定地选择诚于善念，就是"立诚"。古人诚于己的功夫和精神实质就在于此。由于意念无时无处不在，诚于意就可以体现在无时无处，永无止息。可见，慎独并不是说自己独处时要谨慎、小心，而是在只有自己知道的时候要管控自己。一个人在大庭广众之下也可能产生恶念、邪念，只不过只有自己心里知道而已，这就是"独知处"。"慎独"就是要在"独知处"小心谨慎，默默地、坚决地克除不善的念头，呵护善意的念头。

从以上辨析可见，做到对他人的"信"，即言行一致、真实守信还只是一种较低境界的道德行为,因为很多时候所谓的"信"只是由于担心欺骗行为被人发现后受到指责、惩罚,是一种外在约束,不是真正的道德自觉。还有很多人只是为了维护自己"守信"的声誉而不能随机变通。所以,孔子说:"言必行,行必果,硁硁然小人哉!"孟子也说:"言不必信,行不必果,惟义所在。"而要做到"诚",即不自欺,则是更困难的,因为自欺只有自己知道,自欺的后果也只是自己知道、自己承担,所以人们常常更容易自欺。不只是在他人可能发现的言行层面不欺人,而且是在意念这一细微的、只有自己"独知"的领域不欺己,这才是真正的"诚"(真诚)。做到诚于己是一种真正的道德自觉,也是一种更高的道德要求。真能做到自己都不欺骗,通常也不会去欺骗他人,这就是"诚于己,信于人"。

二、明觉精察

那么,如何才能做到"诚于己""毋自欺"呢?《大学》中对"诚"的表述是"诚意"或"诚其意"。王阳明的"心学"就特别抓住了"意"这一个重要概念。"意"就是"意念"或"起心动念","诚于己"就是"诚于意""诚其意",进一步说,就是诚于自己的良知所发之意。在他看来,人的内心会不断产生或善或恶的念头,"意念"尽管细微,却是可以为人人皆有的良知所感知、捕捉并进行判断,也应该依据良知的判断对其做出及时应对。在意念或者说在"起心动念"上用功,就是从细微处用力,可以使善念不断发扬,成为善言善行以至于善业,也可以使恶念得以克制在萌芽之中,防患于未然。这就是用功的着力处:

如今要正心,本体上何处用得功?必就心之发动处才可着力也。

心之发动不能无不善，故须就此处着力，便是在诚意。如一念发在好善上，便实实落落去好善，一念发在恶恶上，便实实落落去恶恶，意之所发，既无不诚，则其本体如何有不正的？故欲正其心在诚意。工夫到诚意，始有着落处。（《传习录》黄以方录）

王阳明所倡导的知行合一不是很多人所误解的言行一致、表里如一或学用结合，而是在"意"上知行合一，即将对最细微的意念的觉察（知）和对善意的呵护、对恶意的克除（行）统一在同一个时空，意念一发就是知，就有相应的行。他提醒道：

今人学问，只因知行分作两件，故有一念发动，虽是不善，然却未曾行，便不去禁止。我今说个知行合一，正要人晓得一念发动处，便即是行了。发动处有不善，就将这不善的念克倒了。须要彻根彻底，不使那一念不善潜伏在胸中。此是我立言宗旨。（《传习录》黄直录）

由于"意"的精微，因而往往不被人觉察，或即使觉察到了，由于其影响的细微，也容易被人忽视。要做到知行合一、在起心动念上用功，王阳明特别强调"明觉精察"。他说：

行之明觉精察处，便是知；知之真切笃实处，便是行。若行而不能精察明觉，便是冥行，便是"学而不思则罔"，所以必须说个知；知而不能真切笃实，便是妄想，便是"思而不学则殆"，所以必须说个行。元（原）来只是一个工夫。（《传习录》答顾东桥书）

人的行为只有伴随着明觉精察的认知才是真正自知、自主的行为，否则就只是糊里糊涂的"冥行"，其结果就是糊涂、迷惑；人的认识只有切实转化成了真切笃实的行为才能说是真知，否则就只是"妄想"，其结果就是胡思乱想、危险不断。

明觉精察包括了"明觉"和"精察"。"明觉"就是有清晰的自我觉知。"觉"就是觉知、自觉,与感觉、知觉、觉察、觉悟、觉醒、自知等相关,自觉的反面就是不自觉、不自知、无意识,因而不能自我觉知、自主控制、主动作为。"精察"就是精细地省察,体现为对言行举止、思想观念的自我反省。人们熟知曾子"吾日三省吾身":"为人谋而不忠乎?与朋友交而不信乎?传不习乎?"他每天反省的是:为他人做事是否尽心尽力?与朋友交往是否诚实守信?老师所传或自己作为老师传给学生的是否真正落实?这"三省"是曾子对自己的要求。其实一个人可以反省的远不止这三方面,每天反省的次数也不是一次,而可能是多次或"时时"进行反省。省察是人进步的阶梯,经常反省会帮助人发现自己的缺点和不足,促进人进步。"精察"也可以理解为"于精微处省察",而最精微之处就是意念或起心动念。明觉精察就是从起心动念这一最细微、最容易处采取最及时的行动,就是在回应老子"天下难事必作于易,天下大事必作于细"的思想。明觉精察贵在于独知处觉察反省,难在对生生不息的念头不断觉知,不断为善去恶。而由于人有良知,加之不断"致良知",这一切又是可能的。

需要提及的是,现在非常有影响的一种提升自我认识的修养方式"正念冥想",就与"明觉精察"有诸多相似之处。"正念"最初就源于佛教的静坐和禅修。正念之"正"就是指正在发生的、当下的,也指没有评判和偏见;"念"就是念头。正念就是有目的、有意识地关注、觉察当下的一切意念和行为,不作任何分析和评判。这就是一种充分的自我觉知。这种觉知可以从观呼吸开始,逐渐过渡到观想某种意念、进行特定主题(如感恩、幸福)的冥想。它不仅能有效地提升自我觉察能力和注意力,也能帮助人们控制情绪、改善睡眠、改变对事物的执念和刻板印象。正因如此,正念也被发展为一种系统的心理疗法，即正念疗法。但与正念冥想在特定时段、在静处打坐不同的是，"明觉精察"是在真实的生活中随时随地、时时刻刻地觉察起心动念，其目的是致良知、真知笃行。只要生命持续、一念尚存，就应该不断明觉精察，进而知善知恶、为善去恶，所以明觉精察也是一生的功课。

三、自觉自愿

在论述了何为诚、如何诚之后，还需要进一步讨论的是：为什么要"诚"？为什么可以做到"至诚""无息"？其基本的逻辑就是：诚于己、不自欺会带来内心的满足和愉悦，因此人们会心甘情愿、自觉自愿地诚己、慎独，并且乐此不疲，以至于永不止息。

"诚"的自然后果是"心安""快乐"。《大学》说："所谓诚其意者，毋自欺也，如恶恶臭，如好好色。此之谓自谦。"诚就是不违背自己的本意，不欺骗自己的良知，因而也就会"自谦"，即得到自我满足和慊意。对此，王阳明也说："尔那一点良知，是尔自家的准则。尔意念着处，他是便知是，非便知非，更瞒他一些不得。尔只不要欺他，实实落落依着他做去，善便存、恶便去。他这里何等稳当快乐。"（《传习录》陈九川录）意思是：良知是人的行事准则，它可以随时判断起心动念的是非善恶。如果不欺骗良知，切实依照良知的判断去行事，善念便会得到存续，恶念便会得到去除。这是多么令人心安、快乐的事呀！

诚于己、致良知为什么会令人愉悦呢？

第一，诚于己、致良知能使人获得内在的满足和心安。诚于己是忠实于自己的意愿，致良知也是依循自己良知的判断和意愿而行，因意愿和需求得到满足，自然会产生满足感、愉悦感。人的需求是多种多样的，有身体的需求，有心理的需求，有正当的需求，有过分的需求。诚于己、致良知就是忠实地去做自己认为正当合理、向上向善的事,因此也会令人心安、无愧。人生最根本的需求是提升精神境界,成为一个有道德、有良知、人格上更完善的人。诚于己、致良知就是在满足这种最根本、最深沉的需要。孔子说:"求仁而得仁,又何怨?"王阳明说:"良知即是乐之本体。"都是看到了这种隐秘而真实的本体之乐的意义。

第二,诚于己、不自欺、致良知会增进人的自信心。诚于己的影响不只是获得他人的信任,更重要的是获得"自信"。此处的自信,不只是指相信自己有克服困难、挑战、完成任务的能力,更是指相信自己有为善去恶的品格和判断力、执行力。自信能给人带来胜任感、自我认同感等积极情感体验。诚于己、致良知就是一个不断提升人的品德和价值判断能力的过程,而这恰恰是走向成功和幸福的关键。《大学》告诉我们:"有德此有人,有人此有土,有土此有财,有财此有用。德者本也,财者末也。"一个真正有德的人,就会获得他人的尊重、拥戴和帮助,建立更大的团队,有了人力和团队就会有资源,有资源就能扩充财富,有了财富就能用以成就事业。所以,德是根本,财是枝末。一个人即便是出身贫寒、天资平平,只要遵纪守法、自觉自律、勤劳俭朴,通常也能过上一种自食其力、令他人放心、令自己心安的生活。能自食其力就能令人自信、自主,能令自己心安更是一种幸福。

第三,诚于己、致良知能增进人的自尊感、自豪感。自尊即自我尊重,是个人基于自我评价而形成的一种自我肯定、悦纳、尊敬的积极情感体验。如果有自欺行为,即便他人不知,也会有"天知""地知""己知",就会如"十目所视,十手所指",使人如芒在背、如坐针毡,自责纠结、痛苦不已。如果经常欺骗自己,久而久之,就会自己都不相信自己,不相信自己的品德、判断、承诺,进而也会降低自尊感。反之，如果一个人经过不断的"明觉精察"，认定自己诚实守信、心胸宽广、勤奋努力、向上向善，也就认为自己"确实值得尊重"，从而获得更多的自尊感，甚至会为自己的精进、克己、慎独、牺牲、奉献等品质而感到骄傲和自豪。

孟子说："反身而诚，乐莫大焉。"诚于己，会令人满足，令人心安，助人自信、自尊、自豪，确实是一种莫大的乐事。因为乐，诚于己就不是一种需要坚强毅力去"刻苦坚持"的苦差事，而是一种自觉自愿、心甘情愿的乐事，因而可以轻松愉快地坚持。这就是"至诚无息"的逻辑。

第三篇

幸福家庭

儒家"修身、齐家、治国、平天下"的"大人之道"强调以修身为本。"本"就是根本,就如树木的根系和主干,为树木的生长提供营养和支撑,如此说来,"齐家""治国""平天下"似乎都是枝叶、末节。但实际上,树木的根干和枝叶是不可分割的整体,没有根干就不会有枝叶,同样,没有枝叶,根干也难以存续,树叶也通过光合作用为树木生长提供必要的养分。修身为齐家、治国、平天下奠定了基础和方向,齐家、治国、平天下是修身成果的自然体现,二者在时间上也没有先后之分,不是修身之后再齐家、治国、平天下,而是合一并进的,修身是一生的功课,这一功课只能在齐家、治国、平天下的过程中完成。蔡元培曾言:"修己之道,不能舍人与人相接之道而求之也。道德之效,在本诸社会国家之兴隆,以增进各人之幸福。故吾之幸福,非吾一人所得而专,必与积人而成之家族,若社会,若国家,相待而成立。"[①] 修己是在安人的过程中完成的,修己是为了成就家族、社会、国家的幸福,进而成就自己的幸福。

---

① 蔡元培:《中国人的修养》,作家出版社,2016,第19页。

在心安幸福教育体系中,我们提倡"一体两翼"的幸福教育模式,"一体"就是修身为本,"两翼"就是"幸福家庭""幸福学校"。本部分论述的是如何建设幸福家庭,将从夫妻关系、亲子关系这两个核心关系入手,探讨如何建立令人心安、幸福的家庭,如何开展良好的家庭教育。

第六章　安家有道

> 托尔斯泰说:"幸福的家庭都是相似的,不幸的家庭各有各的不幸。"这句话道出了一个事实,即幸福的家庭有其共性,造成家庭不幸的原因各不相同。各不相同的原因难以一一分析,那么,幸福家庭的共性是什么呢?用中国传统文化的概念,这一共性就是"道":走正道、大道的家庭就幸福,走歪道邪道、旁门左道的家庭则必然不幸。本书认为,人生幸福之道在于不断向上向善,家庭幸福之道也在于家人彼此志同道合、相亲相爱、向上向善。

第一节　志同道合

王阳明说:"志不立,天下无可成之事。"此言对于建设幸福家庭也同样适用。在国人的观念中,对于男女择偶,通常不仅强调郎才女貌、门当户对,更是强调志同道合,因为这是双方在思想上相互认可和产生共鸣,进而能在精神上深度交流、共同成长的基础。家庭是由来自两个不同原生家庭、具有不同成长经历的男女结合而成的共同体,要求夫妻双方乃至双方父母在生活习惯,以及对婚姻、家庭、职业、金钱、教育等各方面的思想认识完全一致是一种苛求,实际上是不可能的,但最好能在世界观、人生观、价值观等"三观"上基本一致,至少要达成相互理解尊重、彼此接纳。所谓"志同道合"就是指在人生理想、发展道路的总体方向和原则上基本一致。

一、志趣相投

志趣包括兴趣、情趣、趣味等。情侣或夫妻之间有某些共同的兴趣爱好是非常有益的，例如，如果双方在运动、音乐、摄影、读书、旅游、美食、电影等某一个或几个方面有着共同的兴趣爱好，显然就更有利于找到共同活动、相互交流、相互促进的机会，带着这种交流和分享，可以更深入地了解彼此，结成更加紧密、默契的关系，甚至成为灵魂伴侣。反之，如果两人完全没有共同的兴趣爱好，或对对方的兴趣爱好一无所知、毫无兴趣，则彼此很难找到共同的话题，或只能讨论家庭琐事，久而久之，就容易形成倦怠甚至厌倦。所以，维持或培养共同爱好应该成为婚姻生活的重要内容之一。兴趣、爱好是可以变化的，随着成家立业尤其是孩子诞生，很多人的业余兴趣、爱好都会消退。夫妻之间应该努力维持原有的共同爱好，也可以培养一些新的共同爱好，如读书、观影、摄影、写育儿日记等。有时，也可以为了家庭或配偶而专门养成一些兴趣爱好，如烹饪、养花等。

在众多的兴趣中，对烹饪的兴趣可能值得特别提倡。随着收入水平的提高、生活节奏的加快，以及越来越便利的外卖服务的出现，越来越多的家庭减少了在家做饭的频次，家也越来越缺少烟火味，很多家庭就是一个睡觉的地方，对孩子来说，"家就是写作业的地方"。在家做饭确实琐碎、耗时，从买菜、准备到烹饪以及洗碗收拾，全程下来可能动辄需要一两个小时，而吃饭则可能只是狼吞虎咽几分钟就结束。但是，古人说："民以食为天"，"食色，性也"，这就说明吃饭对于人生的重大意义。吃饭不仅是为了果腹，在家做饭，不仅是为了干净卫生、便宜省钱、符合口味，而是一种家庭生活方式，其本身就是生活的重要组成部分，而不是享受其他生活（如锻炼、娱乐）的工具或准备。享受生活的重要方面就在于一日三餐。这一日三餐不必大鱼大肉、山珍海味，但即便是粗茶淡饭，只要出于自己之手，就有了劳动和创造的快乐；出于父母之手，就有了独特的"家的味道"；出于全家的合作，就有了劳动和感情的凝聚。所以，在家庭生活中，每个人（包括学龄儿童）都要参与到一日三餐的劳动中来，要学习食物、作料的相关知识，培养洗、切、炖、炒等相关技能，学会做一些家常菜，还可以通过一些小视频，有意识地学习一些新的菜谱，提升厨艺，并有意识地去享受这种"艺术创作"的成果，让平淡的生活变得不平淡，让在家做饭、回家吃饭成为一种幸福。

二、志于幸福

志趣偏重于兴趣、爱好、闲情逸致，比志趣相投更重要的是志向一致。如前文"立志为先"一节所述，志向包括学业之志、事业之志和道德之志、人生之志。婚姻中的志同道合显然不是期望双方在学业、职业上志向相同，不同学历、专业、职业的男女组成一个家庭是再正常不过的了。在成家立业之后，不论学业之志、职业之志是否实现，学业和职业都会相对稳定，此时的志同道合就更应该体现为对事业、道德和人生之志的共同追求，即此生要达成怎样的成就、过一种怎样的生活、要成为一个怎样的人，其中自然会形成对家庭、事业、金钱、幸福、人格等诸多方面的理性认识。很多家庭都存在所谓的"七年之痒"，即到结婚七年之后，由于结婚、购房、生子等目标逐步实现，新奇感逐渐消失，事业也进入一个平台期，夫妻感情就容易产生危机。这种危机的出现，可能在很大程度上就是因为家庭成员只有基本的生活目标，缺乏共同的高远志向，尤其是人生意义和精神追求方面的志向。所以，婚姻生活中不能只有柴米油盐，还应该有"诗和远方"。只有更高远的志向，才能促进婚姻更持久、家人更团结，使家庭有更大的发展。

对于家庭成员而言，最重要的共同志向当然是"家庭幸福"。不过，对于何为家庭幸福、如何才能家庭幸福，不同家庭的理解却各不相同。对不少人而言，家庭的追求主要在物质方面，如豪车、别墅、财务自由；也有一些家庭追求的是"光宗耀祖"，要通过全家努力，让家中一人或多人出人头地、有权有势。这种对钱、权、名的追求，一方面是为了享受它们所带来的快感，而更多的可能是在与他人比较、在他人的赞扬和恭维中获得一种虚荣。如前文所述，这些快感和虚荣并不能带来真正的、持久的幸福。《大学》有言："小人闲居为不善，无所不至。"如果德行不能驾驭手中的钱财、权力和名誉，就可能"德不配位，必有殃灾"，不仅危及自己，甚至危害子孙。一些"富二代"的教训就是例证。

我们主张"幸福是不断向上向善的心安"，因而志于幸福的家庭就应该志存高远，追求"不断向上向善"。"高"就是要"不断向上"，提升格局境界，即要摆脱低俗、物质、功利，追求美德和精神的成长；"远"就是要"不断向善"，即不只是顾及和关爱自己的小家和近亲，而且要尽可能地使更多"远亲"甚至无亲无故的人受益，要"老吾老以及人之老，幼吾幼以及人之幼"，不仅"修身齐家"，还要"治国平天下"。基于这种幸福观，家庭成员收获的将不只是小家的"独乐乐"和物质上的安逸享乐，而且是在不断提升自己、造福社会中收获精神满足，是在"众乐乐"中收获大幸福。

三、家国情怀

家国情怀就是以国为家、把家庭与国家前途命运紧密关联的一种情感和关怀。中国传统文化主张"家国一体"，家是最小国，国是千万家。家不是一个个独立的利益单元,而是与千千万万的家庭、与社会、与国家紧密联系在一起的命运共同体。有国才有家,只有国家强大,才能拥有幸福的家。而国家的发展和强大又是以一个个个体、一个个家庭的发展为基础的。孟子有言:"天下之本在国,国之本在家,家之本在身。"因而,每一个个体、每一个家庭都要自觉地把自己的前途命运与国家的发展联系起来,在成就中国梦的伟大事业中成就自己和家庭。

家国情怀不是一句空洞的口号,而需要切实的行动,甚至需要家庭做出巨大的牺牲和奉献。国安才能家安,国家发展才有人民富裕和幸福。每个时代都需要一批又一批的人投身到保家卫国、维护治安、抗洪抢险、防治疫情等危险职业,也需要大批人员献身科技、投身公益。"岁月静好,只因有人在为你负重前行",为此,每个人都不只是要对负重的"英雄"表示感谢和敬意,也要尽可能地承担相应的责任,例如,在疫情管控期间,做好家庭防护、自觉居家隔离就是每个家庭在各自承担责任。在国家需要的时候,要有牺牲家庭团聚、家庭财富、家人安全甚至亲人生命的准备。这种爱国情怀,不只是一种牺牲和奉献,而且是在为家庭带来崇高感、自豪感。在国家需要与家庭利益发生矛盾时如何选择,是考验家庭关系的试金石,如果能在此处达成一致,则是使家人同于大志,使家庭安于大道。这就是有志、有道的文化在幸福家庭建设中的格局和智慧。

第二节 相亲相爱

相亲相爱是家庭幸福的重要表现,也是基本要求。"亲"可以是名词,特指父母双亲;也可以是形容词,意指血缘的亲近、亲密,如"亲爸亲妈""亲叔亲姨",而"继父继母""表叔表妹""远房亲戚"等就意味着血缘的相对疏远。作为形容词,"亲"也可以指关系近、感情好,如"亲密战友""随身亲信""亲如一家"。"爱"是喜爱、关爱,指对他人或相互之间的喜爱、关心、爱护。在"相亲相爱"一词中,"亲"和"爱"都不仅是形容词,更应该是动词,意味着"去亲近""去关爱"。

家人之间作为"亲人",自然应该是关系亲近、相互关爱的,大家血肉相连,同住一屋、同桌吃饭,可以相互牵手、拥抱、亲吻,甚至同床而眠,亲密无间。然而,在现实生活中,家人之间往往并不必然相亲相爱,很多问题家庭就表现为成员之间缺乏交流、关系疏远,造成感情冷漠,甚至夫妻反目、亲子成仇。建设幸福家庭,相亲是行为基础,相爱是基本途径。

一、亲人相亲

亲人相亲是指亲人之间要相互亲近、关系密切。这本应该是一种常识和基本要求,但事实上,很多人并不能认识亲人相亲的重要性,也没有有意识地为之做努力,这就导致了"亲人不亲"的局面。美国著名心理治疗师、家庭治疗创始人萨提亚在总结数千个家庭案例后发现,所有问题家庭都有以下共同特点:成员的自我价值感很低;沟通间接、含糊、不真诚;规则严格、非人性化,而且不可谈判、永不改变;家庭以畏惧、谴责的方式与社会发生联系。而有生机、教养良好的家庭则不同:成员的自我价值感很高;沟通直接、清楚、明确、真诚;规则富有弹性,又很人性化,恰当而且可变;与社会的联系是开放的、充满希望的,是在选择的基础上建立的。① 可见,决定亲人是否相亲的主要因素是有效的交流及相处的规

---

① 〔美〕维吉尼亚·萨提亚:《新家庭如何塑造人》,易春丽等译,世界图书出版公司,2019年,第4页。

则。当下，我国家庭人际关系的问题主要源自以下方面。

共处机会少。现代社会，交通便利，流动频繁，也造成了更多的家人分离，如很多夫妻一人或双方常年外出打工，就造成了夫妻分居、儿童留守等现象，影响家庭生活、亲子交流。父母离异、孩子住校、在外地求学等也都是影响亲子交流机会的常见原因。

交流时间短。不少家庭，尽管成员生活在一个城市，每天也都在同一个居所生活，但彼此之间缺乏足够的语言交流。其中可能有客观原因，如父母早出晚归，出门时孩子没起床，回家时孩子已经睡觉等，也有可能是个性原因，如父母一方或双方不善表达，少言寡语，而更多的则可归为认识上的原因，即不知道家人之间交流的必要性以及有效交流的方式方法，甚至觉得家人之间彼此熟悉，可以"心照不宣"，无须啰唆。

内容浮浅、范围狭小。许多家庭成员尽管每天在一起，也有不少语言交流和接触，但总是局限在柴米油盐、吃喝拉撒方面，或者就是整天唠叨孩子的学习和成绩，缺乏更多的共同感兴趣、可以深度交流的话题，总是觉得无话可说，或没话找话。

不民主、不平等。很多家庭的交流实际上都是父母的指示、教导、命令，孩子只是被动接受，不能有自己的主见，尤其是不能提出不同或反对的意见，所以很多孩子不愿意与父母交流。甚至夫妻之间也存在一方过分强势的状况，做事缺乏商量和尊重，于是就有"家里大事都听我的，小事都听你的，不过我们家没有大事"的冷幽默。

不真诚。家庭成员之间缺乏足够的宽容和信任，导致彼此之间不敢说真话、担心说错话的现象，让人在家里也感到拘谨、严肃、不自在。在很多家庭，配偶为了讨好对方，或家长为了维护自己的"完美"形象，不敢或不愿坦诚自己的真实感受，不能承认自己的弱点、不足，使自己在家也不轻松，同时也让家人感到"生分"，"把自己当外人"。

为促进亲人相亲，需要提高对亲人之间沟通交流意义的认识，如果亲戚之间老死不相往来，就会越来越疏远。亲人相亲，绝不仅仅是住在一起，同住一屋而形同陌路就是真正的冷漠、疏远；反过来，即使不住在一起，在通信如此发达的时代，也可以保持频繁、密切的沟通，使亲人之间心心相通、彼此温暖。为促进亲人之间的亲近，需要建立有效的交流机制和交流方式。在这方面，可能每个家庭有每个家庭的特点，可以各自探索，在此仅介绍几种可能比较普适或需要特别注重的方式。

1. 亲密接触。亲人之间根据身份的不同，可以有不同的身体接触方式。西方人在亲人和朋友之间都习惯拥抱、亲吻手背或脸颊，中国人朋友之间习惯握手，家人之间则既不握手，也不拥抱、亲吻，尤其是对比较大的孩子。其实，不论是婴儿还是成年人都有强烈的归属的需要，而亲密的身体接触，直接感知对方身体的温度、熟悉的气息，会给人带来强烈的亲切感、归属感、安全感。因此，应该鼓励夫妻之间多牵手、拥抱，同行时可以手牵手或手挽手，每天早上告别、晚上回家、小别重逢时都可以有一个拥抱。这种拥抱不必回避孩子和长辈，相反，当他们看到夫妻之间的亲密举动时，也会感到幸福。同样，在亲子之间、子女与老年父母之间也可以有更多的牵手、拥抱，这也体现了只有亲人之间才有的亲密关系。当然，现代社会，职业流动和异地工作也是不可避免的常态，对于迫不得已亲子分离的家庭而言，"心与心的陪伴"就尤其重要，只要志同道合，即使天各一方，家人之间也可以做到心与心在一起，彼此支持鼓励，更何况还可以使用电话、微信等现代交流工具方便地交流。

2. 及时沟通。夫妻之间、亲子之间，需要在每次出门前告知去哪儿，包括与谁在一起、做什么事、大概多久回来，这样才会让家人心中有数；如果不能按时回家，更要及时告知家人，以免家人担心、不安。在每天回家后，除了彼此问候外，应该交流一天做的主要事情、有何收获、心情如何等，既分享喜悦，也坦诚困难和问题，彼此之间相互鼓励、相互支持。每天告别和重逢时有五分钟的交流，就能保持家人之间相互熟悉、亲密。

3. 真诚交流。如上所述，"不真诚"是家庭沟通中常见的问题。真诚沟通即在交流中实事求是地陈述事实、表达感情，不欺骗、不虚夸、不做作。相互信任是良好关系的基础，而家人之间通常是长期、密切地生活在一起，对彼此的真实情况、情绪变化等都会比较了解，所以在家人之间，谎言、伪装成功的可能性不大，即使可以欺瞒一时，也不能得逞一世。萨提亚在分析家庭成员的交流时，总结了五种常见的交流方式：讨好型、指责型、超理智型、打岔或心不在焉型、一致型。前四种都表明个体的低自我价值感或低自尊，一致型的交往则意味着"回应中的每部分信息都表达同一种意思：话语中的意思与面部表情、肢体姿态、语调所传达的内容相一致。人与人之间的关系平等、自由而真诚，人们几乎不会感觉到对自尊的威胁"①。真诚也并不意味着在家人之间不能有自己的隐私，每个人包括小孩都应该有自己的隐私，所以家人之间真诚沟通的原则同样可以是"真话不全说，假话全不说"。

二、夫妻恩爱

夫妻恩爱是幸福家庭的基石，也是人生幸福的基本来源和保

---

① 〔美〕维吉尼亚·萨提亚：《新家庭如何塑造人》，易春丽等译，世界图书出版公司，2019，第99—100页。

障。配偶是人一生中交往最频繁、最深入、最持久的人，能一生同床共枕的唯有夫妻。从这个意义上说，夫妻之间尽管没有血缘关系，却是比父母、子女更亲近的人。所以，在传统文化中，配偶不在兄弟姐妹、堂兄堂妹这"五服"之列，而是"我"本人，是自己的"另一半"。可见，夫妻关系是最重要的亲密关系。保持夫妻恩爱，就要明晰何为真爱，如何给予、感受和回应爱。

1. 无私真爱。爱情是男女之间相互爱慕、欣赏并愿意相互亲近的一种情感。爱情是美好的，世界上有无数的诗歌、文学、艺术描述爱情的美好，甚至有人说"生命诚可贵，爱情价更高"。尽管如此，爱情中也有"纯洁"与"不纯洁"之分，只有纯洁的爱情才美好、高贵。有诸多的爱情不是纯洁的"真爱"，而是不纯洁的"假爱"，例如只是贪图对方钱财、美貌、地位，只是为了满足自己的虚荣、欲望，这样的爱情自然会表现为欺骗、控制、背叛。而爱情中的"真爱"可能就是单纯的好感、喜欢，不需要理由，也没有附加条件，不必是高富帅、白富美，只求"就是愿意在一起"。但恋爱初期的激情和相互吸引往往并不是真爱。激情过后，神秘感、新奇感消失，取而代之的是平淡、习常，甚至彼此之间身体、心理、品德、习惯等各方面的缺点、问题不断暴露，此时才是检验爱情的开始。也就是说，爱情中的真爱从双方进入感情的平静期才开始。只有此时还能接纳对方的一切，并努力为了对方而改进自己，爱情才能继续。由爱情走入婚姻，又是一个神圣的时刻。在婚姻誓词中常常有类似如下的表述："无论贫穷还是富有、疾病或是健康、美貌或是失色、顺利或是失意，你都愿意爱她（他）、安慰她（他）、尊敬她（他）、保护她（他），并愿意对她（他）一生忠心不变吗？"这不仅是一种仪式，而且是对无条件的爱和责任的庄严承诺。要做到爱得无私、纯粹，就需要修身的功夫，要去除私欲，这就是传统文化的核心精神所在。

  2. 爱久情深。婚姻是幸福美好的，但如果认为结婚之后，就是"公主和王子从此过上了幸福美好的生活"，就很可能令人失望。结婚之后往往就是柴米油盐、吃喝拉撒，涉及双方家庭复杂的人际关系、不同的生活方式和行为习惯，如果有了孩子，更可能手忙脚乱，甚至一地鸡毛。人生很长，高富帅、白富美不可能终身保有，疾病、失意则可能随时到来，此时才是"患难见真情，日久见人心"。不过，也不必对婚姻过于悲观、恐惧。婚姻不是爱情的坟墓，一生都可以享受浪漫的爱情，只不过需要有意识地努力，不断为爱情保温，随时为平淡的生活注入一点"味精"，例如，记住婚姻纪念日、双方和孩子生日，并举行有仪式感的庆祝活动；平时互赠鲜花、互写赞美信；还可以在妥善安排之后，摆脱家庭事务，定期享受"二人世界"，如看场电影，来一次说走就走的旅行；等等。与此同时，还要将爱情升华为亲情，使彼此的关爱不仅出于责任，而且出于自然而然、心甘情愿。这样的婚姻可能没有轰轰烈烈的故事，但平平淡淡才是真。真正浪漫的爱情和婚姻，可能不是花前月下、卿卿我我，而是同甘共苦、相濡以沫，是牵着彼此的手，一起慢慢变老。

  3. 彼此恩爱。对于"夫妻恩爱"，人们通常比较关注的是情和爱，却很容易忽视其中的"恩"。"恩"即感恩，意味着感知对方对自己有恩并表示感谢和回报。人的一生中，值得感恩的人很多，不仅父母、师长值得感恩，身边的每个人甚至遥远的陌生人都与自己有关，都值得感恩。但"恩爱"一词却是夫妻之间特有的情感，就是因为夫妻之间有特别的恩情。"百年修得同船渡，千年修得共枕眠"，在茫茫人海中，在无数的可能性中，对方唯独选择了自己，这不只是缘分或偶然，也很难说真是"千年同修"的结果，实则是对方对自己的极度认可和信任。自己可能并不出众、并不完美，甚至可能有很多显而易见的缺陷，但对方却愿意终身相托，也甘愿对自己终身关爱，这是多么令人感动、多么值得感激！结婚之后，双方将携带遗传基因的生命精华与对方结合，一起生儿育女，这就意味着不仅此世在一起，而且将自己生命的世代延续、家族血脉的传承发展都与对方紧密地绑定在一起，这又何尝不是一种极度的认可和信任？更不用说，通过婚姻的结合，双方每一天都在嘘寒问暖、相互关爱、相互支持，风雨同舟，相伴几十年，一直到生命终了，这是何等的恩情？又岂是普通的感恩所能回报？常言道："一日夫妻百世恩"，所以，常常有人对配偶说："此生难报，来生再报。"其实，来生并不可靠，此生就可以回报。由于真爱是无条件的，对方的爱并不需要回报，我们要做的只是认可对方所做的一切，并经常、随时表达真诚的感谢，在可能的情况下，也无条件地帮助对方，让对方成为更好的自己。这种相互感恩、彼此成就就是真正的恩爱。

三、孝亲悌长

孝是指对长辈的孝敬，悌是指对兄长的尊重。中国传统文化高度重视孝悌品质，《论语》第二章即在阐述孝悌的意义："有子曰：其为人也孝弟，而好犯上者，鲜矣；不好犯上而好作乱者，未之有也。君子务本，本立而道生。孝弟也者，其为仁之本与？"（《论语》学而篇）孝悌尽管是对父母、兄长的行为，但它可以迁移为对君主、上级的态度，一个对父母、兄长孝悌的人，就很少甚至根本不会犯上作乱。君子培养德性注重从根本入手，在根本上品行端正就会走上人生大道，而孝悌就是成就仁德的根本。

当今时代，孝悌之所以重要，不是因为它可以成为选拔人才的工具，而是因为它对于培养美德本身的意义。孝悌体现了对父母的感恩、对兄长的尊重，对于培养规则感、秩序感、感恩心等都是极其有益的。更重要的是，它体现了一种无条件的爱，在孝悌之中可以培养无私真爱之心。情侣之间的爱，尤其是早期对恋爱对象的选择和考察，往往是有一定的条件性的，是因为对方某些外在形象或内在品质甚至家庭条件等而爱，这种爱具有排他性、占有性，有时也有"等价交换"的成分。父母对子女的爱通常是无条件的，尤其是在孩子幼小的时候，但随着孩子的长大，许多父母的爱也会带上条件，如可爱才爱、成绩好才爱。父母养育孩子的动机并不一定"纯粹"，一方面是出于传宗接代、生命延续的本性，另一方面，随着孩子逐渐长大，会越来越多地看到希望，负担也会越来越轻，甚至可以将养育孩子视为家庭的"人力资本投资"，可以获得不菲的收益。孝敬老人则不同，随着年龄的增长，老人不可避免地会出现机能衰退、疾病增加的现象，随之而来的是，老人的性情也可能发生变化：原来那么聪明睿智，现在可能变得笨拙迟钝了；原来那么精致优雅，现在可能变得凌乱邋遢了；原来那么宽容大度，现在可能变得斤斤计较了。总之，老年人年龄越大，身体和心理问题越多，照护的负担越重，而且会"越来越不可爱"。更重要的是，赡养老人是一种只有投入没有回报的纯粹付出。正因如此，古人才如此重视"孝道"，把孝作为一种基本的伦理和崇高的美德。这种孝，不是为了报答养育之恩的相互交易，更不是为了继承遗产而做出的伪装，而是人之为人的仁爱、恻隐之心在对待父母时的切实体现。真正的孝就是对父母无条件的爱。"孝"不仅是一种行为表现，更是一种对内在品德的要求，行孝最终是为了成己立身。所以，《孝经》中引用孔子的话说："夫孝，德之本也，教之所由生也"，"夫孝，始于事亲，中于事君，终于立身"。

作为文明古国，中国的传统文化不仅对孝有高度的强调，也有着深刻的认识。古人认为孝有不同层次和境界，即"小孝孝身，中孝孝心，大孝孝智，上孝孝志"。这几个境界，在《论语》中均有论述。

孝身，即物质上的赡养，能让老人衣食温饱。孝心，即让父母心情愉悦。子曰："今之孝者，是谓能养。至于犬马，皆能有养；不敬，何以别乎？"（《论语》为政篇）"养"即孝身，只是最低层次，是远远不够的，更进一步，还要对父母恭敬。子曰："色难。有事，弟子服其劳；有酒食，先生馔，曾是以为孝乎？"（《论语》为政篇）可见，对父母不仅要勤于做事、以美食好酒伺候，还要心甘情愿、和颜悦色，使父母心情愉悦。此外，还应该让父母心安，不让他们担心、挂念，"父母在，不远游，游必有方"，"父母唯其疾之忧"，说的就是这个道理。如今社会，物质已极大富裕，养身已经不难，就更应该在养心上下功夫。

孝智，即在可能的情况下帮助父母成长。子曰："事父母几谏，见志不从，又敬不违，劳而不怨。"（《论语》里仁篇）父母并不完美，也可能会有错误和缺点，因此，真正的孝子不是听之由之，而是要极力劝谏，如果父母仍然固执己见，则要保持恭敬、顺从。当今时代，知识、技术迅速更新，子女在新知识、新技术以及观念、视野方面强于父母已是常态，因此就更应该帮助父母学习成长。

孝志，即继承和坚持父母的志向，完成父母的愿望。子曰："父在，观其志；父没，观其行；三年无改于父之道，可谓孝矣。"（《论语》学而篇）《中庸》也说："夫孝者，善继人之志，善述人之事者也。"人的生命总是有限的，无论如何孝身、孝心或孝智，都不可能一直挽留父母的生命。而能了却父母的心愿，将其事业、志向发扬光大，则能让父母真心愉悦，甚至含笑九泉。不同的父母志向不同，若父母是普通常人，则通常会期望家人品德高尚、家庭幸福，所以立志幸福、向上向善就可谓最普适、最基本的"孝志"；如果父母拥有家国情怀，则子女志存高远、胸怀天下才可谓真正"善继人之志"。

第三节 安家乐业

家被认为是最令人心安的地方。"安"字就由宝盖头加一个"女"字构成，意味着家中有人（妈妈或妻子）就令人心安；"家"字则由宝盖头加一个"豕"字构成，意味着家中有猪，进而可延伸理解为"家中有粮，心中不慌"。可见，"安家"意味着家中要有人有财，其中一定的物资条件是基础，而有令人心安的人则是关键。人常道："久病床前无孝子，久贫家中无贤妻"，过于贫困，整天生活在饥饿、疾病、贫困之中，难免会导致矛盾争执、家庭不和。当今社会，家庭在物质财富上可以说是越来越富裕，但家中鸡犬不宁的现象并不见减少，离婚率反而有与日俱增之势。如果不是极度痛苦，又有谁愿意舍家弃子选择离婚？可见，家也时常是痛苦之源。要使家庭成为远离痛苦、令人心安的地方，既需要"乐业"，更需要"安家"。对此，笔者认为以下几方面尤其重要：反求诸己、宽以待人、相互尊重、分工合作、勤俭持家、呵护健康。

一、反求诸己

家庭和睦安宁意味着关系融洽，但并不意味着没有认识和意见上的分歧，恰恰相反，中国人主张"和而不同"。"和"本身就是不同事物共处时的和谐、美好状态，"和"不仅意味着妥善处理分歧，还可以丰富视角、增进认识、避免偏见和错误。在家庭成员的长期交往中，同样免不了会有分歧甚至争吵。"反求诸己"是古人教导我们为人处事的基本原则之一，也是处理家庭矛盾冲突时的重要原则。孔子教导我们："君子求诸己，小人求诸人。"孟子更是直言："爱人不亲反其仁，治人不治反其智，礼人不答反其敬。行有不得者，皆反求诸己，其身正而天下归之。"（《孟子》离娄章句上）"仁者如射，射者正己而后发。发而不中，不怨胜己者，反求诸己而已矣。"（《孟子》公孙丑章句上）在出现矛盾、问题或遇到挫折、失败时，人们很容易将眼光指向他人。如果能在第一时间习惯性地先反思自己身上可能存在的问题和不足，就是一种对自己的觉知，也是对他人的尊重。如果家人都能各自反求诸己，家庭不和睦都很难。作为反求诸己的具体体现，应该在以下方面多做努力。

第一，不抱怨。抱怨就是直接指责他人而推卸自己责任的一种情绪宣泄，也是一种不自觉的自我保护手段。现实生活中，很多人抱怨不断，遇事不顺就怨他人、怨朋友、怨领导、怨社会，家庭问题则怨配偶、怨孩子、怨老人。抱怨是一种坏习惯，中国人描述女性的不良品性时就有一个词："怨妇。"相互抱怨往往就是矛盾冲突的开始，不抱怨、不相互指责则是一种积极暂停，能给自己和他人一个冷静、反思的机会。应该认识到这一事实：抱怨不能解决任何问题，只会使问题更多、更复杂。只要意识到这一点，就应该立刻停止抱怨。所以，在我们设计的幸福日志中，就把"不抱怨"作为每日三省吾身的一项，希望大家平时就养成不抱怨的习惯。

第二，先自省。停止抱怨之后，就要寻找问题的原因，其中首先要做的就是反思自己的原因，即是否属于自己的责任，包括部分的责任，或是间接的责任。如果各自都能主动找自己方面的原因，就远离了冲突，也离问题的解决不远了。例如，很多父母都会抱怨孩子学习不自觉，爱看电视、玩手机，不读书。其实，这种现象的出现往往问题就出在家长身上，很可能就是因为家长自己爱看电视、打麻将、玩手机、不读书。如果能认识到是自己的原因，就应该勇敢地承认，真诚地道歉。若能如此，又怎会相互指责、抱怨呢？

第三，想办法。不抱怨、找原因，都是为了想办法去解决问题，只有真正解决问题才能彻底消除抱怨情绪、化解矛盾冲突。反求诸己不仅意味着在自己身上找原因，也意味着从自己出发去想办法、去解决问题。例如，对于孩子玩手机的问题，家长就可以反思：能不能自己先努力少玩手机，在家多陪孩子读书、运动？能不能培养孩子其他的兴趣爱好？能不能与孩子一起制定一份切实可行的作息时间表、给孩子适当的游戏时间？等等。再如，假如家中老人在卫生间滑倒，显然不能抱怨老人不小心，也不必指责配偶弄湿了地板，毕竟谁也不愿意家人摔倒。此时，需要立刻做的是检查老人伤势，看看是否需要送医院，同时还需要思考，为了避免下次发生类似的事件需要采取哪些措施，如改用防滑瓷砖、安装老人扶手等。家庭中，问题总是不可避免的，但办法总比问题多。带着这种乐观心态，就会少些焦虑、埋怨，并能在问题解决中体验成功的乐趣。有人说："家不是讲理的地方，而是讲爱的地方。"面对家庭的矛盾冲突，不必总是试图区分出你错我对，而是要在争论中促进认识、理解和幸福。

二、宽以待人

宽容理解是指对他人错误、缺点的理解和包容。严以律己、宽以待人是一种美德，对家人更应如此。人无完人，每个人都会有缺点、问题、疏忽，也会有懈怠、消沉、低落的时刻。所以，面对家人的缺点或错误，就应该先承认，其实自己也有类似的或其他的缺点和错误，或者将来也可能会出现类似的现象和问题。如此一来，就会少些苛刻、批评、指责。《大学》有言："君子有诸己而后求诸人，无诸己而后非诸人。"对家人的要求，首先要自己做到；对于缺点和问题，首先要自己改正。即使是自己做到了、改正了，也要设身处地地为他人着想，体谅他人的困难，原谅他人的错误。家庭之所以是一个令人心安的地方，在很大程度上就是因为家人之间彼此宽容、理解。正因为父母能包容错误、接受失败，孩子才会勇于挑战，在犯错或失败时也会乐于向父母表达和求助。对孩子如此，对配偶也一样。例如，在家做饭菜时，就要允许某些时候饭太软或太硬、菜太咸或太淡，也应该允许某些尝试和"创新"的失败。要把"做事的人没有错误"作为家庭生活的一条原则。在家庭生活中，同样会出现"多做事多犯错，少做事少犯错，不做事不犯错"的现象。所以，对做事者一定要多感谢、多鼓励，不能斤斤计较、求全责备，避免只是指手画脚、指责抱怨。

三、相互尊重

除了严于律己、宽以待人，在家庭生活中，还特别需要理解、包容、尊重各种差异。首先是理解差异。男女在生理和心理上有天生的差异，如男性理性、女性感性，男性善于概括、女性喜欢联想，男性注重结果、女性重视过程。这些都是一般性的总结，在不同夫妻之间，其实存在很大的个体差异，有些家庭就可能女性更粗犷、果断，而男性更细腻、犹豫。对于这些差异，最好的办法是遇事多交流、多协商，真诚地表达自己的感受、意见，要多换位思考，不要仅仅从自己的认知出发，把自己的观点想当然地强加于对方。在存在分歧时，多尊重"擅长者"的意见，如女性对色彩、形象的感知能力比较强，在家庭装修、选购服装等方面就可以多听女性意见。

其次是尊重生活习惯。要理解和尊重双方家庭生活方式的差异。婚姻不仅是两个个体的结合，也是两个家庭以至于两个家族的关联。由于地域、风俗、习惯的不同，双方原生家庭在饮食、习惯、情感表达、育儿观念等各个方面都可能存在差异。这些长年养成的习惯、个性是很难改变的，所以婚姻中一项重要的修炼就是包容不同、尊重差异。其实，差异只是不同，并不意味着有好坏、高下之别，认识到这一点，就可以丰富家庭生活的多样性，在相互适应和学习中得到更多的收获和成长。

最后是尊重自主选择。这是家人之间理解、尊重的重要方面。在很多家庭里，父母总喜欢以"你还小"为由替孩子做主，也常常以"都是为你好"的名义对孩子提出各种要求，这其实就是一种缺乏尊重、自以为是的控制，也常常会导致孩子的不满和对抗。孩子往往比父母想象的成熟，他们也迟早要学会选择，并对自己的选择负责。只要不涉及原则性问题或危及生命安全的情形，都可以大胆地让孩子自主选择。对于更大一些的孩子，在升学、恋爱、就业等重大事项上，则更应该相信他们的认识，尊重他们的选择。父母可以做的就是提供相关信息和参考意见，最终的决策权一定要留给孩子自己。同样，在夫妻之间，涉及一些个人选择，小到服装、饮食选择，大到工作和职业变化，都应该尽可能地尊重本人的意见。当然，全体家庭成员也都要明确：自主选择既是一种权利，也意味着承担相应的责任，每个人都要为自己的选择负责。

四、分工合作

在家庭生活中，每个人不仅要为自己负责，也要为整个家庭负责，在家务劳动中要人人参与、各尽所能、分工合作。

爱不仅是一种意愿，更应该体现为具体的行动，爱家人、爱家庭，也应该体现在关爱家人、分担家务、建设家庭等各种行动之中。人人分担家务，不仅仅是一种责任，也是一种主人翁意识的体现，在为家庭尽责的过程中，可以产生归属感、价值感、意义感，由此而产生幸福感。但在很多家庭里，总有人意识不到这一点，总是误以为自己多承担家务，让其他人少做事或不做事就是爱，例如有的妻子认为丈夫在外工作辛苦，就包揽所有家务，不让丈夫插手。久而久之，丈夫对家庭反而会产生陌生感，会对妻子产生亏欠感，甚至会觉得自己"没用"或"多余"。更普遍的现象是：一些父母认为孩子的全部责任就是学习，所有家务都可以不管。久而久之，孩子就会养成饭来张口、衣来伸手的习惯，不会做家务，不能体谅一日三餐的不易，也体会不到家务劳动中的创造和价值。而且，在此情况下，孩子会感到巨大的压力，认为成绩不好就对不起父母，从而产生自责感、自卑感。可见，在家庭生活中人人参与、各尽己责不仅是一种义务，也是一种权利。

同时，家务劳动也要分工负责。很多家务可以形成相对固定的分工，如女性主要负责买菜、做饭，男性主要负责打扫卫生、汽车保养，小孩负责洗碗、倒垃圾，老人负责洗衣、养花，等等。分工的基本原则之一就是"能者多劳"，即谁更擅长，就在相关方面负更多的责任，也享有更大的发言权。古人常常是"男耕女织"，或"男主外女主内"，家庭中分工合作的性质非常明显。在现代社会，随着家庭经济能力的增强，或者家中照顾孩子、老人事务的增多，也出现了不少全职太太甚至全职先生。这就意味着，夫妻双方有一人要为了家庭而在一段时间内中断自己职业和事业的发展。由谁做出这种牺牲，要取决于家庭的需要和各自的职业发展状况，要以对家庭的整体贡献最大化为原则。在大多数情况下，夫妻双方都需要外出工作，也都要分担一部分家务劳动和家庭教育的职责。现代家庭的分工不是简单的主内或主外，也不是平均分配或轮流制，而是根据家庭特点和需要进行灵活、动态、自主的分工。这种分工的依据通常是时空的便利性，谁在完成某事时更有时间、更便利，就由谁多做，例如接送孩子，谁距离更近、时间更灵活就多负责。当然，分工不是绝对的，在一日三餐、家务整理、子女教育、老人照顾等长期事务上，更需要的是随时、主动承担，共同负责。

五、勤俭持家

勤俭包括勤奋工作、节俭生活两个方面。工作是获取报酬、维持生计的重要途径，勤劳致富是增进家庭幸福的重要途径，而好逸恶劳则是家庭矛盾和不幸的重要原因。工作不仅是养家糊口的方式，也是造福社会、体现自身价值、在实践中学习成长的基本途径，每个人的工作都可能对他人带来不同程度的帮助或影响。所以，每个人不仅要求职、工作，还应该敬业、乐业，要对所"求"的职业多一份感激和敬意；不能只是被动地接受任务、完成指令，而是要主动积极地承担任务、享受工作。若能如此，也就可以更好地平衡工作与家庭生活、休闲娱乐的关系，不把工作当苦役，也不把必要的加班当吃亏。由于每份工作都有其价值和意义，都值得尊敬，因此，在家庭生活中，要尊重各自的职业和工作，不能简单地以收入多少评判对方工作的价值，要相互支持、相互帮助，鼓励每个人尽职尽责地完成自己的工作。家庭幸福美满，事业比翼齐飞，这才是更值得羡慕和追求的。

节俭是一种美德。对绝大多数人而言，勤奋工作也不一定会带来大富大贵，即使是富裕之后，奢侈浪费也容易导致败家、败德，所以，每个家庭都应该养成并保持节俭的作风。随着经济的发展和财富的增加，人们逐渐提高生活品质，增加食物、衣物等生活用品的丰富性，甚至有些专门的旅游、娱乐、美食享受，这些都是情理之中的。所谓节俭，不是要节衣缩食，而是不贪多、不浪费、不攀比，做到物尽其用。节俭不只是为了控制消费、节省开支，而是要在此过程中使人尊重劳动、珍惜劳动成果，并从中培养美德。诸葛亮在《诫子书》中就说："夫君子之行，静以修身，俭以养德。"勤俭就是家庭教育中养德的重要途径。

六、呵护健康

家人健康是影响家庭幸福的重要因素。在健康时，大多数人会习以为常，意识不到其意义，一旦患上疾病，才会体会到失去健康的痛苦。疾病不仅影响个人身心，也会影响到工作、学习和生活以及长远发展，求医看病、照护病人还会影响家人生活和工作，对家人身体、心理和经济上带来不同程度的负担。谁都不希望得病，也不希望家人得病。但生老病死都是自然规律，谁也免不了会得病。因此，每个人都应该珍惜身体健康，加强体育锻炼，注意营养均衡，做自己健康的第一责任人。同时，要特别关爱家人身体健康，在家庭养成良好的运动、饮食、健康习惯。这就是《黄帝内经》"治未病"的思想。根据这一思想，中医提出了"未病先防，既病防变，瘥后防复"的系统思想，即在未患病之前积极地预防，通过情绪、饮食、运动、习惯等方面的调整，提高机体的免疫能力；对于已经患上的疾病，关键是要早发现、早诊断、早治疗，及时把疾病消灭在萌芽状态，从而避免小病成大病、轻病成重病；疾病初愈、机体功能尚未完全恢复的时候，采取巩固性治疗或预防性措施，防止疾病的复发。为呵护自己和家人健康，还应该特别注意以下几点：第一是学习一些基本的健康和医药知识；第二是掌握一些基本的急救、护理常识；第三是家中常备一些必需的药物和医疗器械；第四是注重心态调整，以"心安"促进"身安"。由于这是一个非常专业的领域，各个家庭的健康状况也不相同，在此不能展开叙述。

第七章　养育有方

家是"生我养我"的地方。家庭不仅要"生育"孩子，促进孩子身体健康成长，也要"养育"孩子，促进孩子品德和心灵成长。家是每个人的第一所学校，也是一所终身学习的学校。在这里，孩子们从咿呀学语、蹒跚学步开始，逐渐学会自主自理、待人接物，并在漫长的岁月中学会应对世事变化、生老病死。家庭给了每个人最真实、最完整的生活教育，家庭教育也具有最深刻、最持久的影响。当然，好的家庭教育会产生好的影响，坏的家庭教育则可能产生持久的伤害。奥地利心理学家阿德勒曾言："幸福的人用童年治愈一生，不幸的人用一生治愈童年。"此言尽管有些夸张，却深刻地揭示了家庭教育对孩子人生幸福的影响。另一方面，孩子的幸福对家长的幸福也具有同样的影响，孩子身心健康是父母一生的欣慰甚至骄傲，而"不懂事""没家教"的孩子则可能是父母一生的牵挂和伤痛。所以，家庭教育是幸福家庭建设的重要内容之一。

然而，随着现代学校的发展，教育越来越专业化，许多家庭把孩子教育的责任完全"交给学校"，把教育等同于知识的学习和应对升学考试，家庭教育的意义被严重地忽视，家庭教育也几乎沦为学校教育的附庸，其功能不断弱化、窄化。鉴于此，国家出台了《中华人民共和国家庭教育促进法》(以下简称《家庭教育促进法》)，以法律的形式强调了家庭教育的意义和主体责任，希望通过国家立法、学校引导、社会支持、家庭努力，共同促进家庭教育活动的开展和家庭教育功能的提升。

有效地开展家庭教育，必须"教养有方"。若能教养有方，养育孩子则一定是一件快乐、幸福的事；反之，如果觉得养育孩子很痛苦，则很可能就是方法上出了问题。关于家庭教育的方法，《家庭教育促进法》第十七条也有以下规定：(1)亲自养育，加强亲子陪伴；(2)共同参与，发挥父母双方的作用；(3)相机而教，寓教于日常生活之中；(4)潜移默化，言传与身教相结合；(5)严慈相济，关心爱护与严格要求并重；(6)尊重差异，根据年龄和个性特点进行科学引导；(7)平等交流，予以尊重、理解和鼓励；(8)相互促进，父母与子女共同成长；(9)其他有益于未成年人全面发展、健康成长的方式方法。本章将结合心安幸福实践，对相关要点概而述之。

第一节 言传身教

言传身教是家庭教育的基本途径，其中又分为"言传"与"身教"两种主要形式。言传即用语言循循善诱、谆谆教诲，以求明白道理；身教即以身作则，行为示范，以求耳濡目染、潜移默化。人们常说："言传不如身教"，只是说身教的效果更好、意义更大，但并不能因此而否认言传的意义与价值。好的家庭教育必须是言传与身教并重，充分发挥二者各自的优势，相资为用。

一、言语启智

母语的学习基本上是在家庭完成的。孩子是如何学会说话的？这一问题至今仍然是一个充满神秘感的未解之谜。但可以肯定的是，这一过程是父母与孩子长期交流、互动的结果。在孩子学会清晰、有意识地叫出"妈妈"或"爸爸"之前,亲子之间的语言交流已经有了长达一年左右的时间。在此之前,孩子很早就能用不同的哭声、不同的表情表达自己的情感与需求;孩子也具有超乎寻常的感知能力,很早就能听懂父母说的话,也能感知到成人话语中的善意、爱意,并能用行动做出正确的回应。在孩子一两岁的时候,父母与孩子的交流通常总是充满着爱意和耐心,不论孩子是否能听懂、是否有反馈,都会不厌其烦。这种"只问耕耘、不问收获"的交流,正是孩子迅速成长的重要原因,而孩子也会以自己的成长给父母带来一个又一个惊喜。

但随着孩子的逐渐长大,尤其是孩子学会说话和走路之后,大多数父母就可能觉得孩子"会说话""会走路"了,这方面的任务告一段落,也就逐渐减少了与孩子的语言交流和对孩子语言的培养。而此时,就是不同家庭教育拉开孩子之间差距的开始。

在《父母的语言》一书中,作者通过一系列研究发现:13~36个月的孩子平均每小时听到的语句,脑力劳动者家庭平均是487句,工薪阶层的家庭是301句,接受福利救济的家庭是178句;3岁孩子累计听到的单词量,脑力劳动者家庭的孩子是4500万个,接受福利救济家庭的孩子只有1300万个,相差了整整3200万个单词;3岁孩子掌握的词汇量,脑力劳动者家庭的孩子是1116个,接受福利救济家庭的孩子是525个,相差了591个。[1]可见,父母的语言是造成孩子们语言、智力、情感等各方面发展差距的重要原因。也就是说,孩子之间早期发展的差距,重要原因之一是父母对孩子所说的话的多少。父母对孩子的每一次说话,都是一次交流,都是一种"刺激",会激发孩子"反应",进而在大脑中形成更多的神经联

---

[1] 〔美〕达娜·萨斯金德等:《父母的语言》,任忆译,机械工业出版社,2017,第32页。

结。由于父母给予的语言刺激不同，孩子的语言和大脑发育的程度在他们还不会说话时就出现了差别。可惜的是，很多家长都没有意识到"说话"对孩子成长的意义。

如果说爱是一种帮助对方成长的行动，对孩子说话就是爱的直接行动，因为它就是在不断促进孩子成长。所以，在家庭教育中，首先要建议的就是家长与孩子多说话。与孩子说话，就是内涵丰富的教育，就是"言传"，其中传递的不仅有关于花草鱼虫、世间万物的知识，也有文化习俗、思维方式、道德要求等方方面面。所谓"家庭是孩子的第一所学校"，所谓"家长是孩子的第一任老师"，这所学校的主要课程就是"说话"（当然还有体育）。如果家长不与孩子说话或说话不够，就是这所学校"教师"的失职。现实中，很多家长一天到晚都不能与孩子说上几句话，有的是忙于事业，晚上回来时孩子已经睡觉，早上起来时孩子已经上学，两头见不到孩子，即便有时间在一起，也因为累而"懒得说话"。还有一些家长外出打工、忙于生计，把孩子留给爷爷奶奶，一年到头也不能与孩子见上几次面。其实，不论多忙，不论距离多远，只要心中有爱，都不能阻止父母对孩子的关爱与交流。一个最便捷的方式就是每天用微信进行视频聊天。可以交流一天的所做所思、发生的新鲜事情和自己的看法，即便是简单的问候，说说吃了什么、见了谁、做了什么、心情如何，也都是在传达关爱。联系越多，越有话说；长时间不联系，则可能要没话找话说。这就是疏远的信号。不仅父母要多与孩子说话，爷爷奶奶也要与孩子多说话，有的爷爷奶奶身体不好，做不了家务，就可多与孩子说话、交流，这就是一种重要的支持。如果家里聘请了阿姨，阿姨也应该多与孩子说话，爱说话、和颜悦色的阿姨就是好的"家教老师"。

二、以理服人

当然，不仅要对孩子"多多说话"，还要"好好说话"，对孩子讲话要讲道理、讲方法。从更好地促进成长的角度看，不论对哪个阶段的孩子（也包括对成人）都应该坚持以下一些基本原则。

1. 少说简单的禁止性的话，多说解释和建议性的话。禁止性的话简洁有力，在一些紧急的场合是非常必要的，如在混乱的马路上需要对孩子说："别跑！"在安静的公共场合可以对孩子说："别闹！"但禁止性的话给孩子的信息只是"不做什么"，而不能告诉他们"该做什么"。长期用禁止性语言，就可能导致孩子缩手缩脚、谨小慎微，不会选择，不会自主行动。解释性的话就是讲道理，只要道理讲清楚了，孩子们通常是会接受的。如小孩子自己倒开水时，可以对他（她）说："你还小，开水很烫，开水瓶又很重，弄不好就可能烫着自己。你口渴了想喝水就告诉爸爸妈妈，我们帮你倒。"再如，对于在马路上乱跑的孩子，可以说："在马路上乱跑会很危险。要牵着父母的手走，等绿灯亮了再走。"建议性的话则是直接告诉孩子该怎么做，例如对于想玩手机且无法自控的孩子可以说："我建议你做完作业之后，痛痛快快地玩半小时。父母肯定不干涉你。"对于控制不住情绪的孩子，则可以说："我知道你现在情绪不好。建议你找个安静的地方自己待一会，想想自己为什么生气、怎样才能不生气。"

2. 少说消极否定的话，多说积极鼓励的话。消极否定的话可以是针对孩子本人，如："我就知道你不行！""你怎么这么笨！"也可以是针对学校和社会，如："不能太相信老师的话。""这世界上就没有几个好人。"前者可能让孩子失去对自己的信心，后者可能让孩子失去对他人和未来的信心。其实，每个人都是一粒完美的种子，天生我材必有用，甚至"人皆可以为尧舜"，父母要始终对孩子的潜力充满信心，哪怕他们天资平平甚至还有某些缺陷，只要给予足够的爱，他们就会还你一个个奇迹。"好孩子是夸出来的"。当然，夸孩子也要讲究方法，不能只是夸他们的天资，如聪明、漂亮，而应该夸他们的行为、努力和品德，前者是父母给的遗传基因，不能归功于孩子本人，后者才是孩子自己赢得的、需要肯定的。《论语》中孔子有言："骥不称其力，称其德也。"对马如此，对人也一样。要发自内心地肯定孩子，也要真诚地表达对孩子的欣赏和喜爱。父母应该经常对孩子说："你真可爱。""你越来越懂事了。""你让我很放心。""有你这样的孩子真好，谢谢你！"不仅要夸孩子，还要明确给出他（她）值得夸赞的理由，如："你今天真棒，聚精会神地读了整整30分钟的书。""你真能干，这么小就能帮妈妈叠衣服了。"这也会让孩子知道进一步努力的方向。有些句式值得父母有意识地多用，并变为一种自觉习惯，如："我看见……""我相信……""我感谢……"

3. 少一些"单向输出"，多一些"双向互动"。语言是一种交流，也就意味着是双方互动，这也是直接交流区别于看电影、电视之处。单向输出的情况不仅包括只是父母说、孩子听，也包括"别无选择"的强制要求，如："我觉得你应该这样……""你最好是……（如何如何）"如果父母总是一言堂，孩子就会缺少参与和投入，长此以往就会变得被动、麻木、没有见解，甚至对父母厌倦、反感、叛逆。双向互动意味着要倾听孩子的声音、观察孩子的表情、尊重孩子的意见，要把孩子视为一个有独立思想、意识和需求的主体，而且是与父母不一样的主体。在这种互动中，父母应该经常性地对孩子说："这事我们商量一下……""你有什么建议（补充、想法）？""你们小孩子有什么特别的需求（看法）？"这种基于平等的民主和协商必须是发自内心、诚心诚意，而不能是虚情假意。要意识到即便是父母，也并不能完全了解和理解孩子们的想法，不能代替他们做出决定。当孩子们感到自己有能力为自己的行为做出选择时，他们会产生一种价值感、自我认同感，进而会增进其幸福感。当然，既然是交流和讨论，父母也要让孩子学会倾听他人的观点，尊重不同的意见，并学会妥协和谦让。此外，还要告诉孩子，必须为自己的选择承担相应的责任；作为孩子的监护人，父母也有权利和义务去指出并制止孩子的一些错误的或危险的决定。

三、家书传情

言传不仅包括口头语言，也包括书面语言。"家书"是中国家庭交流的重要途径，也是家庭教育中非常重要的方式之一。在近代，大家非常熟悉且具有广泛影响的就有《曾国藩家书》《梁启超家书》《傅雷家书》等；即便在二三十年前，现在的父辈、祖父辈也都普遍有过书信传情的经历。那种写信时的字斟句酌，等待时的翘首期盼、收信时的欣喜激动，书信内容的言真意切，都是非常美好的记忆。而在现代社会，随着交通、通信的发展，尤其是随着免费的、可视频的微信通话技术的发展，"家书"已经几乎被人遗忘。家书在家庭教育中有其不可替代的独特功能，因此，在幸福教育实践中，特别建议大家重拾纸笔，互写"幸福家书"。家书的特点是用文字表达思想、感情，在写作时可以有更充分的思考时间，可以更注重遣词造句和事理论述，因而内容上会比较庄重、严谨、深刻；同时，通信双方不是面对面交流，可以给对方更充分的阅读、反思、理解和反馈的时间，还可以避免当面、直接、即时交流可能带来的冲突和尴尬，对于促进家庭幸福往往有意想不到的奇效。在以下一些场合可能更需要有特别的家书交流。

1. 关键节点：如孩子每年生日（尤其是10岁生日、18岁成人礼），上小学、中学、大学、开始工作、恋爱、结婚、生孩子等。每当孩子走到人生的这些重要节点，父母都可以通过书信陈述自己的人生经验、教训以及对孩子的提醒、期望和嘱托。人生需要一些仪式感，在这些重大的节点上，除了聚餐、庆典，有一封用心写出的家书，会增加庆祝仪式的厚重感，会促进孩子更严肃、深刻地反思，提升认识，真正"拔节成长"，从而让其人生的选择更明智、人生的道路更顺畅。

2. 重大主题：在孩子成长过程中，会有一些比较重要又比较复杂的问题或主题，如关爱、责任、友情、美德、幸福、挫折、成败、立志等，在孩子面临这些问题或在相关问题上出现困惑、困难时，用口语往往难以讲清楚、讲完整，讲完也没有留下痕迹，难以给人深刻的印象，因此就需要用文字的形式进行比较系统的阐述，也可以在语言交流之后再用文字和书信的方式进行更系统的梳理和阐述。这些主题的"道理"，孩子或许在书上、在学校也能听到、读到，但父母的观点对孩子的影响更真切有力，不可替代。

3. 特殊话题：家人之间的特殊话题因人而异，有些是不便当面讨论的话题，如青春期有关性的话题；有些是会令人尴尬的话题，如夫妻之间、亲子之间相互认错；还有一些是因羞涩、矜持而不好当面表达的，如一向严肃、拘谨、不善情感表达的亲子之间第一次说"我爱你"，等等。当然，还有一些特殊话题可以是基于亲子之间特殊的兴趣、爱好，如读书、观影、运动等主题，此时的家书更像是师生、朋友交流。

好的家书往往可以起到促进了解、提升认识、增进感情的作用，甚至可以有点石成金、洗涤人心之效，一封家书也可以成为打破僵局、化解难题、改善家庭关系的转折点。在我们举办的北京大学"幸福亲师"研修班中，就要求大家每月给自己的家人（也包括学生、老师）写一封家书。很多人会说，这是自己这么多年来第一次用书信的方式写家书。给父母写信时，很多人会发现父母如此不易，对自己是如此的无私关爱，以至于百感交集、潸然泪下；给配偶写信时，会重新找到写情书的感觉，会发现原来对方有这么多优点，而自己却一直忽视，甚至总是不满、抱怨；给孩子写家书时，会发现孩子给自己带来了如此多的幸福，孩子有如此多的值得爱、值得学习的闪光点。在家书中可以发现爱、传达爱，可以增进家人之间的爱与幸福。家书不是"作文"，不是"论文"。好的家书，不在于文辞华美，也不在于说理雄辩，关键在于真诚。家书就是用朴素的语言和真实的情感讲自己想说的真心话，所以，写家书并不难，充满爱的家书就是好的家书。

四、以身示范

"身教"就是父母或长辈以自己的实际行动向孩子展现为人处事之道，并通过孩子的感受、模仿、学习而达到教育的目的。由于家庭生活涉及方方面面，而且长期持续，因而"身教"的内容也可谓无所不包，不仅包括日常生活的衣食住行，也包括促进自我成长的学习、运动，与人相处的礼节、态度、观念，等等。相对于语言和文字的讲授，行为的示范更直观，更真实，因而对孩子的影响更大。孩子们不一定能理解和接受父母所说的道理，却能很自然地模仿并学会父母的言行。有人说"孩子是父母的复印件"，说的就是父母言行的影响以及孩子惊人的模仿能力。因而，父母要特别注意自己的一言一行，因为与孩子交往的每一个细节都是在"示范"，是在"为人师表"。

经常、稳定的行为方式即是习惯。由于长期共同生活，父母的言行习惯会经常、反复地对孩子产生影响，从而可能固化为孩子的言行习惯。父母好的言行和习惯会使孩子一生受益，不良的言行也会被孩子继承并危害其一生。家庭正是培养良好习惯的重要场所，父母则是培养孩子习惯的关键人物。为培养孩子的好习惯，父母就应该从自身开始，建立好习惯，改正坏习惯，以免"误己子弟"。从促进自己和孩子身心健康发展的角度看，父母尤其要努力在以下方面成为孩子的榜样和表率。

1.健康的生活习惯。要有健康的饮食习惯，坚持一日三餐、定时吃饭，不暴饮暴食，不偏食节食；要有规律地作息，坚持按时睡觉、早睡早起，保证睡眠时间，不熬夜，不赖床；要有良好的运动习惯，每天坚持适量运动，不久坐，不长期低头（看手机、电脑）。这些都是维护身体健康的基本要求，也是"爱自己"的基本体现。但这些对现在的年轻一代父母却非常困难，很多人经常熬夜，然后早上睡懒觉、不吃早饭，经常吃夜宵，年轻妈妈们普遍会为了保持身材而经常节食。这些行为不仅伤害自身健康，也会让孩子"学坏样"。如果孩子也学会了晚上不睡觉、早上不起床、不吃早饭，那么不仅会打破他们的生物钟，也会导致他们营养不良、睡眠不足，影响他们的身体健康和大脑发育。

2.良好的学习习惯。父母都希望孩子养成良好的学习习惯，但却常常不注重自己的学习习惯。很多父母因为工作劳累，回家后就只是吃饭、睡觉、看电视、玩电脑，似乎家庭就是休息的地方；很多人在家里几乎从来不买书、不看书，一年到头也看不了一两本像样的书，甚至很多家庭常年麻将声不断。在此情况下，孩子们怎么会心甘情愿地在放学之后继续写家庭作业？怎么会想到写完作业还看点课外书？人们常说："父母好好学习，孩子天天向上。"其实，孔子早已有言："学而时习之，不亦乐乎？"学习是一件快乐的事，并不需要人催促、强迫，所以会"学而不厌"。当孩子们看到父母即使是工作再辛苦也会每天挤出时间读书、学习，并以此为乐，他们自然也会好奇并一同去探究和体验读书之乐。在养成孩子良好的学习习惯方面，只要父母自己坚持学习，就已经成功了一大半。父母甚至可以什么都不必做，只要坚持每天晚饭之后自己看书，就会引导孩子养成快乐地读书、学习的习惯。

3. 友善的言行举止。人的品德总是会外显为为人处事、待人接物的言行举止。在这方面，中国传统文化特别强调礼义、友善、孝敬。礼者，理也；义者，宜也，符合礼义的行为即意味着有礼有节、合情合理。孔子就要求其弟子"非礼勿视，非礼勿听，非礼勿言，非礼勿动"，即要求视听言动无一不符合礼的规范。是否讲礼仪、有礼貌，是一个人修养和家教的重要体现。友善是指对他人、对世界的亲近、信任、同情、帮助，通常体现为对家人、朋友、周围人的态度，尤其体现为对受苦受难者、老弱病残者以及无法言语的小动物等的关爱。友善是一种重要的品德，从友善出发，还可以引申出对生活的乐观、对世界的感恩、对未来的信心，而这些正是人生幸福的重要来源。孝敬则是指对长辈、老人关爱、尊敬，也包括对师长、上级的尊敬。中国人说"百善孝为先"，孝不仅是对父母养育的感恩和回报，而且是一种无条件的爱和责任，尽管父母年老体弱甚至越来越"糊涂""固执""不可爱"，但我们仍然要无条件地，甚至更投入地去关心、照顾。父母对爷爷奶奶的态度，很大程度上会影响到孩子将来对自己的态度，家庭关系就是在这种观察、模仿、学习中代代传承。孟子说："尧舜之道，孝悌而已矣。"可见，孝顺、孝敬不仅是家教和家道，也是社会和国家治理之道。父母、长辈的行为是孩子学习的直接范本。很多父母在外非常注意，在家则不拘小节，甚至"原形毕露"，殊不知，孩子学习的正是父母在家庭的真实行为，包括对配偶、对父母、对子女的一言一行。所以，为了孩子的教育和成长，父母的礼义、友善、孝敬要一以贯之、表里如一。

第二节　严慈相济

严慈相济是家庭教育的基本原则。严是严格要求，慈是慈爱关怀。在家庭教育中既要有严，也要有慈，要严中有慈、慈中有严，严慈有度。严慈相济既是父母之爱的表现和育儿的责任，也是实现孩子自强不息、不断成长的必经之途。古人也称父亲为"家严"，称母亲为"家慈"，严慈相济也指在子女教育中父母协同共育、相互支持配合，不论是"父严母慈"还是"母严父慈"，严和慈都不可或缺。这也从一个侧面说明了"严"和"慈"的关系和重要性。

家是因爱而联结成的共同体。良好的夫妻关系要以彼此真爱为基础，良好的亲子关系和家庭教育也要以真爱为基础。著名家庭教育专家孙云晓就强调：教育的秘诀是真爱。"所谓真爱，就是把孩子当成真正的人，尊重其人格，满足其需求，引导其发展，而不求私欲之利。也可以说，这是一种纯粹的爱、科学的爱、理智的爱。"[①]司马迁有言："爱之不以道，适所以害之也。"毫无疑问，天下的父母绝大多数主观上都是爱孩子的，但实际行动上却往往表现为"过"或"不及"，或者是溺爱、偏爱、迁就、放任，或者是疏远、忽视、冷漠、苛严，这些都会造成对孩子身心的伤害。只有严慈相济才是"爱之有道"。简·尼尔森的《正面管教》在全世界都有着广泛的影响，其基本原则就是"和善而坚定"，说的就是"严慈相济"的道理，其中有很多生动的案例和实用的工具，该书也是

---

① 孙云晓：《教育的秘诀是真爱》，华语教学出版社，2007，第3页。

我们开展幸福教育的重要推荐书目。如何才能做到"严慈相济"？以下几方面尤其重要。

一、爱之有道

爱之有道，首先表现为要根据儿童身心发展规律科学养育。不同年龄、不同性别的儿童身心发展有着不同的阶段性特点，儿童发展对营养、睡眠、运动等也有不同的要求，这就要求父母要学习相关科学知识。当司机、做厨师都需要专门的培训，需要获得职业资格证书，做父母却可以无证上岗，以致很多人全凭本能和经验在做父母，这确实是一个问题。既然意识到这一点，就要做出改变：一方面，要通过政府和社会力量加强有关为人父母的教育；另一方面，父母要在履职过程中自觉学习育儿知识，不做育儿方面的"科盲"。

爱之有道，也要遵循孩子的个性特点。每个孩子语言、行为、性格、兴趣等都各不相同，不仅二宝与大宝不同、男孩与女孩不同，即便是一卵双生的孩子之间也会有明显差异。因此，父母要用心观察孩子的行为，善于倾听孩子的言语，要勤于记录，不断发现和总结，只有这样，养育孩子才能有的放矢、因材施教。在这方面，我们特别建议父母养成书写"育儿日志"（幸福日志）的习惯。不仅用照片和录像记录孩子的影像，还要通过语言记录孩子的成长足迹和自己的心得感受。育儿日志可以记录孩子的日常作息，如食物品类、数量，睡眠时间，运动情况，也可以记录重要节点如会笑、会爬、会走、第一次叫妈妈爸爸的时间，还可以记录一些有意思的言行，以及孩子的健康、疾病、情绪状况等，从中发现孩子真正的需求。父母越是用心观察、记录，就会越了解和理解孩子，也就越有可能实现有针对性的、有效的养育。

爱之有道，不仅体现在方法上，还体现为格局和境界上。"父母之爱，当为子女计深远。""十年树木，百年树人。"孩子成长是一个漫长的过程，切忌急功近利、揠苗助长。很多父母唯恐"输在起跑线上"，所以盲目地开展各种早教活动，为孩子报各种"兴趣班"，只是注重一些可以展现的知识、技能的学习，如识字、算数、背唐诗、学钢琴等，在此过程中一次次消磨孩子的兴趣和学习热情。殊不知，对孩子的成长而言最重要的是培根固本，健康的身体、乐观的心态、对世界的好奇心、求知欲才是孩子长远发展的核心资本和动力源泉。

爱之有道，更集中体现为"无条件的爱"。父母之爱之所以伟大，就在于它的纯粹、无私。这种父母之爱没有偏私，不求功利、不计回报，不论孩子是男是女、是美是丑、聪明或是愚笨，父母都会全身心地去关爱，甚至对弱小的孩子还会加倍地付出。只有这种无条件的爱，才能让孩子感受到安全感、价值感。反之，如果父母偏爱聪明、成绩好、有出息的孩子，孩子就一定会敏锐地感知到父母所爱的是聪明、成绩、钱财和功名，而不是他自己，从而导致自卑、自责。父母之爱中夹杂私心和功利，就很可能是家庭悲剧的开始。

二、宽严有度

"严格才是深爱"，父母之爱，不能流于溺爱、放纵，但也不能成为不近人情的苛严、冷酷，这就要求宽严有度。

家庭教育之严，首先体现为严格遵守道德法纪。遵守道德和法纪，不仅是一种外在的要求，也是每个人识别划定行为边界、获得安全感的来源。法律、纪律、道德、习俗、规则一方面在约束人的行为，同时也在赋予人自由和安全。品德习惯和法纪意识需要从小养成。民间常说："小来偷针，大来偷金。"如果从小不严格要求，就会助长恶习，酿成大害，切不可以为"孩子还小"就疏忽大意、放任纵容。

对孩子严格要求，也体现为对行为习惯的严格要求。老人常说，要"坐有坐像，站有站像"。在孩子成长过程中，走路、吃饭、穿衣、睡觉、洗手、刷牙等都有相应的行为要求，尽早养成良好的行为习惯是身体健康发展的需要。参与社会生活的"礼节"也是一种行为要求，按照规定的要求行动，不仅会让他人感到舒适、得体，也会给自己信心，不至于"手足无措"。在体育、艺术等专门技能的训练上，则更需要"高标准、严要求"，在一些基本动作、基本习惯上要从一开始就坚持动作标准，严格训练。扎实的基础、良好的习惯可能决定一个人所能达到的高度，而错误的动作不仅影响技能培养，还可能造成运动伤害。

对孩子的严格要求，还体现在对培养兴趣、特长的坚持不懈、持之有恒。任何一项能力或特长的养成都需要有一定的坚持，需要时间的积累、汗水的付出和挫折的历练，否则，凡事总是蜻蜓点水、浅尝辄止，必然一无所成。孩子的自我克制能力不强，遇到困难、挫折容易产生懈怠和放弃的思想。看到孩子"受苦"，或面对孩子的眼泪和求情，父母总是容易心软、不忍。其实，孩子的潜力是超出父母想象的，此时，父母需要有清醒的认识和必要的"忍心"，要帮助孩子看到坚持的意义，支持和鼓励孩子克服困难、勇于挑战，而不能自己先打退堂鼓。

当然，严格要求不是死板、固化、冷酷无情，更不是简单的打骂、惩罚教育，而是以有利于孩子的成长为原则，以真爱去把握尺度和分寸，该严则严，该宽则宽。

在"宽"方面，首先，给孩子的选择空间要"宽广"。儿童兴趣不明确、不稳定，所以可以在各个方面发现兴趣、培养优势和特长，这种探索是自我认识的必要过程，也是获得成长和自我价值的重要途径。父母切忌为了跟风、功利，而包办、指定孩子的"兴趣"，把兴趣班变为"加分班"，把乐趣变成了强制和痛苦。

要对孩子的成长时间有"宽限"。对待孩子成长要"静待花开"，切忌揠苗助长。王阳明说："凡后生美质，须令晦养厚积。天道不翕聚，则不能发散，况人乎？花之千叶者无实，为其华美太发露耳。"（《王阳明集》寄诸用明书）过早显示的所谓才华往往虚而不实，速生之树难以成才，只有根深才能叶茂、厚积才能薄发。要把孩子的成长交给岁月，要给孩子的成长留足时间。

要对孩子的错误、缺点有"宽容"。任何人都会犯错误，每个人也都有缺点，孩子就是在不断学习、犯错、改错过程中成长的；孩子的成长也需要经受不断的挑战，在此过程中就必然会有挫折和失败。所以，父母要对孩子的错误和缺点有足够的包容，要让孩子坦然面对失败，吃一堑长一智，在失败中学习，把失败作为成功的机会。父母的这种宽厚的慈爱之心，也将给予孩子们直面失败的安全感和勇于挑战的信心。

此外，还应认识到："父母之爱子，则为之计深远。"父母不能管孩子一辈子，所以，父母严慈相济的目的是要培养孩子自爱自律的能力和习惯，帮助他们关爱自己，严于律己。这才是为孩子计深远的真爱。

三、规训齐家

人常言："国有国法，家有家规"，"没有规矩，不成方圆"。家规、家训是家庭教育的重要途径和形式之一。家规也称"家法"，是家庭的行为规范以及有关违反规范的处罚规定，违者"以家法论处"；家训是家庭对成员立身处世、持家立业的训育和教导，是以正面形式规定家庭成员修身、齐家的目标和要求。家训、家规有时也合二为一，不做严格区分。

我国历史上有很多广为流传、具有重要影响的家训、家规，如三国时期诸葛亮的《诫子书》，短短86字，不仅传授以修身养德之方，也告诫以怠慢躁动之险，言真意切，充满着人生智慧。其全文如下："夫君子之行，静以修身，俭以养德。非淡泊无以明志，非宁静无以致远。夫学须静也，才须学也，非学无以广才，非志无以成学。淫慢则不能励精，险躁则不能治性。年与时驰，意与日去，遂成枯落，多不接世，悲守穷庐，将复何及！"

宋代著名清官包拯的《包拯家训》只有37字："后世子孙仕宦，有犯赃滥者，不得放归本家；亡殁之后，不得葬于大茔之中。不从吾志，非吾子孙。"它集中体现了对贪赃枉法者的严惩，即"不得葬于大茔（祖坟）之中"，充分体现了清官的风范和期望。

王阳明的家训《示宪儿》也只有96个字，用通俗易懂的"三字经"写成，不仅告知了立志、勤学、改过的要点，更从心学角度重点强调了做人的关键："凡做人，在心地。"其全文如下："幼儿曹，听教诲。勤读书，要孝悌。学谦恭，循礼义。节饮食，戒游戏。毋说谎，毋贪利。毋任情，毋斗气。毋责人，但自治。能下人，是有志。能容人，是大器。凡做人，在心地。心地好，是良士。心地恶，是凶类。譬树果，心是蒂。蒂若坏，果必坠。吾教汝，全在是。汝谛听，毋轻弃。"

还有一些家训则相对详尽，几乎就是关于家庭教育、为人处世的专门著作，如北齐颜之推所著的《颜氏家训》，就包括七卷二十篇，包括"教子""兄弟""治家""勉学""养生""归心"等各个方面。明代袁了凡为儿子所书的《了凡四训》就是从自己的亲身经历出发，通过"立命之学""改过之法""积善之方""谦德之效"四个部分来阐述如何通过立德行善改变命运。

我国很多名门望族如孔家、孟家、朱家、王家、钱家等都有自己长期传承的家训。例如，《钱氏家训》就是以钱家先祖五代十国时期吴越国王钱镠的遗训为基础，传承至今已逾千年。它以儒家"修身、齐家、治国、平天下"为理想追求，从个人、家庭、社会和国家四个方面对子孙立身处世、持家治业等各方面行为作出了全面的规范和要求。其中就有以下表述："心术不可得罪于天地，言行皆当无愧于圣贤。""读经传则根柢深，看史鉴则议论伟。""勤俭为本，自必丰亨；忠厚传家，乃能长久。""私见尽要铲除，公益概行提倡；不见利而起谋，不见才而生嫉。""利在一身勿谋也，利在天下者必谋之；利在一时固谋也，利在万世者更谋之。"千百年来，钱氏家族长盛不衰，人才辈出，从宋朝至清朝，钱家进士便有350人之多，在近代，钱家更是涌现钱学森、钱三强、钱伟长、钱永健等一批著名科学家，两院院士就有18人，还培养了钱穆、钱玄同、钱钟书等著名学者。这一现象显然与钱氏家训的一贯教导息息相关。这些"大家"的家训尽管为"一家之言"，但也是每个家庭学习借鉴的宝贵资源。

清代教育家李毓秀编写的《弟子规》影响广泛而深远。它以《论语》"学而篇"第六章内容为架构，根据"弟子入则孝，出则弟，谨而信，泛爱众，而亲仁。行有余力，则以学文"，将全文分为孝、悌、谨、信、爱众、亲仁、学文七个科目，总计360句，1080字。很多人认为《弟子规》就是中国古代典型的家规、家训。

一些著名革命家也通过家规、家训来教导子女和亲属清正廉洁、爱国奉献，为我们树立了榜样。例如，周恩来总理就为其晚辈、亲属制定了以下十条"家规"：（1）晚辈不准丢下工作专程来看望他，只能在出差顺路时去看看；（2）来者一律住国务院招待所；（3）一律到食堂排队买饭菜，有工作的自己买饭菜票，没工作的由总理代付伙食费；（4）看戏以家属身份买票入场，不得用招待券；（5）不许请客送礼；（6）不许动用公家的汽车；（7）凡个人生活上能做的事，不要别人代办；（8）生活要艰苦朴素；（9）在任何场合都不要说出与总理的关系，不要炫耀自己；（10）不谋私利，不搞特殊化。

不仅中国人有家训，世界各国的名门大家也都有自己的家风家训或类似的家庭文化。深受儒家思想影响的旅美韩裔学者全惠星的家庭就始终在强调一句话："一个人伟大与否，取决于他给予了别人多少帮助。"因此，她和她的家庭就不断努力，去致力于成为一个奉献者——奉献于自己，奉献于子女，奉献于他人，奉献于社会。① 这种奉献不仅成就了她自己，也让她的六个孩子各个出色，均从哈佛大学或耶鲁大学毕业，并在各自领域取得卓越成绩。

家训家规就是一个家庭的基本规则和教育宗旨，它为家庭成员提供了价值规范、行为准则和目标追求。缺少家训家规就很可能使家庭成员缺乏原则、追求和坚守，使家庭决策沦为主观、随意、家长制。制定家规家训也是使家庭摆脱一切以小家庭利益为核心的"小家子气"，走向大爱奉献、家国情怀的"大家气象"的开始。所以我们主张，不论是继承祖训还是借鉴于其他家庭，或者家庭成员自己讨论制定，每个家庭都要有自己的家训家规，而且要使之内化于心、外化于行，助力整个家庭养成积极向上的生活方式、精神风貌和价值信念。

---

① 〔韩〕全惠星：《有奉献精神的父母培养大人物》，邵娟译，光明日报出版社，2016，前言第6页。

第三节　共同成长

幸福家庭建设的关键在于"无私真爱，共同成长"。家是一个有爱的地方，父母之爱是无私的、无条件的，但"真爱"不是让孩子安逸享乐，而是创造条件促进孩子不断成长；不是为了孩子而牺牲自己，而是在养育子女的过程中与孩子共同成长。这样的家庭教育才可谓养育有方。要实现父母与孩子共同成长，就需要建设学习型家庭，使家庭不仅成为孩子不断成长的学校，也成为家长终身修炼和成长的"道场"。"父母好好学习，孩子天天向上"，这也是家庭教育的奥秘所在。

一、亲子共商

家庭这所学校没有固定内容的课程、固定时间的课表，也没有固定场所的教室。如果说有一门"必修课"的话，就是"活动课程"。家庭生活是活动的一部分，吃喝拉撒睡无一不是活动，在这些活动中，就有着教育和学习的发生。这种日常生活中的教育可谓"非正式课程"，其教学过程也是在言传身教中不断重复和自然发生的。家庭生活中，还有一些相对正式的、特别安排的活动，这些活动可以视为家庭教育的"正式课程"，需要更用心地安排、更有意识地发掘其教育价值。这些活动包括：家庭会议、家庭阅读、家庭出游、家庭聚会、家庭娱乐、家庭运动、家务劳动等。这些活动中蕴含着丰富的德、智、体、美、劳方面的教育，能否合理安排并充分发挥这些活动的价值将直接影响家庭教育的成效。

为促进家庭成员"不断向上向善"，可以有意识地把日常生活和娱乐活动之外的家庭活动分为三类，即促进向上的学习活动、促进向善的公益活动、促进自强和坚毅的体育活动。家庭不仅是个吃饭、睡觉、休息的地方，也是孩子自主学习以培养兴趣爱好和个性品质的场所,是家长学习充电、不断成长的加油站。公益志愿活动对于了解社会,品德成长,获得人生的意义感、价值感和努力方向都极其有益。适合家庭开展的公益志愿活动很多,例如向贫困地区、受灾人群、有特殊需要的人捐款,把不用的衣物、图书、玩具进行义卖或捐赠,定期到公园拾荒,根据自己的能力、特长开展交通疏导、维护秩序、导游讲解、辅导其他孩子学习,等等。家长要有意识地带领孩子一起参与公益志愿活动,使之成为令他人敬佩、令家人自豪的乐趣。家庭体育活动的基本目的是锻炼身体、培养运动技能并从中获得娱乐享受,每位家庭成员都应该培养一两项体育运动爱好和特长,并且长期坚持。如果有家庭成员共同的体育项目,形成家庭集体运动习惯则更好。这种长期坚持体育锻炼的过程也是培养刻苦耐劳、坚毅勇敢品质的有效途径。有条件的家庭也可以安排一些体验和培养坚毅品质的专门活动,如登山、越野、露营、毅行、沙漠穿越等。

家庭活动需要精心设计、合理安排。在此过程中,父母显然要起主导作用,但需要特别注意的是要充分尊重孩子的意愿。孩子从很小开始就会有自己的需求和愿望,从他们能说话甚至只是能听懂话时就可以开始与他们商量。例如,可以问孩子:宝宝今天想去哪儿玩?想吃什么?想听什么故事?愿意为爸爸妈妈做点什么?等等。有商量,就有尊重,就不至于把家庭活动变成父母强加的任务,不至于把欢乐的活动变为不情愿的服从命令,引发不断的抱怨和反抗。

家庭会议是家庭建设和家庭教育的有效途径,也是我们在心安幸福教育实践中重点推荐的实践活动。简·尼尔森在《正面管教》一书中特别强调家庭会议的意义,并用了专门一章来介绍。她认为家庭中最值得做的事情,就是定期召开家庭会议,因为家庭会议给孩子提供了学习具备好品格所需的有价值的社会技能和生活技能的机会，在家庭会议中，孩子们将可以学到：倾听的技能；头脑风暴的技能，解决问题的技能，相互尊重，关心他人，相互合作，在友善的气氛下承担责任，获得归属感和价值感、社会责任感，认识到错误是学习的好机会。家庭会议也为家长以下方面的成长提供了机会：避免权力之争，以相互尊重的态度共同控制局面；避免事事干预孩子，让孩子学会自律；倾听孩子；以相互尊重的态度和孩子分担责任；为孩子树立榜样，实践那些你希望孩子掌握的技能。[1] 关于如何召开家庭会议，简·尼尔森也提出了以下一些建议：每周固定时间召开，每次 15～30 分钟；会议要有主席、秘书；要有致谢、问题解决、下周计划讨论、家庭娱乐等议程；要讨论家庭格言、家庭晚餐计划、家庭娱乐计划、相关任务分工并形成会议记录；会议决定应该在全体一致同意的基础上做出；等等。这些建议和意见都非常富有价值，值得新一代的中国家庭去实践，并根据自己家庭实际进行改进。

二、亲子共读

书籍是思想和精神的宝库，读书是最重要的学习方式之一，阅读可以增进知识、开阔视野、丰富情感、提升智慧，"读书点亮生活"（"帆书 APP"的口号），读书改变命运。读书的重要性毋庸置疑、无须赘述，在日常话语中，甚至常常直接用"读书"代替"上学"或"学习"。新教育发起人朱永新认为："一个人的精神发育史就是他的阅读史……一个民族的精神境界取决于这个民族的阅读水平。"[2] 所以，新教育实验高度重视阅读，把"营造书香校园"作

---

[1]〔美〕简·尼尔森：《正面管教》，玉冰译，北京联合出版公司，2016，第214—215页。
[2] 朱永新：《新教育实验》，中国人民大学出版社，2017，第47页。

为十大行动之首。阅读对于家庭教育而言同样重要。家庭教育没有规定的教材，书籍就是教材，读书就是家庭教育的"文化课""阅读课"。古人提倡"诗书传家""耕读传家"，在现代社会，随着物质、文化水平的普遍提高，我们更应该营造书香家庭，建设"书香门第"。

建设书香家庭，首先要让家庭有"书香"。在家庭空间和家具设计时要给书桌和书柜留下足够的空间，有条件的家庭最好是每人有一个单独的书桌和单独的书柜。条件不允许时，也应该以饭桌等为基础，设计出可供全家人一起读书、写字的空间，要有全家放书、藏书的地方。相对富裕的家庭，要鼓励孩子买书，多多益善；不太富裕的家庭，也要每年做出购书的专门预算，把购书列入与购买食物、衣物同等重要的位置。值得一提的是，随着"读书"意义的提升和"看电视"意义的下降，许多家庭都开始改造客厅布局和功能，使之以书柜和书桌为中心，成为家庭阅览室、讨论室。

建设书香家庭，还需要让家庭有"书声"。很多家庭把电视机、游戏机甚至麻将桌作为标配，每天有固定的时间看电视、打麻将，家庭充满着电视、游戏、麻将之声，唯独缺少读书声。对很多家长而言，从学校毕业就是"读书"的结束，甚至有些大学毕业的家长也没有读书的习惯和乐趣，可能一整年都读不了一两本书。如果缺少书香，家对于孩子而言就只能是吃饭、睡觉、看电视、玩游戏的地方，是一个不得不完成家庭作业的地方。既然书是人的精神食粮，就要像一日食三餐一样不断从读书中获得精神滋养。家庭读书最好能固定时间、固定地点，例如每天早上十分钟的经典诵读，每天晚上三十分钟至一小时的家庭阅读。

建设书香家庭，应注重亲子共读。亲子共读意味着亲子之间有共同阅读的时间、空间、主题和书目。孩子小的时候可以是父母抱着讲故事、看绘本，孩子能识字、读书后可以是亲子共读一本书，在孩子再大一些之后，可以是亲子在共同的时空各自读书。不论共读一本书还是各自读书，家庭成员都要有开展读书交流的习惯，相互分享读书收获、探讨可能的困惑，让读书变成家人思想交流、彼此了解、共同成长的桥梁和纽带。

建设书香家庭，要让读书成为一种享受。读书是一种生活方式，是一种人生的乐趣，因此要努力帮助孩子养成好的读书方法、习惯，体悟读书的妙趣，而不应把读书仅仅视为"扩大知识面""提高学习成绩"的"工具"。家长也要真正爱读书、享受读书，用自己的实际行为展现读书的魅力。家庭成员可以将阅读与娱乐、游戏、表演、绘画、观影等结合，还可以把读书与旅游、社会调查等结合，读万卷书、行万里路、与万人言。更重要的是，要将读书与生活结合，让家庭成员体会读书与日常生活、工作、交友的关系，感受读书改变生活的力量。

建设书香家庭，还应该强调书"香"。读好书是与伟大的灵魂对话，多多益善，读坏书或劣质书则如吸食精神鸦片，要尽力避免。所以在家庭阅读中要用心选好书，选择适合的书。教育部基础教育课程教材发展中心提供的《中小学生阅读指导目录（2020年版）》向小学、初中、高中三个学段学生推荐了300种图书，可以作为选书的重要参考，朱永新领导的"新阅读研究所"研制的《中国小学生基础阅读书目》向小学生推荐了30本基础阅读书目和70种推荐阅读书目，也可供参考。我们认为，"圣贤书"即传统文化经典，如《大学》《中庸》《论语》《孟子》《道德经》等要反复阅读，熟读成诵。要以传统文化为立德树人打好根基，同时也要注重对西方、当代的人文、科技、社会、艺术等各方面经典名著的广泛阅读，在此基础上，形成自己的阅读重点、爱好和深入钻研的领域。唯有让经典名著入住，才能让家庭如芝兰之室，长久飘香，沁润人心。

三、亲子互学

家风是家庭的风气、精神状态，家风构成了家庭生活和生长的"软环境"。家风的影响即是"境教"，它与父母的言传、身教同样重要，从影响的持续性、广泛性看，甚至更重要。良好的家风体现为民主、平等、和睦、尊重、宽容、真诚、善良等诸多方面，而对于家庭成员的共同成长而言，最重要的家风莫过于全体成员勤奋学习、积极向上的精神风貌。勤学、向上可以指向他人、书本，而在本节想特别强调的是家庭成员之间尤其是亲子之间的相互学习。一个学习型的家庭，不仅是子女向父母、长辈学习，父母、长辈也应该俯下身段向孩子学习，这一过程也被称为"双向养育"。"教学相长""三人行必有我师"，这些话对于家庭教育而言也完全适用，也应该成为努力的方向。

孩子天然地具有很多向上向善的美德，值得家长去发现、重视和学习。在《道德经》中，老子就特别重视婴儿、赤子的美德，认为"含德之厚，比于赤子"，希望人们如婴儿般"见素抱朴""少私寡欲""专气致柔"。如果一个成年人，尤其是老年人还能不仅身体上返老还童、鹤发童颜，在品德、心境上也能永葆童心、返璞归真，保有一颗赤子之心，则是一种极高的修为和境界。概括地说，父母和长辈至少应该在以下方面向孩子学习：(1)单纯。淳朴自然、天真无邪、不贪婪、不功利、无忧无虑、知足常乐。(2)善良。对世界充满友善、信任，积极乐观、宽容大度，不嫉妒、不猜忌、不记仇（尤其是不记父母的错误）。(3)好学。对世界总是充满好奇心、求知欲、想象力和探索精神；总是保持开放心态，不固守成见，不固执己见；在学习中不怕丢脸，不怕犯错，百折不挠。如果父母能像孩子一样淳朴、善良、好学，也就能保持不断向上向善的状态，令人尊敬，令己心安。

孩子也要善于向父母和长辈学习。孩子有极强的学习能力，家长的一言一行都会可能被孩子看在眼里，记在心里，并体现为言行和习惯。所以，家长要注意养成良好品德和习惯，要注重言传身教。另一方面，家长也要承认自己是并不完美的普通人，有各种缺点和不足，应该教育、引导孩子辨别父母的言行，多学习好的方面，避免"学坏样"。孩子要向父母学习的包括语言、习俗、经验、规则、生活技能、文化知识、道德精神等方方面面，这些都无须赘述。需要特别指出的是，中国历来有尊老敬老的传统，"尊老"不仅因为老一辈有养育之恩，而且是因为他们因岁月的积累而形成的经验、阅历值得尊重，后辈切不可因学历高、知识广而轻慢老人的生活经验，否则，"不听老人言，吃亏在眼前"。同时，年轻一代也应该学习长辈们普遍拥有的艰苦奋斗、勤劳俭朴的品德。勤奋、节俭是中华民族的优良传统，世代相传，因为有"锄禾日当午，汗滴禾下土"的经历，才会有"谁知盘中餐，粒粒皆辛苦"的感悟。在科技发达、物质丰富的今天，年轻人切不可视饱食暖衣为轻易可得，视安逸享乐为理所当然。

每一代人都有其优势、长处。尊敬长辈、善于向长辈学习，才会有继承和发展；看到新生力量的优势和长处，相信一代定比一代强，世界才会发展，生活才会更有希望。在家庭关系中，这种相互尊重、相互欣赏、相互学习，才构成了一种良性的循环。孩子因接受父母教育而成为好孩子，父母在教育孩子的过程中成为好父母；好父母培养好孩子，好孩子成就好父母。

为促进亲子互学，在学校教育中经常开展"小手牵大手"的活动,让孩子监督、提醒家长遵守交通规则、维护公共卫生、收看公益节目、注意锻炼身体、养成读书习惯等,家长应该珍惜机会、积极配合,真正把这些要求和活动当作家庭教育的一部分。其实,只要用心,亲子互学可以发生在时时处处、方方面面,每一次相互谈话、家书、家庭会议都是相互了解、相互学习的机会。为建立相对稳定的互学机制,我们也建议大家使用《正面管教》一书提倡的"鼓励贴",即家庭成员之间经常利用便利贴书写家人的优点,表达欣赏和感谢,并张贴在固定地方,以便观看。不仅家长给孩子写,孩子也可以给家长写,不仅看到彼此的优点,也看到各自的进步、改过、坚持。鼓励的表达模式可以有多种,包括:(1)肯定式鼓励,如"我注意到你自觉地收拾好了房间";(2)感谢式鼓励,如"谢谢你为全家做了一桌丰盛的晚餐";(3)赋能式鼓励,如"我相信你能管理好自己的时间";(4)启发式鼓励,如"我看到这次你没有发脾气,你是怎么做到的"。好孩子是夸出来的,好父母也是夸出来的。发现和鼓励家人的优点和美德,不仅可以更好地教育和影响他人,也是在培养自己善于发现、欣赏、学习他人优点的美好心灵。

第四篇

幸福学校

如何才能使学校成为令师生感到幸福的地方？基于"幸福是不断向上向善的心安"的理解，就应该努力使学校成为助人不断向上向善、令人心安的大家庭。在这个大家庭，校园如家园，师生如亲人，大家相亲相爱、各尽己责、共同成长。这个大家庭，不仅要为学生一生的幸福奠基，也要让他们感受每一个当下的心安和幸福；不仅学生要追求幸福，教师和家长也应该在这个大家庭感受幸福、创造幸福，甚至应该成为幸福的表率。作为教师，只有真正明道传道、授业解惑、为人师表、教学相长，才可谓"尽责心安"；作为学生，应该努力追求知行合一、同学共进、自主成长，不断向上向善，收获成长的心安。

第八章　幸福校园

> 家文化是中国传统文化的核心之一，我们历来主张"家国一体"，家是最小国，国是千万家。学校是介于"家"和"国"之间的组织，学校也是一个由成百上千的孩子和教师构成的"大家庭"。家通常被认为是最令人感到心安、幸福的地方，人们会用"如家庭般的温暖""如家人般的关爱"来对某地、某人予以赞美，如果师生说"学校是我家"，同样是对学校的高度认可和赞誉。要使学校成为一个令人幸福的地方，就应该使之具备一个幸福家庭所具有的特质，即要有温馨的"家园"，彼此成为相亲相爱的"家人"，人人都成为自主尽责的"主人"；以大爱和制度规范建设积极向上、共同成长的"大家文化"；在这里，应该注重五育并举、协同共育，全方位、全过程、全员育人。

第一节　以校为家

以校为家常常用来形容教师、校长长期在学校工作、吃住都在学校的状况。而在本节中，"以校为家"则是指师生都把学校当作自己的家来看待，在这里，校园也是家园，师生是亲人，自己是主人，所有人在这个大家庭中都能找到归属感、安全感、责任感、价值感，进而获得幸福感。

一、温馨"家园"

在中国，一个人最基本的法定受教育年限是9年义务教育，如果加上学前三年、高中三年就是15年，再加上本科四年就是19年，如果读完硕士、博士（以6年计算），就是25年。在这漫长的求学生涯中，学生大部分时间都在学校度过，住宿生甚至从早到晚都在学校学习和生活。从这个意义上说，学校是学生生活的"家"。

不同的学校就像不同的家，有的小巧，有的古朴，有的豪华，也有的简陋。典型的校园可能是有一道围墙，里面有几排房子、若干教室、一个操场，复杂或高档一些的校园会有一些专门的教室、图书馆、食堂、大礼堂、室内运动场甚至游泳馆，历史悠久的学校会有林荫大道、小树林、小花园。这些建筑、环境的设计都指向"学习"，人们通常不会将其与"家"发生联系。但仔细想来，学校环境与"家"还是有很多可以直接类比的地方，在这里可以找到"厨房""餐厅""厕所""书房""客厅""花园"甚至"卧室"。在一些学校，甚至会有意识地借鉴家的元素进行建筑设计。例如，北京市海淀区中关村三小设计为"大家三小"。在这里，学校整个建筑群被设计为一个大写的"C"字形，半圆形的教学大楼类似于没有闭合的福建土楼；大楼内部，各个教室不再是各自独立的并排结构，而是以"三室一厅一卫"为一个单元，"三室"就是三个教室，但其中的学生不是同一个年级，而可能来自三个不同年级，"一厅"是三个班级7位教师共同的办公区和师生的公共活动区，包括绿植区、阅览区和图书架等；"一卫"有卫生间、开水房、洗漱间等。这三个班级构成一个大家共同学习、生活的"班组群"，四个"班组群"组成一个"校中校"；四个"校中校"组成一所校区。这个"大家三小"就将48个班（"小家"）分成了12个"班组群"（"中家"）和四个规模更大的"校中校"（"大家"）。"家"的概念在这种建筑格局和教学管理模式中得到了强化。

要想让学校这个家变得温馨舒适，就需要用心设计、装饰和维护。作为"家"的学校不一定豪华阔气，但一定要安全、干净、整洁，要让师生感到熟悉、亲切。学校是师生长期生活的地方，因此就要尽可能地为满足师生需求提供便利条件，例如有的学校会将教室、办公室"一室多用"，为怀孕、哺乳的教师安排专门的休息室，为放学后等待父母的教师子女安排专门的自习室和志愿者，把阅览室变成"儿童之家"，把餐厅或体育馆变成家长休息室，把会议室变为有需要的教师的午休室，有的学校甚至把校园的某些角落变成师生的琴房、聊天室、发呆室、情绪发泄处。学校这个家是学习的地方，因此要努力使学校的每一栋建筑、每一间教室、每一条走廊、每一面墙壁、每一条小道、每一株花草都有着教育意义。例如，有的学校会用师生的书画、手工、科技作品"装饰"各个走廊墙面、教室角落；有的学校会取消集中的图书馆，把书放置在走廊、教室、食堂等地方，以方便师生随时取阅；有的学校会让每个班级栽种或认养一棵树，并在树上挂上各自的班风、班训；有的学校会在校园一角或楼顶平台开辟一个小花园，让孩子们种植、观察自己喜欢的果蔬；还有的学校会设计专门的"笑脸墙""立志墙"，把师生美丽自信的笑脸和高远志向挂在醒目位置，以便大家彼此熟悉、相互鼓励。

使学校成为"家园"，不仅要体现在物理空间设计上，更重要的是体现在内在气质上，即学校要成为师生内心认同的、有归属感的"精神家园"。家庭给了人最初的遗传基因，是人成长的第一所学校，通过家庭的养育，个人身体和心智都得到了初步的成长，这就类似于一颗种子，家庭决定了种子的基因，并且在帮助种子生根、发芽。种子长成幼苗之后，就会移植到学校进一步培养，在这里，孩子们身体进一步长大（现在很多学生在学校吃饭的次数可能比在家多，可以说他们是"吃着学校的饭长大的"），更重要的是，学校教育还在深刻地影响人的品德、精神和心灵，通过一系列的课程、教学和评价活动，学校在重新塑造人的灵魂。如果有人说"学校是精神的家园"，就是对学校和教师影响的高度评价，由此说明学生高度认可学校的精神，在此能找到精神的归宿。作为"精神的家园"，就得有值得追求的高尚的精神并长期坚守，如坚持仁爱、友善、真诚、利他、奉献，追求民主、平等、自由、真善美等。这样的精神家园，应该以人为本，要关心、爱护、教导每一位学生，帮助每一位学生努力向上向善，找到精神追求和人生意义，不被世俗裹挟。"学校之为家园的根本意义，正是激发个体向着更高价值的追求，孕育个体人生价值的归宿，获得个体人生绵绵不绝的精神动力。"① 只有这样，学校才会令人心安、令人留恋，并令人引以为傲。

二、友爱"家人"

组织的性质决定了组织中人际关系的性质。学校到底是一个怎样的组织？有人认为学校是一个事业单位，尤其是公立学校，它由政府提供公共经费，校长有行政级别，教师有事业编制，从事"教育事业"。也有人认为学校像一个企业，尤其是民办、私立学校，通常都是有投资、有营收、有亏盈的经济组织，很多人办学也是以营利为目的。还有人认为学校像一个军事组织，在这里有严格的等级制度和训练，一些学校也确实标榜自己实行的是"半（准）军事化"管理。这些类比确实可以概括学校的部分特征，但它们都只是对学校在知识传授、社会规训、人才培养、经济运行等某方面特性的概括。当进行类似的定性时，学校的师生关系也会随之有相应的

---

① 刘铁芳:《什么是好的教育——学校教育的哲学阐释》，高等教育出版社，2014，第233—234页。

规定，例如，学校如果只是"事业单位"，那么师生之间就只是一种工作关系，除了职责规定的内容外，师生之间可以没有任何非正式的交往和情感联系；如果学校是企业的话，教师就是雇员，举办者为"老板"，学生和家长就是客户，他们是用金钱购买校长和教师所提供的教育服务。如果学校是准军事化组织，校长和教师就是长官，学生就是士兵，学校要有严格的纪律，学生要绝对地服从。学校的目标追求和功能定位不同，其文化形态也会不同。如果把学校定义为追求分数和考试成功的机构，则很可能会形成一种效率至上的文化；把学校作为规训和教化机构，则很可能会形成一种权威和服从的文化；把学校视为营利性机构，则很可能体现为市场交易和商业文化。从建立良好的师生关系、增进师生幸福的角度看，依以上组织特性和目标追求来定义和塑造师生关系，显然都不符合人们的理想和期待。我们认为，既然教育要以促进师生幸福为初心和最终目标，学校就更应该强调令人幸福成长的"家文化"。

学校作为"教书育人"的地方，其功能和属性与家庭有很多的相似。从"家"的角度看，就可以将师生关系类比于亲子关系。中国古人历来就高度尊敬教师，"天地君亲师"五尊牌位就把师与亲甚至天地相并列。人们常言："一日为师终身为父"，就是因为教师所做的工作是在重塑人的心灵，教师的教育可以改变整个人的思想观念，使人"脱胎换骨""焕然一新"。所以有人说教师是自己的"再生父母"，也有人说师生是"精神上的亲子关系"，父母给了我身，教师给了我心，是父母和教师、家庭和学校共同养育了一个完整的人。

从"家"的视角也可以重新认识并重构同学关系。通常意义上，同学就是"在一起共同学习的人"，在同一个时间、空间、接受同一位（或一群）教师教育的一群人就构成了同学关系。尽管如此,"同学"并不意味着互学互助、关系亲密,很多时候"同学"们只是在同一个时空各自埋头于自己的学业,几乎不与他人发生联系,就如在一些大学的选修课上一样,同学之间几乎不认识,也不交往,或者更像是被随机安排到一个考场的考生,大家只是各自独立答题、互不交流。在一些中学,就可能出现同学三年但相互不认识、从来没说过话的情况。在升学竞争体系中,学习就是一场"战斗",同学之间甚至就是竞争对手,是需要"被干掉"的"敌人"。基于这样的认知和学习环境,同学之间显然难以感受到彼此的友谊、帮助和温暖。而从"家"的角度看,同学则是充满深厚感情的兄弟姐妹,大家因为各种难得的机缘而走到一起,在同一个教室、同一所学校共同学习、生活三年、六年甚至更长时间,大家相互帮助、相互激励,共同成长。同学关系可以是最重要的社会关系之一,同学情是最重要的人情关系之一。所以,不论从学生当下的学习、生活还是从一生的人际归属和人生幸福出发,学校都应该有意识地改进、改善同学关系。

把教师、同学当"家人"看,首先在于观念的更新。教师要视同事和家长为兄弟姐妹,视学生如子女,平等关爱每一位学生;学生要视教师如长辈,视同学为兄弟姐妹,相互关心,友善互助。同时,要有意识地建立一种"家人"之间的人际关系,通过多种形式增进师生之间、同学之间交往的频率与深度,让大家彼此从陌生到熟悉再到亲近。美国卡内基基金主席厄内斯特·波伊尔所著的《基础学校——一个学习化的社区大家庭》就主张:"基础学校首先应是一个学习的社区大家庭……社区大家庭就是把学校里所有的人凝聚到一起的黏合剂。""一所大家庭式的学校必须是:一个目标明确的场所;一个相互交流思想的场所;一个充满正义感的场所;一个纪律严明的场所;一个相互关心的场所;一个欢庆聚会的场所。""基础学校的大小应以在校人员都彼此知道名字为宜——大概三百到五百学生。"①中关村三小"班组群"的形式也在大规模学校建立小规模社群、营造熟人关系和成员归属感方面进行了有益尝试,它由来自不同学科的七位教师组成"家庭式合作团队",共同负责不同年级三个班级的所有教育教学工作,大约100名同学在共同的空间里学习、生活,通过"以大带小"、小组合作、互帮互助等日常交往和管理形式,形成一个密切联系的群体。

在我们推行的幸福教育实践中,"集体生日会""幸福小班会""幸福小伙伴""幸福小天使"等活动都是增进同学相互了解、相互关爱的非常有效的途径。由于其他几项活动在后续章节会陆续介绍,这里仅简单介绍"集体生日会"。

生日对每个人都具有独特的意义,因而受到格外的重视,小孩子尤其如此。由于大多数人的生日都在上学期间,因此,由班主任组织全班为某一位或几位同学庆祝生日就非常必要和有意义。特级教师、杭州市天杭实验学校郑英老师就特别注重学生的生日,她把班级所有成员的生日当做一个个盛大的日子,来宣告一个个"他(她)"的大写的存在。她曾自述:"每次一接手新班级,我就着手制作班级的学期日历表,统计每一个班级成员的生日,并将其一一标注在日历中,这样所有人的生日都一目了然,无一遗漏。每逢有成员过生日,教室就成了蛋糕的世界、欢乐的海洋。……在这个过程中,欢乐固然是第一位的,但真正的神来之笔是悄然间培养了孩子们的诸多能力。比如,过生日往往是在中午,为着保证时间充裕,前期的准备工作如取餐、分餐、就餐、卫生打扫、布置庆生现场等要在20分钟内完成,这就训练出学生极高的做事效率和做事

---

① 〔美〕厄内斯特·波伊尔:《基础学校——一个学习化的社区大家庭》,王晓平等译,人民教育出版社,1998,第20—22页。

品质，同时提高了相互间的合作能力和默契程度。"① 再如，长沙博致学校将学生生日开发为"生日课程"，根据过生日的学生人数多少，每月或半个月为两三位同学过集体生日。每次提前告知全班同学下次集体生日课的主角是谁，要求全班同学集中关注、发现这些"寿星"的优点，为他们写成长故事、"赞美贴"甚至"赞美诗"，并在生日时宣读。"寿星"们也要提前准备这一年的成长感言、感谢和努力方向。通过这种方式，生日就不只是集体吃蛋糕，而是成了相互学习、相互欣赏、真诚感恩、总结成长的课堂。故此我们在心安幸福教育实践中也特别推荐。当然，在一些相对落后的地区，每次集体生日都吃蛋糕会给学校和学生带来额外的经济负担，因此也建议各学校因地制宜、创新形式，例如，学校食堂专门为"寿星"做一碗生日面，开"生日歌会""生日诗会""生日音乐会""生日球赛""生日书法展"等。集体生日会也可以邀请家长、任课教师一起参加，通过丰富多彩的集体生日活动，让同学们充分感受到班集体如大家庭般的温暖，并通过生日"拔节生长"。

三、自主"主人"

人们也常说学校是"铁打的营盘流水的兵"，意思是说：校园是永远的，而学生则是像流水一样不断更新变化。学生如此，从一个更长的时段看，教师又何尝不是如此？如果持"过客"心理，师生与学校的关系就是短暂的、疏远的。只有师生将自己视为学校的主人，才会产生自主性、责任感。作为学校的主人，就会爱惜学校的一草一木，就会主动承担起对学校的各种责任，并在尽责中体悟到价值感和尽责的心安。

---

① 郑英：《教育，可以这么生动有趣》，中国人民大学出版社，2021，第29—30页。

在幸福校园中，教师是学校的主人，而不是雇员，学校的兴衰荣辱都与自己有关，而不是"事不关己高高挂起"。作为学校的主人，教师有权利也有责任参与学校的管理，对学校的发展规划和政策制定提出自己的意见和建议。参与决策的主要途径是参加学校的相关会议，就如以主人、家人的身份参加"家庭会议"一样。作为主人，也要有"主人翁意识"，主动发现学校工作中的需要和问题并自主解决。作为主人，更重要的是承担主人的责任。学校肩负着成百上千家庭的重托，对孩子们的前途、幸福有着重要的影响。学校这个"大家庭"，真可谓人多业大，责任重大。而且，教师的工作在很大程度上是"良心活"，其职责不是规章制度所能详尽规范和约束的，必须靠教师的自觉性和责任心。所以，一所幸福的学校应该以教师的主人翁意识和高度的责任感为基础。山东冠县桑阿镇中学在学校管理中设立"三成服务岗"（"三成"是学校办学理念，指成长、成功、成就），根据工作需要和教师意愿、特长，学校设立了72个服务岗，教师们可自主选择自己能胜任的、有兴趣的岗位。此举让每位教师都至少有一个管理服务岗位，充分调动了教师们的主动性、积极性，也让教师们在其中找到了归属感、责任感、价值感以及幸福感。

同样，幸福学校建设也有赖于所有学生的主人翁意识和责任担当。与在"小家庭"一样，在学校这个大家庭，每个人都首先要管好自己，同时应该主动承担相应的公共责任。为此，我们特别建议持续开展"班级（学校）小主人"系列活动，通过强化意识、明确任务分工，帮助学生落实主体责任，体悟尽责的意义和快乐。

校园"小主人活动"就是发挥每一个同学的主人翁意识和作用，让班级"人人有事做，事事有人做"。这其实是各学校常用的校园管理办法。这一实践不仅是为了"做事"，更是为了帮助同学们体悟"做人",通过参与管理和服务工作,学习处理各种矛盾、问题,体会各项工作的责任、意义和困难,从而学会相互支持、相互帮助、相互体谅。为此,就不仅要让每位同学都认领并负责某一力所能及的工作,如擦黑板、打扫卫生、收发作业、负责排队、维持纪律、调解纠纷、书写班级日志等,还要让每位同学思考如何获得他人的支持、如何支持他人工作,学会换位思考,养成设身处地地为他人着想的习惯。实践证明,"校园小主人"活动不仅有助于高效完成班级、学校的日常事务性工作,保证日常运转,还可以利用同学群体人数众多、相互了解信任、陪伴时间长、接触紧密等优势,解决一些长期的、教师难以单独解决的困难和问题,例如,对有身体缺陷或家庭经济困难同学的安慰、帮扶,对有孤独、抑郁、缺少家庭关爱等情绪问题同学的关注、陪伴,对习惯不良、有学习困难同学的鼓励和辅导,等等。在面对和处理这些"难题"的过程中,同学们可以更深入地理会何为友情、真爱与责任,有效提升同情、共情、帮助弱者等美好的品质。

不仅师生是学校的主人,家长也应该对学校有归属感、主人翁意识和相应的责任感。家长不是花钱购买教育服务的顾客,也不是学校教育工作的"外人",而是学校教育工作的重要力量,是教师的伙伴。家长要特别体谅教师工作的艰辛和不易,因为自己一个人管一两个小孩都常常手忙脚乱、鸡飞狗跳,教师总是要一个人管几十个孩子,谈何容易。学校也要建立机制,发挥家长这一"主人"在学校管理、决策、服务中的作用,家长也要主动联系学校,通过合理化建议、开展志愿服务、组织家长互学互助等方式发挥自己的作用。在班级管理中,如果家校关系不和,教师就可能要面对几十位"对手";如果家校和谐合作,教师就将拥有几十位家长助手。只有这样,家长的力量才可能转化为学校教育的巨大资源。

第二节　大家文化

"文化"是一个内涵非常广泛的概念,可以是人类创造的一切物质和精神的总称,包括人们世代传承的生活方式、礼仪习俗、道德规范、法律制度、语言文字、文学艺术、思维方式、理想信念等。"文化"也可以理解为"以文化人",即通过人类创造的物质、精神文化来教化人,使人摆脱蒙蔽、愚昧,成为"文明"人。早在两千多年前的《易经》中就有对"文化"的阐述:"刚柔相济,天文也;文明以止,人文也。观乎天文以察时变,观乎人文以化成天下。"意思是说,刚阳与阴柔交替互动,生生不息,这是大自然的规律;以文明礼俗规范、节制行为举止,这是人类社会的追求。观察、认识天文可以把握时间、节气的变化;观察、认识人文可以化民成俗、改造社会。可见,"文化"的意义就在于"化成天下",即用文明成果、人文精神教化人心、改造世界。

每个家庭都有自己的文化,这些文化体现在言语、饮食、衣着、待人接物以及对育儿、事业、家国关系等的认识上,这些文化时时处处都在"教化"孩子和家人。所不同的是,有些家庭拥有的是有些"小家子气"的"小家文化",有些家族则拥有长盛不衰的"大家文化"。

"小家"通常指由父母和孩子构成的核心家庭,更小的家可以只有夫妻、没有小孩,更大的家可以包括有血缘关系的三代同堂或没有血缘关系而共同生活的家庭。成家的前提是男女之间有爱,家是由爱联结而成的共同体,在这个共同体中,大家同进一家门、同吃一锅饭,拥有共同的财产,享有共同的利益。在一个幸福的小家庭,家人之间彼此相亲相爱、真诚互信,在一些核心价值观上能志同道合、一心一意,有认识分歧时能相互包容、相互理解,平时生活中能各尽己责、相互支持、相互帮助，遇到困难时能同甘共苦、风雨同舟。这样的家庭给人归属感、自主感、价值感和成长感。当然，"小家"也容易导致"小家文化"或问题，例如容易小家利益至上，损公肥私，任人唯亲；缺乏民主、制度，往往是家长制、一言堂；缺乏远见和全局观，容易斤斤计较、小富即安；等等。

在幸福教育实践中，我们主张以校为家，就是希望引入和强化亲密友爱、真诚宽容、共同成长、令人心安等家庭的特性，同时，学校作为一个人多业大、关系复杂的大家庭，也不能简单沿袭小家庭的文化，而要建设有利于师生共同成长的"大家文化"。学校的"大家文化"既要弘扬"小家文化"的优点、避免其缺点，又要体现出"大"的特性，要以对每一位师生的大爱，培养学校的"大家气象"，促进全体师生全面、长远的发展。"大家文化"可以简单概括为"以大爱促进大家成为大人的文化"。这样的"大家文化"主要体现在以下几个方面。

一、大爱文化

学校这一大家庭的大爱体现在教师身上，就是要无条件地爱每一位学生。一个班级几十位学生，一所学校可能有几百、上千学生，每位学生的家庭背景、智力发展、学习成绩、脾气性格、品德习惯都各不相同，总会有高低好坏之分。教师既不能对成绩好、性格好、长相好的同学有偏爱，也不能对成绩差、性格差、家庭背景差的同学产生歧视，对于成绩相对落后的"后进生"（或"潜能生"）和有不良习惯或个性缺陷的"个性生"，教师甚至要付出成倍的时间精力，要做到爱每一位孩子，"一个都不能少"。

这种大家文化也体现为同学之间要相互友爱。每位同学在自己的"小家"学习的是关爱自己的父母、兄弟姐妹,而来到学校,就要接触一个班级的几十位同学甚至一所学校成百上千的没有血缘关系的同学,"大爱文化"倡导同学之间相互包容、理解、关心、帮助,不因为成绩、长相、家庭背景以及某些缺点、缺陷而歧视、排斥、取笑同学,在同学中不拉帮结派,不搞校园欺凌。

不仅倡导同学友爱,学校还要培养每位同学爱父母、爱社会、爱国家,甚至爱人类、爱世界。学校要培养有大爱的"大人"。衡量"大人"与"小人"的标准不是成就多大的事业,而是心中装下多少人。心中只有自己的人是精致的、极端的利己主义者,这类人即便是做了高官、大企业家,也仍然是"小人";心中能装下家人和朋友的人,可以视为"常人";而心中能装下家人、朋友之外的更多的人,才能称之为"大人"。"大家文化"培养的"大人"就应该有"无穷的远方、无数的人们都与我有关"的意识、情怀,有"家事国事天下事,事事关心"和"国家兴亡,匹夫有责"的责任担当。

为培养大爱文化,我们在幸福教育实践中特别推荐"幸福小天使"的活动。"幸福小天使"原名为"国王与天使",是一种团队建设过程中被广泛使用的游戏,其主要目的是增进成员间的相互了解、相互帮助,增强团队凝聚力。运用到班级幸福教育中的基本操作如下。(1)老师将每一位同学的姓名写在纸条上,做出纸签。(2)每位同学抽取一个纸签,被抽到的同学将成为自己的"国王"(如果抽到自己则将纸签放回,重新抽签)。(3)在游戏周期内(如两周内),每位"天使"都要关注自己的"国王",了解他的长处、优点、不足和需求,并通过赞美贴等方式,对"国王"的优点、贡献表示感激和赞美,也要通过各种方式对"国王"予以帮助。这一过程必须以匿名的方式进行,不能告诉"国王",也不能将身份暴露给其他同学。(4)游戏过程中,"国王"要注意自己的言行举止,要尽可能地"为人民服务"。(5)在游戏周期结束时,先让每位同学以投票方式猜自己的"天使"是谁,得票最多的同学将获得"最美天使"荣誉和奖励;之后再公布每位天使的身份,"国王"对自己的"天使"表达感谢。

这一游戏的妙处在于:(1)由于每位同学都是"天使",也是"国王",每个人都要去关爱他人,也会得到他人的关爱,使班级的关爱"全覆盖";(2)由于每位"天使"的"国王"都是自己抽签产生,因此,"天使"的关爱是无条件的;(3)由于游戏的全程是在匿名状态下进行,为了掩护和隐藏身份,每位"天使"不仅要关爱自己的"国王",也要关爱其他同学,由此而形成更广泛的关爱关系;(4)由于每位同学都会得到一位"天使"的关注,每位"国王"都会更加注重自己的言行,表现出庄重、利他、好学等美德,从而有效促进每位同学的发展;(5)由于每位同学都是"天使",需要去关注、帮助一位或多位同学,在此过程中,就能更多地了解和学习同学的优点,也能在无私地帮助他人的过程中体会到自我价值和快乐。我们多年的幸福教育实践证明,这一游戏在不同年龄阶段的学生(小到幼儿园、大到研究生)中都广受欢迎,可以有效地增进同学的理解、友谊,增加每个人的归属感、价值感,也能促进每个人在无私的关爱中自我成长。这样的游戏可以每个学期都做一两次,在开展运动会、长途拉练、大型活动等便于互动、需要相互帮助的活动时做,效果会尤其明显。

二、制度文化

如果说"大爱文化"体现着学校大家庭的"慈","制度文化"体现的则是大家庭的"严",是对大家庭成员责任、义务、精神、价值、行为等的规定。在小家庭，人少、事情简单，管理和决策相对容易，所以常常是"有事随时商量"，甚至家长做主了事。而在学校这样的大家庭，人多、事多，需求广泛、多元，甚至会有各种矛盾和冲突，因此，与所有大型组织一样，学校也要特别注重制度建设。规章制度是对决策流程、职责要求、资源和利益分配方式等的正式规定，其特点是公开、透明、有据可依，而且相对稳定。好的制度"对事不对人"，对所有人一视同仁。因此，规章制度是兼顾大家庭各种人群和需求的规定。单位的规章制度与国家的法律、法规一样，既为人的行为提出了要求、划定了边界，也对人的合法行为做出了保障，只要在规章制度许可的范围内行事就是安全的、令人放心的。正因为一个大家庭中有相对稳定、公开、公正的规章制度，才会令所有成员感到心安；也因为有具体明确的制度规定，大家庭中的每个成员才会有更清晰的责任意识和各尽己责、井然有序的分工合作。规章制度具有"法安人心"之效，是学校大家庭的家规，也是"严格即深爱"在学校的具体体现。

学校的规章制度很多，有宿舍、班级、年级、学校等不同层级的，也有教室、操场、食堂、图书馆、实验室等不同场所的，还有教学、管理、服务等不同业务的。不同规章制度的制定主体、适用范围不同。而要增进大家对规章制度的认可和遵循，最有效的途径就是要使制度制定和执行过程有广泛的参与，要民主、公开、公正。要尽可能广泛地动员相关成员参与规章制度的制定，即使是低年级甚至幼儿园的孩子都可以参与部分制度、规定的制定。在此过程中，大家学会表达观点、需求，学会倾听、辨别，学会尊重他人意见、做出妥协让步。大家也会在执行过程中发现规章制度的价值和问题，学会适时以适当方式对规章制度进行调整和修改。

每个单位的文化不同，呈现出的制度规定的特点也会有明显差异。在某些企业文化中可能追求"利益至上",在行政文化中则追求"刚性执行",在一些组织中,制度和规则只是为了现实"制度化""民主化",通过集体投票、按规则计分来对复杂的问题做出简单的结论,以此简化问题、回避矛盾。在"大家文化"中,制度则带着"家的温情",而不是冷酷无情的;制度是弹性的,是以人为本的,一切为了师生的身心发展,而不是追名逐利。例如,对于教师的上班时间,就可以允许自主安排、弹性作息;在评优评奖时,就不能是简单地算分、排名、分等,而要充分考虑学生的基础、发展潜力、进步幅度和努力程度,进行综合评定,甚至可以通过个性化评价为每个人都颁发各不相同的荣誉。所以,"大家文化"是德法兼治、法制与人情兼顾的。

学校的制度文化也集中体现在校训、校风、教风、学风、校徽、校歌之中。这些载体以简约的文字和音像,并在学校显著位置、重要典礼上不断出现,起到强化师生认识,不断内化于心、外化于行的效果。其中校训的影响最大,很多学生毕业之后甚至一生都会记住学校校训,并按照校训的指引而努力。好的校训不仅形式简约、易于理解接受,在内容上也总是强调志存高远、勤学向上、诚信友善,引领人培养美德、利他奉献、成就大我和人生幸福。列举一些学校校训如下。

清华大学:自强不息,厚德载物

南开大学:允公允能,日新月异

北京师范大学:学为人师,行为世范

北京中学:世界因我更美好

浙江余姚中学:知行合一,止于至善

河南新郑崇文中学:崇文健体,知行合一

山东泰安一中:做一个幸福的人

深圳小学：做小事，成大器

　　北京大学没有自己的校训，这在诸多著名大学中可以算是一个特例，不少人认为也许是一个好事，就如北大校内的"未名湖"因为"未名"反而更有名，北大没有校训就是一种"思想自由、兼容并包"的体现。但笔者认为，从学校章程建设和立德树人的角度看还是应该有校训，因此曾于2016年向学校建议讨论制定北大校训，并尝试提出过自己对北大校训的建议，即"心怀天下，学致精微"。笔者认为，该"校训"源自中华传统文化，寓意深刻，格局高远。"心怀天下"实为"明明德，亲民，止于至善"的"大学之道"和"修身、齐家、治国、平天下"之"君子理想"的现代表述，可以激励全校师生志存高远、心胸博大。"学致精微"源自尧舜禹"十六字心传"："人心惟危，道心惟微；惟精惟一，允执厥中"（《尚书·大禹谟》）；《中庸》也有言："君子尊德性而道问学，致广大而尽精微，极高明而道中庸"。另外，该"校训"也能较好地体现北大传统和校风学风。北大发端于京师大学堂，上承太学渊源。"心怀天下"是北大人一贯的传统，从五四新文化运动和中国共产党的发源，到改革开放时期发出"团结起来，振兴中华"的时代强音，再到建设世界一流大学目标的确立，无不体现着北大人的家国情怀和远大抱负。"学致精微"则是对"勤奋、严谨、求实、创新"以及"博学、审问、慎思、明辨"学风的高度概括和提升。该"校训"还展现了时代精神和北大发展方向。北大的招生对象是"热爱北大、心系天下、人格健全、学业优秀"；北大的人才培养目标是"以天下为己任，具有健康体魄与健全人格、独立思考与创新精神、实践能力与全球视野的卓越人才"；北大主办的"北京论坛"不变的主题是"文明的和谐与共同繁荣"，体现的是北大人对世界发展和自身责任的清晰理念。北大当以培养胸怀天下的栋梁之材为己任，以天下大同为奋斗的终极目标。由于各种原因，该校训建议并未得到采纳，但笔者一直将其作为自己的微信签名，以之自勉，并适时向学生们推介，也得到了不少人的认可。

三、成长文化

家庭是养育人、促进人成长的地方。与家庭一样，不同的学校文化对学生成长的影响也不同。带有"小家文化"特性的学校可能倡导的是"快乐教育"，由于溺爱而影响孩子的成长，使孩子成为温室里的花朵或精致的盆景。具有"大家文化"的学校则注重严慈并济，不仅有严格的行为要求，也有较高的目标追求和学术标准，让学生经历风雨的磨炼和挑战，在"高标准、严要求"的学习中不断成长，努力成为栋梁之材。带有"小家文化"的学校在学生培养中目光短浅、贪图小利，往往会特别注重学生识字、做题、考分、名次、获奖等可见的、短期的功利，由此可能揠苗助长、杀鸡取卵，伤害学生的身体健康和学习兴趣，影响他们的长远发展。有"大家文化"的学校则体现为有"大气"，有大的格局，善于权衡利弊得失，注重学生的全面发展和长远发展，而不过于关注"输在起跑线"的问题，也不过于在意学校的业绩、排名，不会随波逐流、追逐时髦，而是因地制宜、实事求是，坚持特色办学。

"大家文化"中的成长文化集中体现在对学生的评价上。这种成长文化首先强调人的可成长性。每个人都是一粒完美的种子，都有无限的发展可能，只不过有的可能发展快，有的可能发展慢，所以对每个人都要有充分的耐心，要只问耕耘，静待花开。由成长文化主导的学校，注重的是过程性评价，是学生的发展变化和为未来发展奠定的基础，而不是当下的成绩排名。其次强调人成长的多样性。学校就像一片森林，有不同的种子，有的可能长成参天大树，有的可能成为一株小草，有的可能花开四季，有的可能果实累累，尽管各不相同，但都各有价值，没有高下之分，也不可替代。正因为多种多样，才构成了五彩缤纷的世界。成长文化主导下的学习评价，注重的是多元评价和个性化评价，在评价中发现每个人的优点、不足，并通过评价诊断学习过程中的问题，提出有针对性的改进建议。最后强调人成长的全面性。一个完整的人的发展包括身体、智力、情感、品德、意志、审美等多方面，学科考试分数仅仅只能部分地考察人的知识和智力发展状况，所以，由成长文化主导的学校，绝不会持"唯分数论"，而是注重综合性评价。基于这种成长文化，学校就可以让每个人都得到更大的发展，让每个人都体验不同的成功，让孩子们真正认识到"每个人都不一样，每个人都很棒"。这样的学校才是"没有恐惧和失败的学校"，是令人感到友爱、安全和成长的家。

成长文化也体现在对教师的评价中。教师的工作是一种非常复杂的活动，难以简单规定、简单评价，在课堂教学、课外交往等很多场合下，教师的工作往往都是只能依靠个人自觉的"良心活"。但现在有一种趋势就是对教师工作进行量化评价，并依靠量化评分发放绩效工资、进行评职评奖。如此一来，必然导致教师行为的指标化、功利化，降低教师工作的自觉性和自豪感。由于作为知识分子的教师普遍重视面子、名声，加之各种头衔、名誉都与利益挂钩，导致的结果就是"放于利而行，多怨"，很多人一生都在为职称、面子而痛苦地挣扎，不仅没有提高教师群体的工作积极性，反而导致内部的矛盾和抱怨。国家制定《教育评价制度改革总体方案》等文件，提出要"破五唯"，即在教师引进、考核、职称评审、评奖评优、人才计划遴选等方面打破唯论文、唯职称、唯奖项、唯帽子、唯项目的痼疾，而要全面考核教师师德师风、教书育人、社会服务以及工作努力、成绩进步等各个方面。这也正契合了"大家文化"的理念,即要全面评估每个人的成绩、贡献和进步,要充分调动每个人的工作积极性,促进每个人的进一步发展。在"大家文化"中,学校不只是谋生的场所,而且是展现自己价值、成就自己人生的舞台;同事之间不是相互竞争的对手,而是因为无限的机缘而走到一起的兄弟姐妹、合作伙伴。在这种文化中,每个人在日常的交往和工作中就能不断收获归属感、价值感及其带来的喜悦和幸福,名誉、利益对人的意义将大大下降,因而大家也可以展现出"利而不害,为而不争"的品质,自尊心、自豪感也将随之形成并巩固。

第三节 协同共育

家庭的主要职责之一是养育孩子,一两个孩子的养育都是一个大工程,需要父母、爷爷奶奶、外公外婆以及专职阿姨等人的共同努力。学校是一个以培养人为主要职责的大家庭,这里有成百上千的孩子,这些孩子被组织成不同年级、不同班级,按照一定的教学计划和作息时间表开展教育教学活动,大大提高了育人的规范性、组织性和效率。而良好的学校教育也需要各方面力量的分工、合作、协同共育,其中包括教师之间,师生之间,学校与家庭、社会、政府之间的合作,教育目标、内容、组织形式上的协同。在幸福教育中,共育的不只是人才,而且是幸福的人。

一、"三全育人"

协同育人的前提是有共同的目标、任务。培养德智体美劳全面发展的社会主义建设者和接班人是教育的根本目的,立德树人是学校教育的根本任务,学校一切工作都要围绕这个目的、任务,要做到全员、全方位、全过程育人。这就意味着要把立德树人体现在各科课堂教学之中，渗透到社团活动、管理评价、日常生活等各个环节，延伸到家庭、社会和网络活动的方方面面，建立大中小幼一体化的德育体系。与此相适应，还要完善德育体系、加强课程教材建设、优化育人环境、改革管理评价机制，要注重师德师风建设，以德立身、以德立学、以德施教。如何才能把全校师生的认识都统一到立德树人这一根本任务上来？如何才能真正做到"三全育人"？

首先，要认识到立德树人是新时代教育的战略转型。经过长期奋斗，当今中国已经站起来、富起来，并正在走向"强起来"。这种"强"绝不仅仅是经济、科技和军事上的强大，更重要的是人民内在精神的强大。真正的强者，是能战胜各种外在诱惑和人性弱点的内心强大的人。只有不断加强道德修养，坚持学习、实践、慎独、反思，才能克制贪欲、空虚、懈怠和"软骨病"，避免"后富裕社会"可能带来的各种新问题。

更重要的是，要认识到立德树人是追求人生幸福的内在需求，要把"立德树人"转化为每个人的内在需求，成为每个人的根本任务。美德是事业的基础，是幸福的源泉。《说文解字》说："德者，得也，外得于人，内得于己"；《易经》说："积善之家必有余庆，积恶之家必有余殃"；《中庸》说："大德必得其位，必得其禄，必得其名，必得其寿"；孟子更进一步说："万物皆备于我，反身而诚，乐莫大焉"（《孟子》尽心章句上）。幸福不在心外，而在心中，通过不断提升道德品质和心灵境界，每个人都可以获得内心的安定和幸福。所以，立德树人不应该只是政府对教师的工作要求，不只是教师对学生的外在要求，而应该是每个人追求幸福美好生活的内在需求和根本动力。立己之德、树己之人而得己之福，只有基于这样的认识，立德树人才能落实到每一个人，才能转化为自觉行动。

外因是条件,内因是关键。立德树人根本任务的落实确实需要国家政策、措施、资源的支持和外部环境的改善,但更不能忽视的是每个人的"自修"。中国传统文化一贯强调反求诸己、内省自修。《中庸》说,"修道之谓教";孟子教导我们:"君子深造之以道,欲其自得之也。自得之,则居之安;居之安,则资之深;资之深,则取之左右逢其原。"(《孟子》离娄章句下)思想道德修养,归根到底要靠自己的修和悟,而自修自悟的关键在于"诚于己",在于"慎独"。只有每个人时时刻刻、随事随处觉察反省、知善知恶、为善去恶,才能真正实现"全员、全方位、全过程"立德树人。①

由此可见,在学校教育中,要统一所有人员的共识,不能仅仅依靠国家政策要求,而是要更深刻地认识到美德对包括教师、学生、管理者在内的每个人一生幸福的重要性,把所有人的目标追求都统一到"幸福"中来。教育教学方式的不当,导致一些学生甚至老师对"德育""思想政治教育""传统文化教育"总有某种程度的误解甚至反感和抵触,导致将"立德树人"作为外在任务而加以应付,再由专家、学者呼吁、倡导"道德教育"也会显得多余和无力。这也是我们倡导幸福教育而非直接提道德教育的重要原因。实践证明,尽管在师生、家长这个庞大的群体中,人们的人生观、价值感、生活方式、思维方式各不相同,但对幸福的追求是一致的,没有人会反对幸福教育。幸福教育是凝聚共识、推动道德教育、传统文化教育的有效途径,在追求幸福的共同事业中,大家走向了"志同道合"。

---

① 文东茅:《立德树人是每个人的根本任务》,《中国教育报》,2019年8月4日第3版。

二、五育并举

"五育并举"即要构建德育、智育、体育、美育、劳动教育全面培养的教育体系。"五育并举"是培养德智体美劳全面发展的高素质人才在教育内容和课程体系上的必然要求。"五育并举"不仅是指五方面教育齐头并进,而是要求"五育融合""五育协同"。好的教育要求教育内容目标一致、相互联系、前后连贯,而不是各个目标、各个学科、不同学段之间彼此割裂甚至相互矛盾。德智体美劳是人的整体素质中不可分割、相互影响的五个方面,每一个方面的发展都会影响到其他四个方面并对人的整体发展产生全局性的影响。例如,通过德育培养良好的品德可以促进人刻苦学习、坚持锻炼、辨别美丑、热爱劳动;通过体育获得健康的身体有助于形成积极乐观的心态、不惧困难和失败的勇气、对运动美和形体美的欣赏,为学习和劳动获得更充沛的体力;劳动教育可以培养人的劳动能力、产生劳动成果,帮助人感受到劳动创造的价值、意义,由此也可以促使人形成热爱劳动、珍惜劳动成果的美德,激发努力学习、锻炼身体、提升劳动能力的动力;美育不仅可以提升艺术技能、审美情趣,还可以在技艺练习中培养刻苦、坚持、不断完善的品德,在艺术创作过程中获得创新、创造的愉悦感,不仅有助于劳逸结合、愉悦身心,还可以在审美过程中获得美感和崇高感,激发人们不断追求真善美的人生境界。

在当下教育实践中,由于受考试升学制度和"唯分数论"的影响,师生、家长普遍关注的是"智育",而在"智育"中也并非真正关注人的智力、智慧的发展,而只是关注与考试相关的知识和技能,由此才导致五育中智育一家独大、跛足前行的局面。要改变这种状况,首先要求端正认识,真正从人的全面发展、长远发展的角度出发开展教育教学活动,同时,要足额开出国家规定的各学科课程，对于一些师资、资源缺乏的科目，如艺术、体育，可以通过教师流动、聘请编外教师、远程教学辅助等方式解决。在农村、偏远地区还可以发掘本地优势，充分利用大自然、乡村资源、历史文化资源等开展艺术、体育、农业科技、生产劳动等方面的教育。

"五育并举"更进一步的要求则是"五育融合"。"五育"是有机联系的整体，它们相互作用、共同培养出全面发展的整全的人。前文所述"三全育人"就是将德育融入智育、体育、美育、劳动教育和课内外互动的实践。实际上，在"五育"之中，在每一方面的教育中都可以开展其他四方面的教育，也需要其他四方面教育的支持、配合。所以，在学校教育中，不仅需要同学科教研组之间的学习、交流，也需要不同学科教师之间的深入讨论，要在班主任的领导下，将一个班的所有科任老师组织起来，共同交流一个时段的教学内容，讨论那些可能相互支持、渗透的途径，协调各科作业总量，维持各科时间、精力投入的平衡。在有条件的学校，还可以组织多学科教师共同开发校本课程，开展主题式综合实践活动。例如，可以开发春夏秋冬季节课程，或更具体到春节、清明、五一、六一、建党、国庆等节庆课程，或者围绕种子、雨水、日月、果实等开展自然教育，围绕父母、同学、老师、榜样、伟人等开展人物教育，围绕食物、衣物、住宅、交通等开展生活教育。每一个主题教育都可以持续一周甚至一个月，都可以有机融入知识学习、品德教育、劳动技能、绘画、摄影、音乐、体育等各方面的教育，真正打通各学科知识的边界，把课堂和书本知识的学习与学生的真实生活有机联系起来，帮助学生在知行合一中学会深度学习，使多方面知识和能力融会贯通。

"五育并举"既是培养全面发展的高素质人才的需要，也是幸福人生的内在需要，"五育融合"要统一到促进人的幸福这一教育的总目标之中。在本书中，我们特别强调了美德与幸福的关系，"美德是幸福之源"，所以教育要引导人不断向上向善，在此不再赘述。关于智育与幸福的关系，很多人都会从人力资本理论的角度，考虑分数、成绩、名校、就业、收入等对幸福的影响，本书则特别强调了"智者不惑"，要通过智育增进人的智慧，用知识解除人生的困惑。如果不能解决知识学习与人生意义的问题，很多学生会缺乏学习的动力，即便在家长、教师的鞭策下考出高分、上名校、拿高薪，也很有可能得"空心病"，在短暂的满足和快乐之后坠入虚无和失落。体育和健康对人生幸福的意义似乎也无须多言，尤其是在生病之后，人们总是会特别珍惜健康，强调锻炼和健康的意义。实际上，体育对健康和幸福的意义远不止是学习体育知识、培养运动技能和锻炼习惯，还包括增加对身体、生命的认识，促进心理健康、团队合作，尤其是要在体育中学会刻苦训练、坚忍不拔，勇于面对伤病、挑战，正确面对顺境与逆境、成功与失败，等等。不同体育项目都有自己的核心精神，如跳高可以使人体悟"勇于挑战，不惧失败"，登山特别重视勇于攀登、安全下撤，长跑则让人体悟"坚持就是胜利"。所以，可以在体育中体悟人生，感受训练中的成长、成功的喜悦和努力之后失败的心安。美育不只是学习一些技艺，更重要的是要培养审美情趣、获得优美感和崇高感等审美体验，促进人们创造和享受美好幸福的生活。劳动教育也不仅仅是技能训练和勤劳品德培养的手段，只有真正认识到"劳动创造价值"，并且在家务劳动、生产劳动、志愿服务等各种劳动实践中切实体悟到价值感、被需求感，才会真正认识到"劳动是一切幸福的源泉"，也才会真正以某一专业、职业为志业，并转化为学习、敬业的动力。可以说，幸福是五育甚至于学校一切工作的最高目标和最高统领，也是激发师生内在动机、促进各项工作开展的力量之源。

三、家校社共育

家庭、学校和社区是青少年接受教育和成长的主要环境，"协同共育"不仅意味着学校内部不同教师、不同科目教育内容之间的协同，也意味着在学校、家庭、社区这一更大的"大家庭"中协同。在这个大家庭中，父母和教师类似兄弟姐妹，大家选出最适合的（通常是最有学识和品德修养的）一部分人作为专职教师，肩负培养下一代的任务，其他人（普通家长）则承担生产、安全、管理、服务等各项工作，同时也承担自己子女的部分家庭教育任务；社区环境则通过体育馆、博物馆、科技馆、电影院、青少年活动中心、社会实践基地、校外培训机构等场所提供相关的教育、培训，弥补家庭和学校在资源、师资方面的不足。好的教育要为人的成长提供丰富的教育资源，家校社协同共育就意味着要充分动员家庭、学校、社会的资源和力量，并且使三者在教育理念、目标、任务分工、时间安排等方面互利互补、协调一致。

在家校社共育方面，当前教育实践中还普遍存在以下问题。一是家庭教育力量的缺失或弱化。许多家长忙于生计，让孩子成为留守儿童，或者是单亲教养、隔代抚养，导致家长成为教育的旁观者、局外人。其实，家长是一个非常庞大的教育者群体，祖父祖母、叔叔阿姨、兄弟姐妹也都是重要的教育力量。只有家庭才能更全面、具体、深入地了解孩子，才可能更好地因材施教。二是家庭教育功能的弱化或缺失。许多家庭对孩子们而言都只是写作业和睡觉的地方，家庭教育沦为学校教育的附庸。其实，家庭作为一个基于亲情和血缘关系而建立的纽带，天然具有更多无私和真爱的属性，家庭是感受爱、培养爱的最重要的场所，也应该以爱和责任为基础培养各种美德和习惯。如果说"一阴一阳之谓道"，可以说，好的教育系统中，家庭就应该是"阴"，要注重养德；学校是"阳"，注重育才，二者缺一不可，切不可"阴虚阳亢"。三是社区教育过于功利化、商业化。以前校外教育机构非常有限（直到现在，农村、偏远地区校外教育资源也非常欠缺），随着社会、经济的发展和市场资源的涌入，社区教育资源已经大大丰富，尤其是校外培训机构的出现，大大扩充了学科教学以及艺术、体育等兴趣、特长科目的师资和资源。但是，在一段时间内，大批商业性教育机构涌出，这些机构主要以考试升学、考级考证、出国培训为目标，教育机构成为牟利的工具，加剧了教育的功利化，加重了学生学习负担和家长的经济负担，危及青少年发展和社会公平。这实际上就是青少年教育在"家校社"之间的不协调，所以国家才大力实施"双减"政策，以期在减轻学生学业负担和家长经济负担的同时，使家校社三方教育走向协调、均衡。

要做到家校社协同共育，就需要家庭、学校、社区的所有相关成员能凝心聚力、各尽己责、分工合作。其一，不论是教师、家长还是社会机构师资，都要以关爱学生，促进学生全面、长远、健康、幸福成长为初心和使命，不能以教育之名追求短期功利和一己私利。其二，要充分发挥所有家长、教师、社区成员的积极作用。学校要发挥专业化教育机构的主导和引领作用；家长要在孩子品德教育、习惯养成、个性培养、身心健康等方面尽到主要责任；各种社会教育机构要发挥自己的资源优势，在遵守国家政策规定的前提下，充分发挥自身在扩大学生视野、培养兴趣爱好、注重因材施教方面的积极作用。其三，要注重创新机制，既要充分发挥传统的家长学校、家长委员会、家访等家校联系方式的优势，又要充分利用班级微信、钉钉交流群、家长志愿者等新型交流、合作方式。在这方面，浙江绍兴柯桥实验小学开展了诸多有益的探索并取得了显著的成绩。例如，针对家庭教育中父亲普遍失职的状况，学校于2018年正式创办"父范学堂"，希望父亲、母亲、教师同在，父范、母范、师范同行，并打造了贯穿小学六年的父母教育系列课程。以此为特色和抓手，家校共育工作全面改进，办学质量和效益全面提高。[①]

在吸收实验学校经验的基础上，为促进家校社协同共育，我们在幸福教育实践中特别推荐以下三项具体行动。

（一）幸福家访

家校共育的前提之一是家长与学校之间相互了解。在通信发达的今天，教师与家长可以通过电话、微信等方式非常便捷地沟通，但我们仍然主张开展传统家访，即教师亲自到学生家中进行访问。人们常说"百闻不如一见"，进入家庭的传统家访可以获得的信息是无可替代的，不仅可以了解学生家庭主要成员和结构、观察家庭布置、感知家庭氛围和经济状况，也可以在单独交流中了解学生的个性和兴趣、亲子关系、学习环境和条件、对教师和学校的特别要求，等等，还可以通过家访，与家长和学生一起真诚地交流学习中的经验、困难，共同制定有针对性的解决办法。家访不仅是一种信息沟通，更体现了教师对学生的责任和关爱，可以在"家人"的互动中增进感情。为更好地发挥家访在家校共育中的作用，教师应该注意以下事项（也可供家长和学生参考）。（1）提前沟通。要事先与学生和家长沟通，征得他们同意，并在他们觉得方便的时间访问，最好是在学生取得成绩和进步时访问，把家访变成令人愉悦的"报喜"而不是令人恐惧的"告状"。（2）提前准备。通过学籍卡等信息提前了解学生家庭成员基本状况，提前收集、整理学

[①] 周炳炎等：《家校共育：点燃梦想，幸福成长》，北京燕山出版社，2021，第107—126页。

生的学业成绩、在校表现，避免交往中出现令人尴尬的问题和场面，如对离异、丧偶家庭询问配偶状况；对学生基本情况"一问三不知"等。（3）聚焦主题。一次交流的时间有限，通常不超过一小时，不能泛泛而谈、没有效率，也不能面面俱到而不解决问题，而应该在几个关键的问题上相对充分地展开，力求增进共识、提出解决方案。（4）平等交流。要耐心听取家长对学生情况的介绍，虚心接受家长对教师和学校工作的建议，充分肯定家长在子女教育中的努力和见解，真诚表达自己的观点和意见，对不同的教育观点保持开放、尊重，既不高高在上、以权威自居，也不表现出自卑、怯弱。在交流中，一定要让学生融入其中，把家访变成一次有教师参加的"家庭会议"。（5）及时记录。在现场要适当地做一些文字记录，需要时可以拍一些照片，并合影留念；家访结束后要及时书写家访日志，记录、反思家访心得，要用适当的方式向同学和同事分享家访的成果，同时也要注意保护学生和家庭隐私。此外，为公平起见，也为全面了解全体同学，最好在一段时期内（如一个学期），要完成对全班所有学生家庭的家访，必要时可以各科教师分工合作，集体完成。

（二）幸福亲师

"幸福亲师"是我们北大教育学院幸福教育项目组提出的新型父母和新型教师理念，旨在融"亲"和"师"为一体，希望父母和教师都不仅成为可亲可敬、可依可靠之"亲"，也要努力成为传道解惑、立德树人之"师"；不仅要成为自己孩子的人生导师，也要努力成为更多有需要的孩子和家长幸福成长中的良师益友。为培养这样的"幸福亲师"，我们从2022年春季学期开始，每学期举办一期"北京大学幸福亲师研修班"，每一期持续100天。研修班的初衷有三。第一，以优秀传统文化和当代科学研究成果促进教师思想道德修养，提升教育教学动力和水平，培养出一批幸福教育的种子教师，进而建设一批幸福教育示范学校。第二，挖掘优秀家长资源，通过专门的选拔、培养，造就一大批有经验、有大爱、以立德树人为使命的"人师"，提升和扩充家长教育师资力量，助力家庭教育和幸福家庭建设。第三，组织教师和家长共同学习，以期促进亲、师之间更充分的交流、理解，探索家校协同育人的有效途径。在此项研修中，家长不再是"家长学校"的听众，教师也不是给家长做报告、提要求的专家，而是使教师和家长成为彼此的同学。之所以这样安排，一方面是因为在家庭教育、幸福教育等方面，家长确实具有与教师相同的认知水平，甚至一些家长在儿童发展与教育等方面的知识、经验比一些新教师还更丰富；另一方面，也是为了响应国家"家校社协同育人"的政策要求，希望通过这种方式，促进教师与家长平等交流，通过相互了解、相互理解来实现相互支持与合作。实践证明，通过共同听专家讲座、读教育名著和传统文化经典，进一步统一了家长和教师的人生观、幸福观和教育观；通过每天书写和分享"幸福日志"，互写家书，定期开展线上、线下的小组交流活动等多种方式，增进了家长和教师之间的交流和理解。通过学习、交流，家长们可以更真切地感知到教师的爱心、责任感和工作压力、负担，因而对教师产生了更多的尊敬、感谢和理解；教师也可以更深入地了解新一代家长们的教育观念和需求，并从中发现一批有理想、有情怀、有大爱的家长，使之成为学校教育重要的辅助力量。在亲、师、同学彼此了解的基础上，家长和教师就更可能亲近彼此、相互合作，共同解决问题。这就是亲、师、同学的"同伴效应"。

（三）志愿服务

现在，多数学校都建立有"家长委员会"，其作用发挥差异很大，有的可能形同虚设，有的则可能成为代表和维护家长利益，与学校谈判甚至要价的组织。我们在幸福教育实践中则明确提出要在各个学校甚至每个班级建立"家长志愿团"。"志愿"意味着其成员的所作所为不是为了自己的利益，而是为学校、班级集体提供公益服务，是帮助教师和班级解决问题，而不是与学校、教师对抗。家长志愿团可以做的事情很多，如：(1)在日常工作方面，可以参与每天上下学的交通安全维护；每天食堂、宿舍、自习的管理；每天放学后的延时服务；运动会、大型活动的各种辅助工作；协助学校完成相关调查、表报、统计工作等；(2)在学生教育方面，可利用自身知识、能力特长参与班级和学校的"家长进课堂"活动，分享生命故事、职业价值，培养学生兴趣，开展读书交流等；(3)在家长自我成长方面，可以自发组织家长读书会、家庭教育互助小组，在家长学校进行读书心得、育儿经验等的分享。通过这些志愿服务，一方面，可以发挥家长的聪明才智，为学校和班级做贡献，使自己和孩子从中收获价值感、自豪感，另一方面，也可以扩大学校师资力量，丰富教育资源，切实减轻教师负担，使教师能把主要时间、精力用于教育、教学等核心业务，从而提升教育质量，使所有学生（包括志愿者自己的孩子）从中真正受益。这就是"家人"互助、家校共育的意义所在。

第九章　幸福教师

"幸福教师"有两层含义：其一是如何通过幸福教育使教师获得职业幸福感；其二是如何通过幸福的教师进一步促进幸福教育、提升学生的幸福感。前者是以教师的幸福作为幸福教育的目的之一，后者是以幸福的教师作为幸福教育的主体。幸福教育既要使学生幸福，也要促进教师和家长的幸福。实际上，幸福教育离不开教师和家长的幸福，如果教师自己都不知何为真正的幸福、如何去追求和实现人生幸福，就不可能教导学生何为幸福、如何实现幸福。所以，没有幸福的教师，就没有幸福教育和幸福的学生，幸福的教师是开展幸福教育、促进学生幸福的前提和依靠力量。

本书开篇第一章就提出了如下问题：当今的教师幸福吗？可能很多不当教师或想当教师的人认为教师是幸福的，因为他们认为教师工作稳定、环境单纯、学生可爱、受人尊敬、有寒暑假，等等。而在职教师们的看法则可能分歧很大，有的教师自豪地认为自己真的很幸福，但也有很多人会认为自己并不幸福，因为教师工作时间长、教学压力大、工资收入低、学生难管、家长难缠，等等。从实际情况看，教师群体中职业倦怠现象仍然普遍存在；在高考志愿填报中，也并没有出现高分学生踊跃填报师范院校、师范专业的现象。可见，"教师是一种幸福的职业"并未在全社会形成共识。

笔者在与教师们交流分享时经常会问一个问题："您认为自己有多幸福？请在1～10分之间给自己打个分。"结果发现，有9分、

10分的，也有4分、5分的，但大多数是7分、8分。我们也做过多次问卷调查，2021年6月份在"初心幸福教育之家"的调查（涉及10个省份24所学校）发现，教师的总体幸福感均值只有7.08分（总分为10分；样本为1885人），家长和学生分别为7.89分和8.32分（样本均为16917人）；2021年9月对山东冠县20所学校的调查发现，教师的总体幸福感均值只有7.53分（样本为2276人），家长和学生的总体幸福感均值分别为8.11分和8.51分（样本均为24010人）。而在2022年6月"北京大学首期幸福亲师研修班"结业之前对学员的调查发现，经过100天幸福教育，教师和家长的总体幸福感分别为8.35分和8.32分（样本分别为231人和111人）。尽管由于调查时间、问卷发放形式等方面不同，以上三次调查的结果不具有完全的可比性，但还是可以发现以下趋势。第一，通常情况下，教师的总体幸福感低于家长，教师和家长的幸福感都低于学生（孩子）。由此说明，教师对幸福的自我感受是比较低的，而作为教育者的教师和家长的幸福感甚至低于学生。第二，教师的幸福感是可以通过教育培养来提高的。近年来，山东冠县在县教体局的发动、组织下，大力开展幸福教育，其教师、家长、学生的总体幸福感均高于"初心幸福教育之家"的相应群体（这些学校只有部分教师和班级在开展幸福教育的前期探索），而经过"北京大学幸福亲师研修班"100天系统、持续的学习，教师、家长的幸福感在三次调查中均为最高。

那么，如何提高教师的幸福感？其实通过本书前面八章的论述，已经基本上进行了回答，即"一体两翼"：要修身为本，勤学向上，仁爱向善，自强不息；要进行幸福家庭建设和幸福学校建设,使自己的家庭幸福,使学校成为一个幸福的大家庭。这些努力尽管不能直接提高教师们的职称和工资待遇,但能大大提高教师的认识和境界,调整教师自身心态,改善教师家庭和工作环境,显然可以有效提高教师的幸福感。我们也认为,政府和学校应该在关心教师生活和健康、提高工资待遇、减轻教师负担、改进教师评价等方面继续努力,以营造一个增进教师幸福的更友善的环境。在此基础上,本章将重点阐述如何通过教师的自主努力提升自己的职业幸福感。

幸福是不断向上向善的心安。教师提升自己职业幸福感的基本途径有二:其一是终身学习,提升品格、增长才干,收获不断学习成长的幸福;其二是爱生敬业,以无私大爱促进学生知识、能力、品德、心灵的成长,收获利他奉献的幸福。"师者,所以传道授业解惑也",一个好教师就应该真正履行传道、授业、解惑的职责,就应该有理想信念、道德情操、扎实学识、仁爱之心,能在向上向善上为人师表。只有通过言传身教真正促进学生成长,教师才可能从工作中获得意义感、价值感,获得自尊并受人尊敬,才能"尽责心安"。

第一节 明道传道

"师者所以传道授业解惑也",尽管韩愈这一名言尽人皆知,但实际上,很少教师以"传道"为己任、以"传道者"自居。为什么会出现这种状况?当代教师为何要传道?传何道?如何传道?很少有人做严肃的分析与阐述。

习近平总书记曾言:"教师是人类灵魂的工程师,是人类文明的传承者，承载着传播知识、传播思想、传播真理，塑造灵魂、塑造生命、塑造新人的时代重任"，"传道者自己首先要明道、信道"。① 可见，教师是需要传道的，而且传道是教师的时代重任。教师是否传道、传何道，取决于是否真正明道、明何道，而是否明道又取决于是否真正信道、修道，教师只有先信道、修道，才能明道、传道，有效履行塑造灵魂、塑造新人的神圣使命。

一、信道志道

信道是明道传道的前提和关键，只有相信世间真正有"道"，相信自己可以"得道"，才会去"修道""明道"。"道"在中国文化中是一个含义非常广泛的概念，它在内涵上既指形而上的万物的本源，也指事物的规律、规则、道理，还可以指具体的方法、途径以及实际的道路等，在外延上则包括天地、自然运行之道，国家、社会治理之道，教育之道、持家之道，人生发展和幸福之道等各个方面。

信道，从形而上学的抽象意义上说，就是相信世界有道，道是万物的本源，"道之为物，惟恍惟惚。惚兮恍兮，其中有象。恍兮惚兮，其中有物。窈兮冥兮，其中有精。其精甚真，其中有信"（《道德经》第21章）。"道"尽管不可言说、不可形状，恍惚模糊，但"其精甚真，其中有信"。这种确信，将形成人们"有道"的世界观。

信道，从人生哲学和人生修养层面上说，通常更多的是指相信"圣人之道"。与之对应，"传道"也是指传圣人之道。对于圣人之道的表述各不相同，如老子认为"天之道，利而不害；圣人之道，为而不争"，尧舜之道是"孝悌而已矣"，孔子之道是"忠恕而已

---

① 习近平：《做党和人民满意的好老师——同北京师范大学师生代表座谈时的讲话》，《人民日报》2014年9月10日。

矣",孟子之道是"居仁由义",王阳明之道是"致良知",但其精神内核都是相同的,即追求更加美好的人生和世界。所谓信道,就是相信这些古圣先贤的思想对于国家治理、人生成长是充满智慧的,相信圣贤之道会为我们带来思想境界和人生幸福的提升,因而愿意去践行、去坚持。信圣人之道,将形成"有道"的人生观。

信道,从政治信仰和政治生活的角度看,就是要有坚定的政治理想和信念。作为中国人,就应该坚定马克思主义信仰和共产主义远大理想,坚持中国特色社会主义道路,拥护党的方针,遵守国家法律。这是事关国家和广大人民福祉和发展的"大道"。习近平总书记要求广大教师做"四有好老师",其中首先就要求老师要有"理想信念":"广大教师要始终同党和人民站在一起,自觉做中国特色社会主义的坚定信仰者和忠实实践者,忠诚于党和人民的教育事业,自觉把党的教育方针贯彻到教学管理工作全过程,严肃认真对待自己的职责。要注重加强中国特色社会主义理论体系的学习,加深对中国特色社会主义的思想认同、理论认同、情感认同,不断增强道路自信、理论自信、制度自信。"[1]《中小学教师职业道德》第一条"爱国守法"也有以下要求:"热爱祖国,热爱人民,拥护中国共产党领导,拥护社会主义。全面贯彻国家教育方针,自觉遵守教育法律法规,依法履行教师职责权利。"这也可以视为对教育之道、教师之道的规定。

"信"从本质上说,是对于没有确凿证据的事物、道理或未来状况的坚信,最典型的"信"就是对不可见、不可触的上帝的信仰。如果事物是可观察、可重复的,人们接受起来显然会比较容易(否则就是愚蠢或固执),这也是人们愿意相信科学的原因。但世界

---

[1] 习近平:《做党和人民满意的好老师——同北京师范大学师生代表座谈时的讲话》,《人民日报》2014年9月10日。

上不可见、难重复的事物太多了，科学所能解释、解决的问题仍然非常有限。在此情况下，选择"信道"其实是一种人生智慧，因为信圣人之道，就意味着对古圣先贤智慧的信任（信上帝则是对上帝启示的信任），信中国特色社会主义道路则是对无数先烈和前辈探索中国革命和发展道路过程中所形成的智慧的尊重和信任。每个普通人的智慧和经验总是有限的，如果只相信自己有限的经验和感知能力，所形成的智慧必然有限，也必然会出现更多的错误和失败。有了坚定的信念，心中就有原则、方向、方法和力量，就可以减少很多无益的试错和时间、精力的浪费，减少迷茫纠结、犹豫彷徨，走向人生发展的大道、快车道。

信念是理想的前提，理想是信念的产物。只有"信道"，相信"道"可以带来更美好的世界和更幸福的人生，才会"志于道"，以明道、行道、传道作为人生理想追求和目标。

二、修道明道

信道志道意义重大，然而，要做到真正信道则是一件看似容易实则艰难的事。说其看似容易，是因为"信"只是一念之间的事，有一"念"就可以说有"信念"；说其难，是因为这一念的产生、坚守和笃信都并非易事。"上士闻道，勤而习之；中士闻道，若存若亡；下士闻道，大笑之。"（《道德经》第41章）上士因为有天生的质朴或悟性，所以一旦"闻道"就能"信道"，因为坚信、笃信，才能"勤而习之"，在长期勤奋学习和"修道"过程中进一步明道、信道；"中士"认为道"若存若亡"，对"道"将信将疑，看似是在等待更多证据，其实还是不信；下士之所以"大笑之"，是因为他们真不信，认为"道生一，一生二""为而不争""柔弱胜刚强"等愚昧可笑、不可理解。因为中士、下士在人群中占绝大多数，所以老子才会感慨："大道甚夷而民好径"，"吾言甚易知，甚易行，天下莫能知，莫能行"。

"修道"不是说要出家为僧侣、为道士，也不必在深山老林、与世隔绝中专门"修炼"。修道是在日常生活中不断学习、觉察和体悟的过程，是一个不断涵养、弘扬自己本有的善良天性，修理、克制自己人性中的私欲私心的过程。关于如何进行学习修养，本书第三章已经做了系统的阐述，在此仅从师道师德修养的角度再强调其要点。

王阳明在《示弟立志说》中，对于如何修道、立志给出了"八字箴言"，即"证诸先觉，考诸古训"：

夫所谓"正诸先觉"者，既以其人为先觉而师之矣，则当专心致志，惟先觉之为听。言有不合，不得弃置，必从而思之；思之不得，又从而辨之。务求了释，不敢辄生疑惑……苟无尊崇笃信之心，则必有轻忽慢易之意。言之而听之不审，犹不听也；听之而思之不慎，犹不思也。是则虽曰师之，独不师也。

夫所谓"考诸古训"者，圣贤垂训，莫非教人去人欲而存天理之方，若《五经》、《四书》是已。吾惟欲去吾之人欲，存吾之天理，而不得其方，是以求之于此，则其展卷之际，真如饥者之于食，求饱而已；病者之于药，求愈而已；暗者之于灯，求照而已；跛者之于杖，求行而已。曾有徒事记诵讲说，以资口耳之弊哉！（《王阳明集》示弟立志说）

在此，王阳明一方面强调"信"，要尊崇笃信、不得心生疑惑，不得有轻忽慢易之意，另一方面也强调要在学习过程中审问、慎思、明辨，要将经典学习作为修身的"立命之学"，切不能作为词章之学，只为记诵讲说，以资炫俗取誉。所以，在教师修养中，我们特别强调以老子、孔子、孟子、王阳明等古圣先贤为师，尤其是要以"大成至圣先师""万世师表"孔子为师。我们也特别强调《大学》《论语》《孟子》《中庸》《道德经》《传习录》等经典的阅读，因为"文以载道"，在古圣先贤的经典中蕴含着天道、天理和人生修养之方，例如，《大学》就为人指明了"大学之道"，即"明明德，亲民，止于至善"，要在格致诚正、修齐治平上下功夫，并以修身为本。《中庸》也阐明了"天命之谓性，率性之谓道，修道之谓教"的道理，主张"诚则明矣，明则诚矣"，明诚相生。我们希望读书明理，在经典阅读中找到光明，照亮黑暗，体悟豁然开朗的喜悦；希望读书解惑，在经典中得到良方，治愈心病，获得健康、轻松、愉快。

王阳明不仅强调以圣贤为师、向经典学习，更强调知行合一、事上磨炼，在日常生活中"素位而学"。他认为："知之真切笃实处即是行，行之明觉精察处即是知"，知要做到真切笃实才是真知，才能转变为真行；行要做到明觉精察才是"明行"，没有觉察反省的行就只是"冥行"，是"学而不思则罔"，不会有真正的成长。由修道而明道也是一个由行到知的过程，这个过程体现为在学习、工作、日常生活中，从谦虚、诚实、礼貌等小处磨炼，也体现在面对困难挫折、大是大非时的"金之在冶"般的淬炼。当然，后者常常可遇不可求，我们也不必刻意追求。所以，在幸福教育实践中，我们特别强调教师要坚持写以"教学日志"为主要内容的"幸福日志"，每天觉察教育教学实践中好的思想、观点、行为，快乐的时刻，值得感恩的人和事，反思一日生活是否能做到"不说谎""不抱怨""不懈怠"，是否有私心、偏爱、傲慢，在学习、实践、反思、记录中日积月累、不断成长。

修道的结果就是不断"悟道""明道"，即不断体悟和明晰世界、人生、学习、工作的各种道理。在第二章"智者不惑"一节，已经对"明"有了较系统的介绍,提出要有知常之明、自知之明和良知之明。教师同样要在这些方面不断修养,不断由"不明"到"明",尤其是要明白教育中的一些"常识",如学高为师、身正为范,有教无类、因材施教、立德树人、全面发展、自主学习、终身成长等,要不忘教育初心,助人不断向上向善。

依据对道的修养、体悟不同,可以将教师分为不同的类型。有"以己之昏昏,使人昏昏"、误人子弟的"庸师";也有只有书本知识、应试技能的匠师、经师,他们中的"能人"可能成为"名师";只有真正修道明道、能"以己之昭昭,使人之昭昭"者则可以称为"明师""人师"。早在汉代,董仲舒就提出"兴太学,置明师,以养天下之士",晋代葛洪在《抱朴子·勤求》中也告诉人们:"明师之恩,诚为过于天地,重于父母多矣,可不崇之乎?可不求之乎?"当下教育界尽管到处是各种层次等级的"名师",但仍然可谓"明师难求"。正因为如此,我们在北京大学为有志于教师职业的硕士生、博士生创设的教师教育项目就取名为"北京大学明师培养计划",希望在北京大学选拔培养出一批明世界、明人生、明教育、明幸福的明师,以光明之心点亮他人心灯,并为在高水平综合性大学开展教师教育探路。①

三、传道弘道

"传道"是教师的第一职责,也是最重要的职责。习近平总书记曾言:"一个老师,如果只知道'授业'、'解惑'而不'传道',不能说这个老师是完全称职的,充其量只能是'经师'、'句读之师',而非'人师'了。古人云:'经师易求,人师难得'。一个优

---

① 文东茅:《综合大学教师教育的新探索——北京大学"明师培养计划"的案例分析》,《中国教师》2021年第5期。

秀的老师,应该是'经师'和'人师'的统一,既要精于'授业'、'解惑',更要以'传道'为责任和使命。"①

如前所述,教师所传之道,应该主要指天地本源之道、圣贤为人处事之道、治国理政之道。教师传道,是为了帮助学生形成正确的世界观、人生观、价值观,以及与之相关的政治观、学习观、工作观、幸福观。只有传大道才能培养出有道的"大人""君子",所以,只有传道者才堪称"人师",只有传道才可谓"大先生"。对于个人而言,遇到有道、传道的明师、人师是一种幸运;对于国家而言,一大批明道、传道的好老师、大先生也是培养国家栋梁,实现国家富强、民族复兴的希望。

教师以传道为人生志向和使命,不仅对学生成长和国家发展影响深远,对教师自身的幸福也意义重大。教师只有"志于道",才会自己修道、明道,才能有效引导学生立志、明道;只有师生都"志于道",相互之间才会"志同道合",进而找到共同的理想和为之奋斗的动力。此时,教师才能体悟到孟子"得天下英才而教育之"的君子之乐。否则,如果教师不立大志、不求大道,就只能是对学生传"小道",使学生立"小德",最终也只能培养出一群"精致的利己主义者"。这样的教师不但不能充分体悟到职业的成就感、意义感、自豪感,反而会因误人子弟而自责、痛苦。现实当中,许多教师幸福感不高,一方面是由于"不明道"给自身工作、生活带来的困惑、痛苦,另一方面也是因为"不明道"而不敢传道、不能传道,或者是不会主动、自觉传道,从而影响了学生发展,限制了自己作为教师的价值、意义的实现。

当然,不能要求所有教师都"悟道""明道",都有圣贤般的

---

① 习近平:《做党和人民满意的好老师——同北京师范大学师生代表座谈时的讲话》,《人民日报》2014年9月10日。

格局和境界，但只要教师是在引导学生学习和领会圣贤之道、治国理政之道，就可以视之为"传道者""引路人"，因为他们为学生修道、明道指明了正确的方向。因此，在幸福教育实践中，我们特别提倡师生共读经典，通过读原文悟原理，尽量不因望文生义、主观臆断而曲解经典，避免因传小道、谬论和一己之见而误人子弟。

特别需要注意的是，不论是信道还是传道，都不能迷信、盲从和僵化。我们所信、所传的应该是永远灵动、变化、生生不息的"道"，而不是以古人的文字为教条。在理解、传承"道"的过程中，需要坚持两点：其一是要选择"大"。老子说："有物混成，先天地生……吾不知其名，强字之曰道，强为之名曰大。"（《道德经》第25章）"大道"的特点就是"大"，凡是有助于广大人民根本利益、长远利益的就是"大道"，凡有助于提升个人格局、境界、帮助人向上向善、"长高""长大"的才是"大道"。其二是要坚持"易"。被誉为"群经之首"的《易经》以"易"为名，其含义就有三：简易、变易、不易。一方面，宇宙万物纷繁复杂，但大道至简；另一方面，道又是发展变化的，变是永恒不变的规律。因此，要根据时代发展和具体实际来理解道、发展道，这就是"弘道"，也才真正符合道的要求。

第二节　授业解惑

按照字面的理解，授业即"传授学业"，解惑即"解除困惑"。如果说大多数老师都不太敢说自己在"传道"、也不以"传道者"自居的话，估计很少人会说自己没有"授业"和"解惑"，大家甚至会非常自信地说自己每一天、每次课都在授业解惑，有些老师甚至会说：我早上六七点就到学校陪学生晨练、早读，晚上十点还在学校管学生晚自习、负责答疑，所有这一切都是为了学生的学业。

教师们确实非常认真、非常辛苦，而且主观上也都是为了学生学业甚至是一生的发展，对此我们不能轻易否认。但我们也可以再做些反思：教师们授的是什么业？解的是哪些惑？通过教师们的努力，学生是否立了业、解了惑？或者我们还可以做这样的反思：经过教师们的授业解惑，学生们是否变得"更高更大"了？是否更心安了、更幸福了？面对这些问题，可能很多老师很不自信。从这个角度说，只有通过自己的工作，学生们确实得到更好的成长并且变得更幸福，才可以说教师真正尽到了授业解惑之责，才可以说坦然无愧、尽责心安。为此，我们可能需要从培养目标、课程计划、教材建设、考试评价等各方面进行系统的变革，这是一个漫长而艰巨的过程，也不是本书力所能及的。按照本书一贯的立场，暂不考虑外部环境变化，在此仅从教师可以自主掌控的角度提出以下与授业解惑相关的幸福教育行动的建议。

一、精于授课

"精于授课"之"精"有两层含义：一是精通、擅长；二是"精炼、精简"。教师授课，不能只是注重自身的讲授，更要注重学生的学习，要通过提升课堂教学的质量和效率，有效促进学生学习成长。

课堂是教师工作的主战场，授课是教师授业的主要途径。所有老师可能都会有这样的感受：一堂成功的课会让自己感到轻松愉快，而失败的课则可能讲课时口干舌燥，课后也感到疲惫挫败。教师的幸福感很大程度上来自上课的成功感。课堂也是学生学习的主渠道，学生在校时间主要是在课堂上，一堂好课会令学生轻松愉快、如沐春风而又收获满满，而枯燥乏味的课则令人如坐针毡。所以，做幸福的教师就应该从努力上好每一堂课开始，助力师生幸福，也应该从建设幸福课堂开始。

如何才能上好课？每一堂课都体现了一位老师全部的学识、能力、教学智慧。苏霍姆林斯基曾介绍过这样一个令人深思的例子：一位工作了33年的老教师上了一堂精彩的公开课，有人问他："您花了多少时间来准备这堂课？可能不止一小时吧？"老教师回答说："这节课我准备了一生。而且，一般来说，每堂课我都准备了一生。然而，直接针对该课题的准备，实验课的准备，可以说只花了十五分钟左右。"[1]从这个意义上说，上好课没有什么捷径，唯有掌握扎实的基础知识、通晓学科的基本原理、不断提升教学技能、积累教学经验。但从另一方面看，好的课堂教学也会有一些共性，例如：课堂目标明确、内容充实、重点突出、条理清晰、互动有效等。从幸福教育的视角看，一堂好课应该是能够促进学生成长、让学生感受幸福的课。由于归属感和价值感是幸福的重要来源，课堂教学中也应该努力提升全体学生对课堂的归属感、参与度和价值感、成就感。为此，教师一方面要精心备课，另一方面要精简讲授内容，注重启发引导，调动学生的学习兴趣和课堂参与。

参与感是自主性、成就感的源泉，师生共同参与是建设幸福课堂的基础。教学是教师的"教"和学生的"学"的相互作用、密切配合的过程，衡量教学质量的最终标准是学生在知识、能力等方面的收获和成长，因而衡量一堂好课的标准不只是教师是否讲得正确、清晰、精彩，更应体现在学生是否投入而且真正听懂、学会，要通过教师的主导作用发挥学生的主体作用。按照这一标准，教师不应该成为课堂这艘大船的划桨者，而要成为掌舵者甚至仅仅充当鼓掌加油者。也就是说，教师应该努力成为课堂的主导者，掌控教学的内容、组织形式和教学时间节奏，同时，要努力激发学生学习

---

[1]〔苏〕苏霍姆林斯基：《给教师的100条建议》，宫铭等译，开明出版社，2022，第27页。

的积极性，使他们能充满兴趣、热情，积极主动地投入课堂学习中来。若能如此，教师就可以在轻松、愉快的心情中使学生学有所获，实现课堂教学的"无为而治"。

为了调动学生的有效参与，一方面，教师要在备课时下功夫，不仅要"备教材""备教法"，也要"备学生""备学法"；另一方面，可以通过一些制度化的教学流程，控制师生活动的形式和时间分配。例如，山东茌平县杜郎口中学的"杜郎口教学模式"，其教学宗旨就是"快乐学习，幸福成长"，追求"人人参与，个个展示，体验成功，享受快乐"，让学生在参与中体验快乐、幸福，收获成长，变苦学为乐学、会学、愿学。在具体操作上，该模式被概括为"三三六"自主学习模式，即自主学习的"立体式、大容量、快节奏"三个特点，自主学习过程的"预习、展示、反馈"三个模块，以及课堂展示的"预习交流、明确目标、分组合作、展现提升、穿插巩固、达标测评"六个环节。该模式以学生在课堂上的自主参与为特色，课堂的绝大部分时间留给学生，老师仅用极少的时间进行"点拨"（教师讲解少于10分钟，学生活动大于35分钟），营造以学生自学为主、以学生为主体的课堂。再如，河北石家庄精英中学李金池校长提出的"高效6+1"课堂教学模式，就将课堂划分为导、思、议、展、评、检和用等环节，每个环节规定相应的活动和大体的时间。① 该模式要求教师的角色从知识的传授者向学生学习

---

① "6"即课堂教学的六个环节。导：教师用简洁明快的语言实现旧知向新知的导入，以激发学生对将要学习知识的好奇心；思：学生按照课堂导学提纲上的路线图读课本，自学深思，勾画圈点，分析归纳，并做好记录；议：学生根据教师出示的讨论题目，分小组起立讨论（讨论内容为有一定价值的问题）；展：学生按照既定的规则激情展示，教师鼓励学生展示、质疑、挑战、纠错、补充；评：激情展示结束后，教师开始精讲，对本节知识进行整体梳理，形成知识网络；检：学生对当堂所学知识、方法和规律进行回顾，接受教师的检测。以上六个环节大概时间分别为5、18、9、8、7、3分钟。"1"即"用"：通过练习、作业或活动等多种形式让学生灵活运用所学知识，夯实双基，最终到达学以致用的目的（参见百度百科："高效6+1课堂"）。

的促进者和引导者转变，通过环环相扣的教学设计，把课堂真正还给学生，充分调动每一个学生学习的积极性，促使学生不停地去阅读、思考、质疑、辩论、练习，实现自主、合作、探究学习和高效学习。当然，该模式的有效开展，需要以集体备课、对课程目标的准确把握、自主开发每堂课的导学提纲、随堂练习等为前提，对学校、教师、学生都有较高的要求。相对而言，复旦大学心理系张学新教授提出的"对分课堂"则清晰而简单，即要求把一半课堂时间分配给教师进行讲授，另一半时间分配给学生，并以讨论的方式进行交互式学习。在对分课堂上，教师介绍基本框架、基本概念，通过教授帮助学生理解重点、难点。在此基础上，学生根据自己的特点和具体情况，以自己的节奏去完成内化吸收过程，完成对教材内容更为全面的学习与理解。内化吸收之后，学生再分组讨论自己学过的内容，与教师和全班同学进行深入的互动交流。由此，课堂教学就分成了清晰区分又逐步深入的三个环节，即讲授（Presentation）、内化吸收（Assimilation）和讨论（Discussion），简称为 PAD 课堂。这一模式也可以扩大为包含多堂课的单元教学模式。

　　以上几种模式在教学环节和时间分配上都是机械的，也不一定普遍适用，但给了我们一个重要的启发，即在课堂教学中要把充足的时间留给学生，不仅要重视"教"，更要高度重视"学"。我们也认为，高质量课堂在教学模式上的共同特点是强调教师少讲、精讲，让学生多思、多讲、多练。强调教师精讲是为了把握重点、突破难点，提高讲课质量和效率，从而给学生自主参与留下时间和空间。

二、授人以渔

　　人们常言："授人以鱼不如授人以渔。"因为授人以鱼，只能解一时之饥，授人以渔，才可享用一生。教师授业，不仅要向学生传授知识（鱼），更应该注重传授学习方法（渔），学生掌握学习方法、培养学习习惯、激发学习兴趣，就会乐于学习、善于学习、终身学习。从长远看，授人以渔，将会使学生获得一技之长，或以之为职业，自食其力，或以之为事业，造福社会。强调"授人以渔"，是针对当下教育中普遍存在的只注重书本知识和考试分数的倾向。在这种应试导向的教育中，教师将自己的工作定义为帮助学生掌握考点、获得高分，以为能帮助学生考出高分就是尽责。其实，在高考之前，学生掌握的知识可能是一生中最全面、最准确的，但考试之后，这些知识中的绝大部分将被迅速遗忘，许多学生在考完试的当天就将前一刻还视若珍宝的教材、练习册、错题本弃之如敝屣。

授人以渔，首先要让学生品味到"鱼"之美味和"渔"之乐趣。知识就是力量，知识就是智慧，知识是人类成长的阶梯。通过知识的学习，人们可以认识世界、掌握规律，有效地改造世界，从而让人获得价值感、意义感。所以，教师在教学中要特别注重书本知识与现实问题相结合，让学生体会知识的力量，体验学习的快乐，从而提升学习的兴趣和动力。

授人以渔，重点是要培养学生掌握"渔之术"。在古代，师傅要教给徒弟一技之长；在现代学校，教师则应该帮助学生学会学习的方法。人们常说"教是为了不教"，"人生也有涯，而知也无涯"，教师和学校所教授的知识总是有限的，在漫长的人生中，面对无限的知识，最有效的途径就是学会学习、掌握获取知识的方法。所谓善于学习，就是指要善于向书本学习、向经验学习、向他人学习，要注重学思结合、学用结合，要追求融会贯通、灵活迁移。具体而言，教师要教会学生在日常学习中养成正确的学习方法和良好的学习习惯，包括课前预习、认真听课、练习巩固、及时复习等，要在课堂活动中积极参与，不懂就问，有错就改。不同学科还要注重各门学科专门学习方法的传授，如语文中阅读、写作的方法，数学中审题的方法等。在此基础上，还要有意识地引导学生提升对学习过程的元认知（即学习者对自己如何学习的知识以及对学习过程的控制），使学生不仅知道什么是对自己有用的学习策略，而且具备对学习过程进行自我调节的能力。①授人以渔，还体现为注重学生核心素养的培养。教育部审定的《中国学生核心素养》就从文化基础、自主发展、社会参与三个方面提出了人文底蕴、科学精神、学会学习、健康生活、责任担当、实践创新等六大素养，其中"学会学习"就包括乐学善学、勤于反思、信息意识等内容。这些都可作为"授人以渔"的重要参考。

　　授人以渔，还要注重传授"渔之道"。孔子"钓而不纲，弋不射宿"，意即孔子只是用鱼竿钓鱼，而不用大网来捕鱼；用箭射鸟，但不射归巢栖息的鸟。也就是说，不论打鱼还是捕猎，都要心存仁爱，取之有节，不可滥捕滥杀，更不应赶尽杀绝。这就是与万物和谐共存之道。现如今，人们的捕鱼方法、技术和能力越来越强，以至于很多江河都无鱼可捕，这就违背了"渔之道"。在科学技术高度发达的今天，如何用人文精神驾驭知识的力量是时代的重大课题。我们可以发明飞机、大炮、航空母舰、核武器，还完全有能力制造病毒、克隆人，这些知识和技术已经对人类的生存和发展带来了巨大的挑战。为何要发展知识？如何利用知识造福于人而不是危害社会，是教师要引导学生思考的基本问题。《学记》有言："善歌者，使人继其声；善教者，使人继其志。"好教师的志向当是"为

---

① 〔美〕理查德·梅耶:《应用学习科学》，盛群力等译，中国轻工业出版社，2019，第42—43页。

天地立心，为生民立命，为往圣继绝学，为万世开太平"，好的学生就应该继承师长的志愿，通过学习和努力，去建设一个更加幸福美好的世界。从这个意义上说，真正的渔者，不只是为自己捕鱼谋生，而是为他人、为众生而捕鱼，授人以渔，就要让学生进一步明确"渔"的意义，提升"渔"的格局和追求。只有这样，教师才算是真正履行了自己的"授业"之责。

三、善于解惑

解惑通常被理解为知识学习中的答疑解难，这是教师的基本职责之一。儿童青少年对世界充满好奇心和求知欲，有问题找老师也是他们最自然的选择。在这个信息便捷的时代，学生知识面更广、思维更活跃，所以，教师需要有广博的知识、宽阔的视野、敏捷的思维，这一切都要求教师不仅要有宽厚的知识储备，更要坚持不断学习，不断扩充和更新知识。但是，应该看到，学生所要解答的"惑"并非现存的知识或解题思路。现在"百度"等软件和网络的功能已经非常强大，不仅可以回答"十万个为什么"，而且"百度百科"的内容也已经远超任何一本百科全书；市场上也出现了不少拍照搜题软件，对各种习题都可以及时给出解题思路和答案；新出现的人工智能 ChatGPT 甚至可以瞬间写出一篇足以以假乱真的论文。真正的问题在于，尽管现代社会人类的知识广度、深度都不断扩展，科技迅速发展，财富不断增加，但不论是学生还是家长以至于教师自身的困惑、迷茫和焦虑都非但没有减少，反而有不断增加之势，学生厌学、抑郁、焦虑、自杀等现象大量发生且有低龄化的趋势。可见，教师不仅需要解学生的学业之惑，更需要解其生活之惑、人生之惑。

其实，韩愈所言解惑就主要不是学业之"小惑"，而是人生之

"大惑"。他认为:"彼童子之师,授之书而习其句读者,非吾所谓传其道解其惑者也。句读之不知,惑之不解,或师焉,或不焉。小学而大遗,吾未见其明也。"在他看来,教授学习书本知识、修辞断句,只是解除小惑,并非他所指传道解惑;文辞知识,学或不学都无关大雅;只求小道小术而不求大道,才是真正的不明不智。真正的"明",就要求教师解答有关学业、事业、金钱、名利、情感、生死等各方面的基本问题、重大问题。但是,这些问题又是很难回答的。"儿童尤其是幼儿特别爱提问,所提的相当一部分问题是大人回答不了的,原因不是缺乏相关知识,而是没有任何知识可以用作答案。这样的问题正是不折不扣的哲学问题。"[1] 从这个意义上说,不应该强求教师解答学生的所有问题,而应该要求教师坚持"知之为知之,不知为不知"的态度,承认自己学识的有限性,不将自己的思想、观点强加给学生;应该要求教师注重方式方法,鼓励学生发现问题、提出问题,并要引导学生自己探索问题、寻求帮助、寻找思路,尽量自己解决问题,使学生在此过程中体验求知的乐趣和解决问题的成功感。要做到"善于解惑",我们也建议教师与学生一起学习经典,以古圣先贤为师。通过这种方式,将学生"交给圣贤",使学生在学习圣贤智慧的过程中提升境界,减少对名利权色的欲望,从而自行化解物质主义社会带来的各种问题、困惑,甚至让问题和困惑根本就不出现。这不失为一种更高的智慧。

这并不意味着教师在"解惑"方面可以推卸责任,相反,我们认为教师要将更多的精力从"教书"转向"育人",不仅要"身教",也要"言教"。在幸福教育实践中,我们特别推荐教师做"幸福大天使"。其基本操作是:教师要将自己化身为"大天使"

---

[1] 周国平:《儿童哲学智慧书·序言》,载奥斯卡·柏尼菲《儿童哲学智慧书》,李玮译,接力出版社,2011。

（以区别于"幸福小天使"活动中同学们的"小天使"身份），每天给一位同学（"国王"）以特别的关爱。为此，"天使"就要通过课堂观察、查阅以往作业以及与同事、家长交流等方式全面了解"国王"的学习、生活、心理状况和需求，并且要通过专门的"幸福时光"与"国王"进行20~30分钟的单独交流（可以是办公室谈话，也可以是一起吃饭、散步），为"国王"答疑解惑，进行鼓励和帮助。此活动要求对所有同学全覆盖，即在一个周期（如一学期）内使每位同学至少都得到一次"大天使"的特别关爱。通过这种方式，教师的答疑解惑、言传身教、因材施教都有了时空和机会，教师的日行一善、平等关爱也有了具体的对象、任务、要求和持续推进的抓手。

第三节 为人师表

为人师表是指教师要在品德、学识、言行等各方面成为学生学习、效法的楷模和表率。为人师表也是教师的基本职责之一，是教师作用发挥的基本途径。2008年修订的《中小学教师职业道德规范》从爱国守法、爱岗敬业、关爱学生、教书育人、为人师表、终身学习等六个方面对教师的职业道德进行了规定，其中"为人师表"一项包括："坚守高尚情操，知荣明耻，严于律己，以身作则。衣着得体，语言规范，举止文明。关心集体，团结协作，尊重同事，尊重家长。作风正派，廉洁奉公。自觉抵制有偿家教，不利用职务之便谋取私利。"可见，此处对为人师表的要求是对品德作风、言行举止、为人处事方面狭义的规定。其实，该《规范》中的所有内容都是对教师职业道德的规范，都应该是为人师表的内容。对教师为人师表的要求还可以更多，如热爱科学、追求真理、勇于创新、热爱劳动、坚持锻炼、热爱艺术、热爱和平、关心世界等，甚至可以要求教师在所有美好的方面都为人师表，成为学生的榜样。

这些要求看似在苛求完美，让人感到高不可及，实则是对教师和榜样人物道德素养的期待，是在为学生树立学习和努力的目标。为人师表是教师职业的内在要求，是教师的重要职责之一。"师者，人之模范也"，教师除了传道授业解惑，还要在课内课外以身示范、言传身教，以不言之教影响学生。教师所面对的儿童、青少年有很强的好奇心、求知欲，善于模仿、可塑性大，他们尤其尊敬老师，乐于学习和模仿教师，因此教师的一言一行都具有示范作用。所以，对教师不能不提出"高标准、严要求"。只有做到了为人师表，教师才能"尽责心安"。

为人师表也是教师获得社会尊重、产生自尊感和自豪感的重要基础。教师之所以受人尊敬，不是因为位高权重，而是因为教师能做到学为人师、行为世范。教师事业尽管不能获得令人羡慕的工资待遇，却能收获学生、家长和社会的尊敬，这是多数职业所不具备的。各方面为人师表也将大大提升教师的自我认同和自我尊重。自尊、自豪、受人尊敬是人的基本需求之一，是生存需要、安全需要之上的高级需求，这种需求的满足也是幸福感的重要来源。从这个意义上说，为人师表既是教育、培养学生的需要，也是教师自身幸福的需要。

为人师表的要求如此之高，意义又如此重要，如何才能做到为人师表？从心安幸福教育的视角看，就是要"不断向上向善"。"勤学向上""仁爱向善""自强不息"等内容在本书第一部分已有阐述，对教师完全适用。在此，再强调几项常常被人忽视的重要方面。

一、追求幸福

在幸福教育中，我们一再强调的是：没有幸福的教师，就很难培养出幸福的学生。(同样的道理也适合于家长和公务员。只有幸福的家长才能培养出幸福的孩子；只有幸福的公务员，才能知道何为幸福、如何为人民谋幸福、如何引领人民自主走向幸福。)在此，我们强调的幸福不是物质上的享乐，教师也不一定要比学生更快乐，但却要明白真正的幸福之道在于不断向上向善，要努力做到读书明理、终身成长、尽责心安。在幸福教育中，教师的为人师表不仅表现为知足感恩、积极乐观、修身齐家，展现出生活的美好，更重要的是，要在追求真正的心安幸福方面成为学生的表率。每个人的生活中总难免有疾病苦难、天灾人祸，教师也会有喜怒哀乐、生老病死，教师需要展现的是面对苦难、逆境、挫折时的平和、乐观、坚韧。教师的生活可能是清贫的，工作是辛苦的，如果此时仍然能坚守内心的理想价值，展现出"富贵不能淫，贫贱不能移"的君子品格，不断向上向善，那么就能成为学生所需要的真正的人生榜样。就如"孔颜之乐"，箪食瓢饮而不改其乐，才令人敬佩，令人向往。

教师要成为追求幸福的表率，关键在于立志。教师通常都自以为知道立志的意义，也常常要求学生立志，但大多数教师都没有自己先立志。从知行合一的思想看，这样的教师就是对立志没有真知。立志将为人生确立理想、目标，为人生发展指明道路和方向，增强学习和工作的动力，使人面对困难能坚定不移，不为外物所诱惑而停滞不前或走入歧途。可以说，立志是人生幸福的开始，是引领人不断向上向善、走向成功的灯塔。真正明白立志的意义，必然会自己立志，所以，我们说"立志是给自己最好的礼物"，"爱自己，就立志；深爱自己，就立大志"。教师立志，同样可以立学业之志，例如制定学习目标和读书计划，甚至包括继续升学、拿学位的计划；也可以立事业之志，如评职称、做名师、成明师等。这些都是有意义的。但我们认为，不论教师还是学生，学业之志、事业之志都是短期的、变化的，能否实现是由诸多内外部因素决定的，所以更重要的是立德业之志、人生之志，即明确自己要成为一个怎样品行的人、要过一种怎样的人生。为此，我们希望教师都立志成为"不断向上向善的幸福的人"，以真正的幸福作为人生的理想追求，并坚信自己此生将因不断向上向善而变得更幸福。在幸福教育实践中，我们不仅要求学生立志，更要求教师自己先立志，并且将立志语张贴于学校的显著位置，既提醒自己，也为学生树立榜样。如果师生都立志幸福，都走在不断向上向善、追求幸福的大道上，就可谓"志同道合"了。

二、终身学习

学习成长是人生幸福的重要源泉，停止了学习就失去了成长的快乐。教师的重要职责是引导学生学习，教师也总是会对学生强调学习的重要性，但另一方面，许多教师在日常工作中除了教材、教参就很少读书，有的教师可能一年到头也不会读一两本专业书，还有很多教师，上完了大学，甚至获得了研究生学位，但从来没有读过《大学》，更不用说系统、完整地学习《论语》《孟子》《道德经》等传统文化经典。人们常说，要教给学生一杯水，教师自己要有一桶水，甚至要有源源不断的水。如果教师不读书，在课堂内外展现给学生的将是狭窄的视野、贫乏的知识、肤浅的思想，在很多主题上可能难以与学生进行深度、有效的对话和指导，更谈不上以"腹有诗书气自华"的内在品质感染、引导学生。很多学生（包括家长）以为学习就是读课本、做习题，其他书籍都是可有可无的"课外书"，其源头很可能都与教师关于读书的认知和行为有关。所以，我们强调教师要成为学生读书、学习的表率，要广泛地阅读各类书籍，保证每学期至少读一两本与教育教学和专业成长有关的当代经典名著，国家规定中小学生必读的书籍教师要先读，要与学生共读，共同讨论分享。在心安幸福教育实践中，我们就先后推荐和组织教师们阅读了《大学》《中庸》《论语》《孟子》《道德经》《传习录》等中国古代经典，阅读了《终身成长》《正面管教》《内在动机》《幸福的方法》《少有人走的路》《应用学习科学》《中国人的修养》《新家庭如何塑造人》《有奉献精神的父母培养大人物》等当代名著。在本书附录中，我们也推荐了更多的幸福教育相关书籍，可供大家参考。教师们读书越多，越能感受到读书的收获与成长，也越能感受到"学然后知不足"，就会自己找到更多、更好的书去自觉阅读，把读书作为一种习惯和享受。

除了坚持读书，教师还应该特别注重在日常生活实践中提升自己的品德修养，要注重对日常生活和教学实践的觉察、体悟、总结，也要对工作、生活中出现的问题、错误进行反省、检讨和改过。我们要求教师为人师表，并非要求教师成为永远没有错误和缺点的"完人"，而是希望教师成为知错改过、知困而学的表率。子贡曾言："君子之过也，如日月之食焉。过也，人皆见之；更也，人皆仰之。"教师不必在学生面前装扮成"完人"，不必因在学生面前可能出错而时时担心、紧张不安，只要知错而改就可以坦然心安，就仍然是学生的榜样。颜回之所以成为孔门弟子的表率，不是因为他不犯错，而是因为他能做到"不迁怒、不贰过"。"吃一堑，长一智"，在错误和挫折中学习、成长，正是我们要向学生传授的重要一课。所以，我们也特别希望教师每天写《幸福日志》，每天觉察幸福、三省吾身，从不说谎、不抱怨、不懈怠开始，不断改进和提升自己。

此外，教师还应通过多种途径提高业务能力，促进专业成长，如进修培训、集体教研、结对互学（如"青蓝工程"）、课题研究、会议交流等。在此不一一赘述。

三、敬业爱生

为追求幸福，教师应该成为不断向上向善的表率，其中立志是为了"不断"、学习是为了"向上"，而"向善"则体现为爱岗敬业和对学生的无私关爱。公益服务、慈善捐赠当然是为善，但在业余时间、以"业余"（不专业）的方式为社会创造的价值总是有限的，每一个从业者创造价值、造福社会的主要途径都是在自己的本职工作中。教师传道授业解惑、帮助学生成长，就是在"为善"，日日坚持、长期坚持就是日日为善、终身为善。所以，教师要发挥自己的价值，就需要努力做好教书育人的本职工作；教师要成为学生"向善"的表率，就要真正热爱教育事业、热爱每一位学生。只有教师真正热爱本职工作，学生才会热爱学习、将来热爱自己的职业；只有教师真正关爱学生，学生才会相互友爱、团结互助。

教师爱岗，意味着对教育事业之意义价值、对教师职业的高度认可和真正热爱，体现为心甘情愿地投身于教书育人的事业之中，甘于清贫、甘于辛苦、不计名利、乐于奉献。教师敬业，则体现为"尽责"，对备课上课、作业批改、活动组织、答疑解惑等各项工作、各个环节都兢兢业业、勤勤恳恳、高度负责，不马虎了事、敷衍塞责。教师"敬"业的深层原因，则是对教师职业的尊重、敬畏。教师不仅向人传授知识技能、助人谋生，而且是"人类灵魂的工程师"，在深刻地影响着人的思想意识、价值观念。教师的一言一行都会对学生产生微妙的影响，有时，"听君一席话，胜读十年书"，教师的点拨、启发可以使人幡然醒悟、豁然开朗，达到"改心即改命"之效；有时，教师一次错误的指导也可能误导学生人生的走向，一句刻薄、挖苦、讽刺的话，甚至一个无意识、没有恶意的手势、眼神都可能对学生的自尊、自信造成长久的伤害。好的教师诲人不倦，平庸的教师误人时光，坏的教师则可能误人子弟、"毁人不倦"。从更大的方面说，教师的工作不仅关涉亿万孩子的成长和他们家庭的幸福，也关系到民族和国家的未来。所以，教师不可不对自己的职业心怀敬意和敬畏，对自己的言行举止保持警觉。这种由敬畏感而产生的责任感是做好一切工作的前提条件，也是学生将来从事任何工作都应该具备的品质。教师爱岗敬业，就是在以身示范，向学生传达最重要的职业伦理。

教师的另一重要职业伦理就是对学生的无私关爱。教师对学生的爱，首先体现为无条件地爱所有学生。一个班几十位学生，总会有成绩好坏、品行高低、性格优劣之分；很多学校，尤其是那些处在义务教育阶段、对学生没有选择权的公立学校，总会有一些在身体、性格、智力方面存在缺陷的特殊学生。教师的"大爱"就体现为要平等地关爱所有的学生，甚至要把更多特殊的爱给予那些特殊学生。"爱自己的孩子是人，爱别人的孩子是神"，教师的爱就具有这种高贵的品格。只有无条件地关爱每一位学生，才会赢得学生和家长的尊敬；也只有教师真正无私地关爱每一个学生，学生才会从中认识到每个人的独特价值，从而尊重、关爱每一个同学，也尊重、关爱具有独特价值的自己。关爱学生，就意味着要关注学生的身体健康、情感需求、学业成绩和品德发展，要保护学生安全、维护学生权益，要严慈相济、勇于创新、敢于担当，为学生的发展提供切实有效的帮助。"爱出者爱返，福往者福来"，这一道理对于师生之爱也同样适用，学生将用自己的成长和感恩来回报教师爱的付出。出于这一考虑，我们也特别强调教师要爱每一个孩子，对于"学困生"或"潜力生"甚至要给予更多的关爱，因为这些"不会读书"的孩子很可能将来就留在当地，成为教师的街坊邻居，成为与教师日常生活息息相关的保安、保洁、保姆、司机、厨师、护工、售货员、快递员，是他们在为教师创造现实的生活环境。所以，无条件地关爱每一位学生，也是教师自身幸福的需要。

然而，现实中却有大量教师既不爱岗也不爱生，其重要表现就是职业倦怠。他们在日常工作中安于现状、不思进取、得过且过、敷衍应付，不求有功但求无过；在教学中缺乏热情、缺乏创新、机械重复；在日常交往中经常唉声叹气、怨天尤人、焦躁暴怒、紧张自责，缺乏价值感、意义感。与职业倦怠密切相关的是对学生和相关工作的"情感衰竭"，表现为对"职责"之外的事务漠不关心，持"多一事不如少一事"的观点；不愿担任班主任工作，不愿主动接触学生、联系家长；放松对学生的要求，对学生的问题视而不见、听之任之；只关心成绩而不顾学生身体、情绪和长远发展。这些行为表现，不论教师如何掩饰、伪装，学生也会耳闻目睹并且真切地感受到。这种感受也许难以被学生用言语表达，但却可以转化为他们对教师、对学习的态度，会对学生产生潜移默化的持续而深远的影响。学生往往因为爱一位老师而喜欢一门学科，也常常会因为不喜欢某位老师而讨厌他（她）所教的学科，随之而来的可能是偏科、厌学、学业失败。所以，敬业爱生绝非只关乎教师一己的情绪，而是关系到无数学生的一生。

第十章　幸福学生

　　增进学生幸福是幸福教育的主要目标和归宿。本书前九章内容都与这一目标的实现密切相关。我们认为，应该通过幸福教育使学生明确幸福之道、心安之境，引导学生以修身为本，在不断向上向善中收获心安；同时，应该通过建设幸福家庭、幸福校园为学生幸福成长营造安全、友爱、温馨、和谐、宽容的环境；应该有尽职尽责、为人师表的幸福教师为学生的幸福成长提供示范和引领。我们有理由相信，如果能在以上方面采取切实行动并长期坚持，学生一定可以变得更幸福，这种幸福将不只是转瞬即逝的轻松愉快、安逸享乐，而是持续不断的向上向善的心安；在此过程中，学生不仅能更真切地感受到当下学习和生活中的幸福，也能不断提升感受幸福、创造幸福、分享幸福的能力，为自己一生的事业发展和人生幸福奠基。本章将在已有论述的基础上集中讨论如何帮助学生在学习中获得更大、更持久的幸福。同时，我们也认为，学生是幸福教育的主体和重要力量，本章还将讨论如何通过学生自身的力量和群体的影响促进幸福学校建设。

　　学生学习过程的幸福感受诸多因素的影响，也可以从众多方面努力以提升学生学习的幸福感，如：注重健康，增加营养；增加投入，改进学校建筑和环境；改进课程和教材，增强教学内容的趣味性；提升教师教学能力，增强课堂教学的生动性；加强计算机辅助教学，开展游戏化学习；减少学习时间、减轻学习负担；改革考试评价制度，开展形成性、个性化评价，增强评价的针对性和激励性,等等。这些都是庞大的系统工程,是本书力所不能及的。为解答本书提出的"教育如何有效促进所有人的长久幸福"的"教育之问",在心安幸福教育实践中,我们一直追求"普适"且"可行"的目标,尽可能使所提建议既不要求政府、学校和教师有特殊的资源禀赋和大的资源投入,也不必对现行教育教学实践作大的结构性变革。正因为如此,心安幸福教育得以在全国十几个省市上百所学校推行。实践证明,不论是发达地区还是落后地区、城市或乡村,大中小学或幼儿园都可以、也应该开展幸福教育。

在经过各种探索之后,蓦然回首,笔者发现《论语》"开篇三乐"早就为人生幸福指明了方向:"子曰:'学而时习之,不亦说乎?有朋自远方来,不亦乐乎?人不知而不愠,不亦君子乎?'"这些幸福和快乐都主要立足于自我的观念和努力。据此,我们认为,促进学生幸福应该抓住以下三个要点:要知行合一、学以致用,在深度学习中帮助学生找到学习的价值感和意义感;要同学共进、切磋砥砺,在合作学习中找到友爱和归属感;要激发内在动机,坚定理想信念,不为外在荣辱和诱惑所动,在自主学习中获得自我激励和持续成长的动力。这三者也契合了智、仁、勇三达德的要求:知行合一是为了求真知以增智;同学共进是仁爱友善的要求和体现;自主成长意味着独立选择并勇于为自己负责。(对于"勇",蔡元培曾言:"勇之最著者为独立。独立者,自尽其职而不倚赖于人是也。"[1])

---

[1] 蔡元培:《中国人的修养》,作家出版社,2016,第17页。

第一节　知行合一

知行合一是王阳明重要思想之一。一方面，他认为知与行本就是一体，"知是行之始，行是知之成"，"知是行的主意，行是知的功夫"，不可把知行分作两件事，不能说"先知了再行"，让学问流于文字和虚谈；另一方面，他也强调"未有知而不行者，知而不行只是为未知"，"知之真切笃实处便是行，行之明觉精察处便是知"，要以知促行，在行中求知。这一思想对当今教育和学生学习也是极有教益的。学生应当以学为本，只有在学习中真正有所收获、成长，才能有成就感、获得感，才会坦然心安，否则就是虚度光阴、浪费生命。现代教育的主要问题在于以"知识"和考试为中心，人为地把人生分为学校学习阶段和职场工作阶段，前者为"知"，后者为"行"，同时，知识的获取又主要来自书本，与经验和真实生活严重脱节。学生每天都在学习各种"知识"，在培养解题、得高分的"能力"。他们中幸运的成了"小镇做题家"，这些人尽管能考上名校，但除了考试做题一无所长；而不幸的则整天在繁难、无趣、无用的题海中煎熬，身体受到伤害，自信心和求知欲被一次次打击，他们既考不上名校，也没有学到一技之长，还失去了对学习的兴趣。大量的学生厌学、迷茫、空虚、焦虑、抑郁都与没有真正学到知识和能力有关。爱因斯坦说："把在学校所学的一切全部忘记之后，还剩下来的才是教育。"学校学到的"知识"很快会被忘记，剩下的学习习惯、思维能力和综合素质才是真正所得。为使学生在学习中真有收获和成长，就应该努力帮助学生获得能转化为"真行"的"真知"，在真知真行中提升自己、造福社会，体悟人生价值和幸福。

一、学有所获

我们不反对学习书本知识,我们甚至认为在基础教育阶段掌握基本的语言、文学、艺术、数学、科学、社会、历史、地理、法律等方面的知识是非常重要的。国家规定了各级各类教育的教学计划和教学大纲,有经过审定的教科书,由此也对学生各学年的任务和内容有相应的规定。按照这些规定和要求学习,一方面能保证所学知识的系统性、连贯性,同时也能使学习有一定的时间顺序和节奏。所以,对大多数学校而言,只要按照国家规定开全、开足所有课程就达到了教育教学的基本要求,需要努力的是使学生在此过程中真正学懂、学会。

为提升学生的学习质量,可能需要在备课、讲授、练习、讨论等各方面全面努力,在此不能展开讨论。在幸福教育实践中,为增强学生每天学习的获得感、成就感,我们特别强调每天甚至每节课要对学习情况进行总结,在每天放学前或每次下课前利用几分钟时间,回忆学到了哪些核心概念、公式、原理或方法,反思自己在学习过程中的突出表现或存在的问题,以及所学内容对自己的启发等。受美国学者威廉·格拉瑟在《没有失败的学校》一书中所介绍的小班会的启发,为巩固每天学习成果,培养学生每天总结、反思的习惯,增强学生日常学习的获得感,我们在幸福教育中特别推荐每天召开"幸福小班会",并对其形式、内容、要点进行了概括。

"幸福小班会"就是每天放学前10分钟的总结、交流会。与有专门主题、持续一节课甚至更长时间的大班会不同,"小班会"只有10分钟左右,而冠以"幸福"则是要提醒学生要从中体悟收获、成长和幸福。幸福小班会的基本操作如下:

1. 固定时间。将小班会列入课程表,作为每日作息的一个环节。通常是在放学之前，住校生则放在晚自习之后。10分钟时间可以形成"352"模式，即每人先静思、总结3分钟，五位小组成员每人汇报1分钟（共5分钟），相互提醒、帮助2分钟。要求每天开展，形成常规，长期坚持。

2. 固定内容。每位同学要对每日的学习、生活进行反思、总结和交流，主要内容与《幸福日志》基本一致，可以包括"感知幸福""三省吾身""每日心得"等部分。在班级建设的初期，可以重点总结一天中的善行善念、幸福时刻、值得感谢的人和事等（可概括为"好""幸福""谢谢"），反思一天是否做到了不说谎、不抱怨、不懈怠（即"三省吾身"），并分析其原因，相互讨论解决办法。在持续一段时间、班级良好风气基本养成后，可以用更多的时间回顾、总结一天的学习情况，相当于一次复习、交流会。后者我们也称为"幸福小班会2.0"，对于学业任务更重的初、高中同学更适合。

3. 人人参与。可将全班同学按5人（左右）一组分成若干小组，小组成员可以定期（如一个月）轮换；不设组长，或大家每天轮流做组长。在开展的初期教师可以适当组织引导，一段时间后可由学生自主开展，教师仅仅旁听，不必点评总结。

4. 真诚友爱。要求每位同学自我总结时"不说谎""不抱怨"，相互交流时围成小圈，手拉手、面对面，以诚相待，相互关爱。要学会严以律己，多找自己的问题；宽以待人，多看他人的优点，多给人鼓励支持。

幸福小班会的突出特点是简单易行，它几乎没有准入门槛，可以在各类学校广泛推行、长期坚持；尽管只有短短10分钟，却可以保证人人参与，可以影响每个学生一整天的学习、生活，也可望在短期内产生明显效果。幸福小班会的实质就是总结、反思和相互帮助。实践表明，它对学生日常学习和幸福感的获得具有重要影响。

第一，可以培养反思、反省意识和习惯，引导同学从行为、言语到起心动念，逐步深入地进行反思、反省，并养成一天之中随时觉察反省的习惯，这种习惯和能力将是一生的宝贵财富。

第二，培养表达、交流能力，包括总结、概括、口头表达、倾听、批评、建议等多方面的能力，这些能力将有效促进同学之间、师生之间的相互沟通和理解，提升课堂交流的效率和水平。

第三，增进友谊，在真诚友爱的交流中加深认识、促进理解，消除学生（尤其是独生子女、留守儿童）可能的孤独、无助心理，形成温暖的班级氛围，有利于同学之间建立兄弟姐妹般的友谊。

第四，改进学习方法，提升学习成绩。通过幸福小班会，同学们既可以及时复习一日所学，总结、交流经验，也可以发现问题，克服不良习惯，改进学习方法，改善班风学风，提高班级整体学习成绩。对学习目的、态度、方法、习惯等方面的反思实际上就是一种提升"元认知"的过程。

在"幸福小班会"的基础上，对于小学高年级及以上年级的学生，我们会要求学生个人（或以小组、班级为单位）每天撰写《幸福日志》，用文字的方式总结一天的学习、生活，尤其是知识学习和心得感悟，留下学习的痕迹，加深学习的印象，也便于日后回顾、总结。不少幼儿园的实践表明，较小的孩子也可以用绘画的方式"描绘"幸福日志，这一点也深受孩子们喜欢。还可以通过家长引导的方式帮助孩子们进行回顾、总结。我们建议家长在孩子每天放学回家后坚持问以下问题：（1）你今天学到了什么有意思的新东西（不限于知识）？（2）在这一天中，你解决了哪些学习和生活中的问题？（3）你在哪些方面帮助了同学和班级？得到了哪些人在哪些方面的帮助?(4)你提出了什么好的问题和建议?发现了同学的哪些值得学习的优点?(5)你还有什么困难和问题?是否需要爸爸妈妈的帮助?等等。长此以往,孩子们就会每天都有获得感、胜任感、成就感、归属感,从而增强幸福感,继而也会期待每天上学都有所收获,放学时能有所展现。通过这种方式还可以增进亲子交流,孩子见到家长就会兴奋不已、滔滔不绝,家长也会被孩子的幸福感染。

当然,要保证学生学有所得,关键是学校在教学过程中能保证每一天内容充实,每一堂课重点突出、任务明确、过程高效。这将倒逼教师认真备课、改进教学。作为回报,教师也将从学生每堂课、每一天的收获和喜悦中获得成就感、价值感、幸福感,从而在师生之间形成一种相互成就的良性循环。

二、学以致用

我们不反对"无用之学"。相反,我们认为以哲学、纯粹数学为代表的没有直接实用价值的学问是人类重要的精神成果,它们往往是"有用之学"的基础,甚至可能成为"大用之学"。但学习和研究"无用之学"是一种高级的精神生活和思维方式,不会成为普通人学习的主要内容。对于绝大多数学生而言,不论处于哪个年龄层次,都还是希望能学有所用,在运用知识解决问题的过程中体验成功感、价值感,激发进一步学习的动力。所以,从增进学生幸福感的角度出发,我们主张学以致用、用以促学,在学用并进中体悟学习的价值和乐趣。这就是王阳明"知行合一"思想的"立言宗旨",也是孔子"学而时习之"给我们的教导。孔子曾不无忧虑地说:"诵《诗》三百,授之以政,不达;使于四方,不能专对;虽多,亦奚以为?"(《论语》子路篇)然而,现实中学用脱节的现象恰恰非常严重。由于中小学校严重的应试化倾向，学校所学之"用"就只是为了考试、升学，学生"两耳不闻窗外事，一心只读高考书"，家长也反复对学生说："你的任务就是读书，其他事都不用做、不用管"，导致很多学生成为人们口中的"书呆子"，极大地削弱了他们的价值感和自我认同感。即使少数人能成为"小镇做题家"，他们也只能从解题中获得少许乐趣，内心深处并不能获得持续的价值感、自豪感；他们或许能在与同学的比较中获得一些优越感，并得到部分人的羡慕，但很难得到他人发自内心的尊重。所以，我们急切地呼吁改变这种状况，希望能在力所能及的范围内加强学用结合。

近年来，学界在推动学校学用结合方面做了很多努力，在传统的分科教学、书本知识学习的基础上，更强调综合性学习和深度学习，推出了很多新的教学形式，如问题中心的学习、项目式学习、跨学科学习、主题式学习、综合实践课等，也在大力建设实习、实训、研学和劳动教育基地，推进学生社会实践。我们认为，这些改革尝试绝不仅仅是为了选拔和培养少数未来的学者、科学家，而应该是为了提升每一位普通学生解决现实中真实问题的能力，改进他们的真实生活。对这些改革项目，有条件的学校、有能力的教师可以更多地关注和探索。我们更希望的是每一所学校、每一个家庭都真正注重学习与真实生活的关系，努力通过教育帮助人创造更加幸福美好的生活。在这方面，教育可以拓展的空间很大，有很多课都需要补，甚至可以说生活中真正重要的很多东西学校并没有教，包括健康生活所必需的生理、心理、疾病、医药、护理、营养等方面的知识与能力，家庭生活所必需的恋爱、婚姻、烹饪、育儿、养老、理财、娱乐、亲子关系、亲密关系等方面的知识与能力，社会生活中有关表达、沟通、决策、规则、分工、合作、市场交易等方面的知识与能力，自我管理和成长方面有关大脑、思维、情绪、学习、习惯、品德、志向、信念等的认识与引导，等等。在这些方面，也不需特别的培训和特别的资源条件，通过挖掘现有资源，调整教学内容，改进教学方法，每一所学校、每一个家庭都可以有所作为。例如，一些学校开展劳动教育，要求学生从买菜开始，独立做出荤素搭配的三菜一汤，这种学习任务设计就不仅能提高学生独立生活的能力，也能帮助学生履行家庭责任。还有的学校利用校园一角开展"蔬菜的种植"全过程学习，包括选种、育苗、耕地、施肥、浇灌、除草、灭虫，一直到收获、交易或自己烹饪享用，不仅记录其过程，还要分析作物成长的影响因素、种植的成本和收益等。这种尝试对于认识生命过程、农业知识、生产和消费，培养劳动能力和珍惜劳动的品质都特别有意义。我们在幸福教育实践中极力主张每天召开"幸福小班会"，坚持开展"小主人"系列活动，就是希望通过坚持不懈的觉察、反思、总结，不断提升学生认识自我、认识他人、自主学习、独立生活的能力。需要特别指出的是，在当前的考试改革中，有关部门也开始更加注重考察综合能力和解决实际问题的能力。所以，注重学用结合，不但可以提升学生的学习兴趣，提高解决问题的能力，而且同样可以提升考试成绩。

三、学以修身

强调学以致用是希望提升学生解决问题的能力，这些问题不仅包括外在的、客观世界的问题，也包括自身的、主观世界的问题。学习不仅是为了改造世界，更是为了改造自己。古人说"学以为己""学以成人"，就是强调学习在修身中的作用，要求人们不断提升自己的品行、境界，使自己成为真正的君子、大人。这个让自己不断"长高""长大"、不断自我完善的过程也是幸福的重要源泉。

学生运用所学改造世界总是有很多外在条件和约束,而改造自己的过程是无条件的、持续不断的。认识到这一点,就有可能在持续不断的自我完善、自我超越中收获持续的成就感和幸福感。

在冯友兰的"四境界说"中,"自然境界"者的幸福主要源自生理需求的满足;"功利境界"者的幸福来自功名、财富、权力的获得;"道德境界"者则可以从利他奉献中获得满足和幸福;"天地境界"者以天地万物为一体,超越生死、"无我"利他,其幸福是常人难以想象的。如果能不断提升自己的格局、境界,能超越"自然境界""功利境界",走向"道德境界"甚至"天地境界",就能不断体悟到更高层次需求得到满足的快乐,不仅能感受到获取、享受、名利带来的快乐,更能体悟到付出、奉献的意义与心安。由于"付出"是自主的、无限的,在付出中获得的人生幸福也将成为自主的、无限的。

从现实的角度看,现在的教育大多都在教导学生追求功利,学生求学只是为了考试升学、求职谋生、养家糊口。只要不变得"极端功利主义",这些都无可厚非,也符合世俗、礼法。但此时学生的幸福之源将仅仅限于"获得",而学业优秀,能获得荣誉和名校就读机会者总是少数,因此也只有少数人能从学习中获得有限的快乐。如果能引导学生从功利境界走向道德境界,"付出""利他"就可能成为他们的幸福之源,如果能"将有限的生命奉献于无限的为人民服务的事业",那么,人生将获得无限的幸福。这就是教育要注重引导学生修身的意义所在。

为帮助学生修身、提升境界,我们特别提倡以古圣先贤为师,注重对传统文化经典的学习,因为这些人类的导师和他们所著的经典都处于超越世俗的更高境界,遵循他们的引导才是实现人生境界超越的捷径。在经典学习中,我们不强调对文字的死记硬背和考据比较，而是强调"读书明理""经典修心"，希望通过切己体悟，而在心上有所收获，并能将学习的"心得"用于改变自己的实际生活，化为切实的行动。我们认为，只要能在某一方面确有触动、发生改变，就是真正的学习、真正的收获，这就是我们追求的知行合一、真知真行。在这样的学习过程中，每一点体悟、每一个细小的改变都会给人带来内心的喜悦。这就是孔子所言"学而时习之，不亦说乎"的状态。

修身既有日常生活中的"素位而学""事上磨炼"，也有困境逆境、关键时刻的"金之在冶""火中锤炼"。通常，学生和家长总是认为学习就是为了考试，而考试（尤其是关键的中考、高考）则被视为一场场残酷的选拔、淘汰，这种淘汰和竞争又是为了获取更多的名利。这种认识必然造成对学习和考试的紧张、忧虑、恐惧。我们主张转变观念，把学习、考试看作一种修炼，平时就是"素位而学"，大考就是"金之在冶"。希望同学们在平时学会合理利用时间，养成守时、惜时、早睡早起、规律三餐、注重锻炼等良好习惯；在学习和备考过程中养成刻苦、认真、细致、诚信、尊敬老师、团结同学、乐于请教的品质；通过考试，培养直面竞争、勇于挑战、正视成败、善于总结等良好品质和心态。我们也希望这些品行能在中考、高考之后长期保留，使自己受益一生，而不是"买椟还珠"，在考试之后只得到一个意义不大的分数和名次，却丢弃掉这些在长期学习和考试锤炼过程中养成的珍贵品质。

我们也期望，通过长期的学习，同学们能在古圣先贤的思想基础上融会贯通，形成自己稳定的世界观、人生观、价值观，在人生漫长的岁月中，不论外在环境如何风云变幻，都能坚守自己的原则立场，追求"吾道一以贯之"。这种不可动摇、不可剥夺的信念才是学习的真正所得，也应该成为每一位同学的重要追求。

第二节　同学共进

如果问孩子为什么喜欢上学？得到的回答可能是"学校能学到知识"，但更有可能是"学校有很多小伙伴"。同学群体能给人归属感，而归属感是人获得友谊、情感和幸福感的重要源泉；同学之间也可以形成良好的同伴效应，学业上互帮互助，相互激励，促进彼此共同成长。"一个人可能走得很快，一群人才能走得更远"，所以，同学群体也是学习成长、幸福教育的重要力量，在幸福教育中要充分发挥学生群体的作用。

一、相互友爱

学校是一个集体学习的地方，也是集体交流、共同生活的地方。学校中的人际关系对每个人的情感体验都有重要的影响。在友好的学校环境中，人人都会获得亲切感、归属感，也能找到自我价值；而在不友好的环境中，大家彼此陌生、孤立、歧视甚至敌视，会出现校园欺凌、帮派斗争。所以，我们主张学校应该成为一个幸福的大家庭，同学之间就应该是相亲相爱的兄弟姐妹，希望能在良好的同学关系中，化解孤独、抑郁、焦虑、恐惧等心理问题，达到"上医治未病"、防患于未然的效果。为此，不仅需要从学校层面努力，建设大家文化和幸福校园（第八章内容），也需要同学们自身努力，共建友好的人际关系和学习环境。

爱不仅是一种意愿，更是一种能力。同学们要学会相互友爱，不能仅仅靠纪律约束、教师说教或者是有限的主题班会教导，而应该通过长期、专门的学习和实践活动来提升相应的能力。当前国际社会备受重视的"社会情感学习"就与这方面的努力密切相关。1994年成立的美国"学术、社会和情感学习联合会"（CASEL）将社会情感学习（Social and Emotional Learning）定义为"儿童和成人通过掌握并有效地将知识、态度与技能用来理解和管理情绪，确立和取得积极的目标，感受和表达对他人的同理心，建立和维护积极的关系，并做出负责人的决策的过程"①。它包括自我意识、自我管理、社会意识、人际关系技能和负责任的决策五项核心能力。经济合作与发展组织（OECD）等国际组织也在全球范围积极推动社会与情感能力的培养，它于2015年发布报告《促进社会进步的技能：社会与情感能力的力量》，分析了社会与情感能力对于个体幸福与社会进步的影响；在2017年再次发布报告《社会与情感能力：幸福、关联与成功》，提出了对社会与情感能力进行全球评估的框架。②这方面已经有较多的研究、著述和实践，值得学习借鉴。

在心安幸福教育实践中，我们一直以培养仁、智、勇"三达德"为目标，围绕"真爱""尽责""成长"设计和组织相关活动。为促进同学友爱，我们在第八章已经介绍了"大家文化""幸福小天使""校园小主人"等理念和活动。在此，再推荐一项"幸福小伙伴"活动。

"幸福小伙伴"就是在同班同学中结成多人一组的伙伴关系，其目的是增加同学之间的相互交流，促进相互了解、相互帮助。我们建议由4~5位同学组成一组，这些小组的组建在最初可以由班主任发动，由同学自己自由组合，也可以根据家庭住址组建。根据自愿的原则，从一两个小组开始，逐步推广，最终要求全班同学每人都归入一个小组。在活动初期，这些小伙伴们要在校园内外有意识、有组织地开展一些集体活动，如一起上下学、家庭互访、互祝

---

① 刘湘燕：《让我听见你：社会情感学习的叙事探究》，商务印书馆，2022，第3页。
② 黄忠敬等：《社会与情感能力：理论、政策与实践》，华东师范大学出版社，2022，第2页。

生日、集体出游、集体观影等，再进一步可以扩展到课后一起写作业、共读一本书等。小伙伴关系也可以从同学扩展到家庭，形成4～5个家庭的伙伴关系，孩子相互交流，父母也可以相互帮助、易子而教。幸福小伙伴的意义在于消除独生子女、留守儿童的孤单感，也可以解决多子女家庭孩子与同龄人缺乏深度交往、缺少朋友的问题。在"新冠"疫情尤其是"封控"期间，许多学校利用"幸福小伙伴"组织学生小组网上交流，对于消除隔离的孤独、提高线上教学的效果发挥了非常积极的作用。需要注意的是，幸福小伙伴的目的是促进互帮互助，而不能形成小团体、小帮派，所以小伙伴的成员也应该定期交换。

二、合作学习

由于当前学校教育中的考试、评价基本上以个体为单位，所以师生、家长也更注重个体的学习。然而，学会合作是未来工作、生活的基本要求，相互合作也是促进个体学习的重要途径，学校的重要优势之一就是可以发挥群体的优势开展合作学习、培养合作品质。由于认识到合作的重要意义，"合作学习"也成为一种专门的教学和学习理论。合作学习（cooperative learning）是20世纪70年代初兴起于美国的一种富有创意和实效的教学理论与策略。由于它在改善课堂内的社会心理气氛、大面积提高学生的学业成绩、促进学生形成良好的非认知品质等方面成效显著，很快引起了世界各国的关注，并成为当代主流教学理论与策略之一。合作学习是一种结构化的、系统的学习策略，由2～6名能力各异的学生组成一个小组，以合作和互助的方式从事学习活动，共同完成小组学习目标，在促进每个人的学习水平的前提下，提高整体成绩。在我国，从20世纪80年代开始就有合作学习的探索，至今都受到广泛重视和欢迎，在这方面也有很多专著和译著可供参考，例如美国戴维·约翰逊的《合作学习》，日本东京大学佐藤学的《静悄悄的革命》，盛群力、郑淑贞的《合作学习设计》，伍新春、管琳的《合作学习与课堂教学》，陈静静的《学习共同体：走向深度学习》等。

在幸福教育实践中，我们借鉴合作学习的理论和实践，重点推荐了以下两项合作学习策略。

1. 费曼学习法。理查德·费曼（Richard Feynman）是美籍犹太裔诺贝尔物理学奖获得者。费曼学习法的基本原理是"输出是最好的学习"，知识的单纯输入可能只能接受其中的5%，而在输入基础上再输出则可能掌握相关知识的80%。其基本过程可以简化为四个单词：Concept（概念）、Teach（教给别人）、Review（回顾）、Simplify（简化）。第一步，明确一个需要学习掌握的概念或知识点（C）。第二步，用简易的语言讲授这个概念或知识点（T），通过讲解加深理解。如果遇到不明白的节点或卡点，就重新组织自己的语言，以便让对方听明白。第三步，回顾与查漏补缺（R）。回到原始材料，重新学习归纳，直到能用基本的术语或简单的词语解释此概念。第四步，简化语言表达（S）。用自己的语言，而不是学习资料中的语言来简化表达此概念，确保自己真正理解，讲授对象也能听明白。在实践中，可以将同学按照两两一对，组成学习小组，通常是成绩好的与成绩相对较差的搭配。在重点知识、核心概念的学习过程中，在同学自学、教师讲解的基础上，可以要求同学相互讲解，达到有效消化、吸收的目的。由于同时有一半的同学在讲解，与请个别同学单独发言相比，其效率大大提高。在课堂讨论、作业和复习过程中，也可以充分发挥互助小组的作用，相互启发、相互检查，发挥每位同学的能动性。

2. 基于"优秀科目"的小组合作学习。即在不对传统课堂教学模式进行大的改革的情况下，要求教师将全班学生分成若干个4～5人的学习小组，在每堂课的教学中都安排一定时间的小组交流和讨论。小组成员的构成可以根据学生实际和学科特性，或者同水平同学一组，或者不同水平者一组（两种方式各有利弊），将小组成员安排在相邻的座位。在小组合作学习中，我们特别推荐格拉瑟提出的"优秀科目"学习策略，其基本做法就是：每位同学在每个学期可以自主选择一门"优秀（S）科目"（类似于"优势""兴趣"科目或"自我挑战"科目），若想在某科目上得到"优秀"成绩（单独的评价，不同于普通科目的"A"等），就要独立地做额外的、更有挑战性的作业；在时间允许时，还要把自己的作业提交给全班同学评论，以起到启发同学的作用；此外，还要每周拿出一些时间来帮助那些该科成绩不好的同学。[1]通过"优秀科目"的挑战性学习，学生可以实现单科重点突破，获得成功感和自信性，也能从中总结学习方法并迁移到其他学科。在小组合作学习中，可以要求每位同学各选一门"优秀科目"，并在该科目的学习中担任学习小组组长，以实现小组成员各负其责、各有所长。在一定时间（如一学期）之后，可以同时调整"优秀"科目，以避免偏科，实现均衡发展。通过这种方式，不仅可以使每位同学都能在"优秀科目"的学习中找到成功和自信，同时也能通过优势学科同学的带动作用，促进其他同学的学习，达到各有所长、相互学习的效果。

三、良性竞争

尽管我们强调学生之间的合作，但竞争才是学生关系的基本色调。百年之前，奥地利心理学家阿德勒就不无忧虑地指出："现

---

[1]〔美〕威廉·格拉瑟：《没有失败的学校》，唐晓杰译，首都师范大学出版社，2010，第102页。

行体系下，我们时常会发现这样一种现象，那就是初次进入校园的孩子更习惯竞争，而不是更习惯合作，而在他们整个的学习阶段，他们也将一直加强竞争意识。对于孩子来说，这是一件极其悲哀的事情，称之为灾难都不为过。……不管是哪种情况，他们关心的都只是自己，他们的生活目标是给自己创造更多可能，而不是贡献和帮助。"① 这种状况用来描述当今教育也同样适用。这样的竞争可以称为"不良竞争"或"恶性竞争"，即用不当手段获得某些相对的优势，却可能危害对方甚至也危害自己发展和进步的行为。在学校生活中，同学之间的这类竞争普遍存在，例如：（1）以唯分数论为标准对学生进行排名和比较，看似激发了学生的努力，实则违背素质教育初衷，导致学生的片面发展以及大多数学生的挫败感。（2）"不要输在起跑线上"的观念，导致孩子们学习、考试和竞争的低龄化、功利化，繁重的学习负担不仅影响孩子的身体发展，也极大地挫伤了他们学习的积极性。（3）学生中的"内卷"，其本质是在"零和博弈"中竞争各方不断增加投入，却不能提升效益，导致时间、精力投入的贬值。在中考、高考以及考研过程中，名校录取的人数总是基本稳定的，而学生们为了获得这些有限的入学机会而不断增加投入，提升做题的熟练和精细程度，不断推高录取分数线，这种竞争显然是无效的，甚至是有害的。（4）一些学生存在攀比家庭条件、物质享受的行为。（5）一些学生为显示自己聪明，表面上假装不努力以"麻痹"竞争对手的行为。（6）人为制造障碍或故意损害对方名誉等损人利己的行为。这些恶性竞争不仅妨碍同学发展，伤害同学友谊，也将贬低自己人格，降低自尊和被尊重的水平。

---

① 〔奥〕阿尔弗雷德·阿德勒：《自卑与超越》，爱罗译，中国华侨出版社，2018，第149页。

但是，我们应该看到，还有一种竞争可以称为"良性竞争"，即用正当的手段、能促进彼此共同发展和进步的行为。孔子曾经为我们描述了一种君子之间的竞争。子曰："君子无所争，必也射乎！揖让而升，下而饮。其争也君子。"（《论语》八佾篇）君子通常不与他人争，一定要争的话，可以是比赛射箭。比赛时，上场前先作揖行礼，射完后又相互作揖，并饮酒相祝。这才是君子之风，他们的竞争体现的是彬彬有礼、相互揖让、相互学习、相互鼓励、共同进步。孟子也说："仁者如射，射者正己而后发。发而不中，不怨胜己者，反求诸己而已矣。"（《孟子》公孙丑章句上）仁者如射箭，先沉心正念，再引弓发射。若没射中，不会抱怨胜过自己的人，而是反躬自省自己的技艺和心态。这也指明了仁者对待竞争成败的态度，即不怨天尤人，而是反求诸己。

在运动场上公平竞赛，为不断提高自己的运动成绩而更加刻苦和科学地训练，就是典型的良性竞争。笔者学生时代曾是学校田径队的跳高运动员，在我们的日常训练和比赛中，队员之间既是竞争对手也是亲密队友。尽管比赛之后总会有名次的差别，但每一次比赛大家都是在尽最大努力跳出最好的成绩，不断超越自己"最高记录"的喜悦会远远超过名次、荣誉所带来的奖励。因此，每一次试跳时，大家都会相互鼓励、相互提醒，大家也会为每一位队友的新突破而由衷地高兴。在跳高运动中，我们真实地体会到了刻苦训练、改进方法的意义（如背越式就明显优于跨越式、俯卧式，通过训练增强素质、改进技术就能不断提高成绩），也真切地感受到了要直面困难（跳高就是要超越障碍），要勇于挑战（克服对新高度的恐惧，不断挑战和超越自己的"极限"），要珍惜机会（每一个高度都只有三次试跳机会，每一次都要以最好的状态去冲击），要享受超越（充分感受每一次超越横杆的成功、美妙和喜悦），要正视成败（不论名次如何，只要有新突破就是成功；不因挑战最高高度失败而沮丧、退缩）。我们也由衷地认识到要感谢教练、感谢对手、感谢观众，没有这些人的支持、帮助和激励，就没有自己的成功。基于自身经历，本人也特别倡导每一位同学都养成一项运动专长，并在运动中通过"具身认知"来"体悟"与自己、与他人的关系。许多运动比赛都可以在竞争中培养品德、促进成长，可以让学生直观而真切地体悟良性竞争的意义，这就是体育的育德功能。

不仅在体育中需要良性竞争，在文化知识的学习中同样需要。学习不只是为了在班级、学校获得好的名次，甚至也不是为了在全市、全省拔尖从而在高考中胜出。升学竞争只是一个"零和博弈"，学校教育的最终目的是促进学生心智的共同成长。为此，一方面学校应按照国家政策的要求，尽可能地改变评价方式，打破唯分数论，注重综合评价、增值评价、过程性评价和个性化评价，另一方面，更希望同学们能改变观念，以真正有利于自己和同学的共同发展为原则开展竞争，在同学之间比勤奋努力、比学习方法、比班级贡献、比进步幅度，在竞争中展现和提升自己的能力和品德，也在竞争中学习他人的长处，形成"比、学、赶、帮、超"的良好氛围。在学习、比较过程中，还需要引导同学们逐渐明晰自己的优势，找到自己的兴趣和特长，制定合理的学习目标，不好高骛远、盲目攀比，也不因竞争而过度焦虑、紧张。这样的良性竞争将使同学们在真正的成长中得到获得感，在相互帮助、共同进步中收获友谊，彼此感谢。这就是以友辅仁、以友增智，也是孔子所言"有朋自远方来，不亦乐乎"的状态。

除了智育、体育，德育中也应开展良性竞争。不论是学生年代的升学竞争还是毕业之后的就业竞争，归根到底都是综合素质的竞争。要在竞争中取得优势，不仅要身体健康、才智出众，更要品德高尚。在科技越来越发达的今天，体力和智力已经越来越容易被智能机器取代，美德则因其为人所独有而变得更为珍贵。所以，更应该重视在相互竞争、相互帮助中促进品德的成长。美德的竞争比的是利他、付出和思想境界的提升，因而一定是一个互利共赢的竞争。许多学校开展争当（而非评选）"阳光少年""美德之星"等活动，鼓励学生在礼貌、友善、自律、互助、尊师、孝亲、好学、勤劳、节俭、诚信等方面自觉努力、相互激励，就是开展修德之争的有益实践。

第三节　自主成长

自主是人生的重要需求，自主性、胜任感是人生成就感和幸福感的重要来源和基础。真正的自主体现为对行为目的、意义、影响以及自身责任的明确觉察之后所做出的理性选择。阿德勒曾言："生命的意义不是由环境决定的，而是我们赋予环境意义，从而决定自己的人生。"[①]教育的目的是促进人不断向上向善、幸福成长，在此过程中，父母、老师、同学以及家庭、学校、社区等其他个人和环境都是外因，尽管外因具有重要的影响，但在人生中起关键作用的还是内因，对自己人生意义、目的、发展方向和道路的选择，以及在此基础上所付出的努力和具体行动才是决定人生成就和幸福的决定性因素。可以说，对于人生发展而言，包括父母、老师、导师、领导、朋友在内的所有人都只是"助教"，只有自己才是自己的"主教"。对于外因，可以选择，也可以主动去改变，但真正能自主改变的是内因，所以古人告诫我们："行有不得，皆反求诸己。"正因为可以自主人生，孔子才能做到箪食瓢饮而不改其乐，

---

① 〔奥〕阿尔弗雷德·阿德勒：《自卑与超越》，爱罗译，中国华侨出版社，2018，第12页。

做到"人不知而不愠","随心所欲不逾矩"。这是万世师表孔子为我们树立的榜样，也是每位学生应当努力追求的方向。

一、自主选择

自由、自主是一种很诱人的状态，每个人都强调自己的自由，都追求自主选择。但是，很多人都没有意识到自由与限制、责任的关系，以至于陷入没有原则和方向的自由主义，不仅失去了真正的自由，也难以享受人生的幸福。例如，很多人都在追求财务自由，但绝大多数人都以失败告终，即使少数人得到了巨额财富，财富的增长也赶不上欲望的膨胀，仍然得不到"自由"。很多人强调多元价值、言论自由，却让自己迷失在各种似是而非的学说、观点之中，没有清晰的判断标准和选择方向，整日或者痛苦纠结，或者随波逐流。

我们强调和尊重每一位学生的自主选择，但这种选择显然不是自私、懈怠、享乐、躺平。我们希望每一位同学确立明确的人生方向，即向上向善，并为实现这一方向而不懈奋斗，在完善自我、造福社会的过程中实现幸福人生。这就是本书一再强调的立志。如果能立定高远志向，人生的目标和方向就已经确定，也就可以说在人生最重大的问题上已经有了明确的选择，已经处于一种"无需选择"也"别无选择"的状况，因而就会感到简单、轻松，没有纠结和迷茫。这将是令人向往的。王阳明说："志不立，天下无可成之事。"由此也可以说，立志是走向人生幸福的开始，志不立，天下无幸福可成。

有高远的志向为基础，在实现志向的具体道路、方法选择上就可以充分尊重学生的意愿，放心地赋予学生充分的自主权。不仅如此，还要努力创造条件，为学生自主选择提供更多的机会和可能，帮助他们在选择中认识自己、实现自我。例如，在中小学阶段广泛开设各种兴趣班，鼓励学生创设或加入各类社团，不断发现自己的能力和品格优势，培养自己的志趣和特长。

山东冠县近年来在全县范围内开展"五心"幸福教育（即政府用心、教师倾心、学生开心、家长安心、社会放心），并组织了二十所学校加入心安幸福教育实践。在"学生开心"方面，冠县大多数学校都有一项特别安排，即"快乐周三"，也就是说，在每周三下午，全校都只开设兴趣活动类的选修课程，如各种球类、棋类、乐器、书法、舞蹈、曲艺、合唱、朗诵、民间艺术等。通过教师挖潜、广泛外请教师等方式，即使是偏远的农村学校（如柳林镇武训希望小学）也能开出三四十门这样的校本选修课程。通过跨年级走班、选修的方式，每位学生选学一到两门自己感兴趣的、适合自己能力水平的课程。"快乐周三"不仅使周三下午的校园成了欢乐的海洋，也极大地丰富了学生校园生活的每一天，并进一步影响了学生的课余生活和兴趣、特长的校外强化。通过这种方式的长期培养，每位学生都可以有一两项终身受益的特长，并在共同学习、相互交流、比赛中收获自信和友谊。类似"快乐周三"这样的全员选修制，冠县可以做到，其他地区当然也可以做到，故此特别推荐。

增加学生自主选择的领域和方式还有很多，例如，在日常作业中，就可以布置更多的"选做题"；在学习科目设置上，多开设选修课；新高考背景下，增加选考科目，鼓励学生自主选科选考；在高考志愿填报和录取时，增加平行志愿，探索"一档多投，多校同时录取"的机制，将最终选择权交给学生自己；在职业选择时为学生创造在多种职业、岗位实习体验和选择的机会；等等。为鼓励学生自主选择，还应该引导学生认识到每个人才能、优势、成长阶段的独特性，不与他人盲目攀比；要认识到"条条道路通罗马"，适合自己的才是最好的。此外，作为教师和家长，还应该对学生选择中的错误、探索中走过的弯路给予充分的理解和宽容，真正把选择和试错视为成长中的必修课，放心大胆地支持学生自主选择。

　　自主选择不仅是一种权利，也是一种需要培养的能力。不同的选择会有不同的影响，有时甚至会"一失足成千古恨"。在人的一生中，家长、老师或许可以在儿童、青少年阶段提供陪伴、帮助做出选择，但没有人能陪伴一生，能在一生中随时随地陪伴并为自己做出选择的，只有自己。为此，提高辨别是非、善恶、美丑的能力就非常重要。这些能力可以通过向家长、老师学习和请教，但在大多数情况下，父母和家长也只是普通人，认识、格局、境界都难免受限，所以我们主张以圣贤为师、向经典学习。依据圣贤和经典的指引会大大减少出错的概率，但是，古人所说、所做都是基于当时的特殊时代和环境，针对特定的人物和事件，如果机械照搬、食古不化，必然会犯教条主义的错误。正因如此，王阳明教导我们："千圣皆过影，良知乃吾师。"圣贤只代表过去，其具体的文字只能作为启发、参考，需要坚持的是其根本原则、大道，而每个人所拥有的良知就是天理，就是圣人之道。"知善知恶是良知，为善去恶是格物"，每个人的良知都能区分是非善恶，依照良知指引而行，就是在为善去恶。当然，也应该认识到，良知容易被私欲蒙蔽，所以就需要不断"致良知""事上磨"，在真实的学业、职业、道德行为选择中学会判断，提升选择能力和品德境界。

二、自我管理

　　有了明确的人生方向和道路，并不意味着就能达到目标。"不积跬步，无以至千里；不积小流，无以成江海。"（荀子《劝学》）

要达至千里，就需要扎扎实实、一步一步地走，还需要对整个行程进行有效的管控，例如，要把控时间、节奏，要抵制外在诱惑、克服内心懈怠，避免急躁、悲观情绪，等等。在人生的道路上，也需要有效的自我管理。能管好自己的人，才是真正自主、自由的人。但这绝非易事，例如，人们都知道保持身体健康、避免肥胖的基本方法就是"管住嘴、迈开腿"，但有过减肥经验的人都知道每餐"管住嘴"有多难，每天"迈开腿"有多不容易。"管住嘴"就是控制欲望，"迈开腿"就是避免懈怠，从保持身材的角度看，需要一生"管住嘴、迈开腿"，从实现人生志向和目标的角度看，也需要始终"去私欲""不懈怠"。

由于心智发展不够充分，良好习惯没有养成，时间观念、规则意识不够清晰，青少年的自主管理能力普遍比成年人更弱，所以，在青少年中常常会出现情绪不稳定、沉迷于游戏、做事拖延、注意力不集中、不遵守纪律等各种缺乏自律的现象。提升学生的自主管理能力也是一个漫长的过程，一方面需要家长、教师在日常学习、生活中明确目标、制定规则、严格要求，在良好的集体中通过集体生活培养自我克制、自我管理的能力，另一方面，也需要引导学生真正明白"做自己的主人"的意义，在缺少外在监督、约束的情况下也能有意识地自我监督、自我提醒，努力做到慎独、克制，并在此过程中体悟自主和成长的乐趣。

自我管理的内容很多，从管理的要素看，包括目标管理、时间管理、资源管理等，从具体对象看，包括情绪管理、健康管理、兴趣管理、财富管理、人际关系管理等。可以说，凡是与自己有关的一切都可以纳入自我管理的范畴之中。针对自我管理的每一个方面，都可能有很多具体的原则、方法和技巧，例如：制定严格而有弹性的作息时间表，进行时间管理；分解目标任务，区分轻重缓急,按"要事优先"的原则进行任务管理;建立情绪角,通过积极暂停进行情绪管理等。这方面的专门著述非常多,很多都非常有价值,建议家长和教师主动学习,也可以推荐给学生,或在班级中共同学习、实践。

从根本上看,自我管理就是以"自我"为对象进行管理的过程,与其他管理一样,也可以包括计划、监察、评价、反馈、调控等环节。结合传统文化的教导,我们认为,在目标、计划(志向)确定之后,自我管理最重要的两项功夫就是觉察和反省。

"觉察"就是要时时保持清晰的自我意识,知道"我是谁""我在哪儿""我在做什么""我有何感受"。王阳明强调"行之明觉精察处即是知",要努力对自己的每个行为都有清晰的、主动的觉知,并用良知对其进行判断,依良知的指引对行为进行调整。这种觉知、体察的过程就是"觉察",是评价、控制和自我调节的基础。"反省"就是要不断对自己的行为进行反思、内省,判断行为的是非善恶,从而明确行为的意义、价值、影响,这个过程就是"评价""反馈"和"调控"。"觉察"是"知","反省"是行,觉察反省实际上就是一个知行合一的过程。从学习科学的角度看,这种觉察反省的过程就是一种提升元认知、使自己成为自我调节学习者的过程。"具备自我调节能力的学习者能够理解自己的学习方式,并对调节和控制自己的学习过程负责。教育的一个主要目标便是帮助人们成为一个具备自我调节能力的学习者。"[1]

为提升觉察反省能力,我们建议教师、家长和学生进行"观呼吸"或"正念冥想"练习,从感受呼吸引起的身体细微变化开始,觉察意识的起落,并逐渐实现对意识的自觉引导,培养觉察力和专

---

[1]〔美〕理查德·梅耶:《应用学习科学》,盛力群等译,中国轻工业出版社,2019,第43页。

注力。我们也特别推荐所有人坚持书写《幸福日志》，建议各个班级坚持践行"幸福小班会"，将"觉察幸福"和"三省吾身"作为每日的必修课，以提升学生的觉察反省能力，引导学生过一种有自觉意识、有反省能力的人生。

三、自我激励

由于自我认知不足，人生观、价值观还没有完全确立，儿童、青少年的行为和情绪较易受外在评价的影响，家长、教师、同学的肯定、否定、赞扬、批评都可能左右他们的选择。因此，学校和家庭都应该加强正面引导和榜样示范，对孩子们给予更多的积极肯定和鼓励。

现在的教师和家长也都知道鼓励的重要性，常常会把"你真棒""你真聪明""你真能干"之类的话挂在嘴上，但这种廉价的甚至口是心非的表扬其实并没有效果，甚至常常会引起孩子反感。在此情况下，孩子们并不知道自己为什么棒、能干。所以，我们主张教师和家长要真诚、用心地鼓励，不仅指出孩子好的方面，还要告知他为什么好，如"你真棒，这么小就能帮父母做饭"，"你有很强的自律性，今天一天都没有玩手机"，等等。这种鼓励被称为"二级反馈"，即不仅评价好与坏，而且告知"为什么"。在对孩子进行鼓励时，也要特别注意价值方向引导。很多家长和老师对学生的鼓励都是物质奖励，如奖励小玩具、小文具、小食品等，还有一些游戏会用虚拟货币对孩子进行奖励，久而久之，很可能让孩子形成学习和工作就是为了获得财物的观念。还有一些教师发现用物质激励、口头表扬无法"触动"学生，尤其是无法触动那些家庭富裕的孩子，于是就会变通方式，用当小干部、给各种"荣誉勋章"等方式来刺激学生。殊不知，这其实仍然是在用钱、权力、名誉诱导、控制学生，很可能使学生形成"所有的努力就是为了名利权势"的思想。还有一些家长和老师对孩子进行奖励的主要方式就是允许玩游戏，而惩罚的主要方式则是搞劳动，如打扫卫生、洗碗、倒垃圾等。久而久之，孩子也会视劳动为"劳改"，就会好逸恶劳，不以劳动为荣，反以劳动为耻。

可见，来自父母、老师的外在激励，如果把握不好分寸、方法和方向，就很容易导致孩子对外在激励的依赖，导致为家长，为老师，为奖励、荣誉、升学、就业、高薪而学的现象，进而误导学生形成错误观念，把学习作为一项苦役，感受不到学习本身的乐趣，在外在激励消失或缺乏足够刺激时便会失去对学习的兴趣和动力。不论是物质、金钱、名誉、权利的刺激还是娱乐、劳动的奖惩，都是"胡萝卜加大棒"的控制，此时的孩子其实并没有真正的自由，也不能从自己的自主行为中获得快乐和自尊。在学校和家庭教育中，真正应该注重的是培养孩子自我激励的能力。

自我激励是根据自己的价值标准指导行为选择、评价成败得失并从中获得自我肯定的过程。在自我激励状态下，人们对他人的奖惩、褒贬将是"宠辱不惊"，展现出"人不知而不愠"的君子风貌。在人生发展中，"外因是条件，内因是关键"，自我激励和内在动机才是实现人的可持续发展的根本动力。越是高尚、长远的目标越能激发强大而持久的动力。所以，我们强调青少年应当坚定理想信念，志存高远，不追求短期功利，不爱慕外在虚名，不随波逐流，也不患得患失，在不断向上向善的奋斗中实现人生的意义与价值，并体悟内在的心安。

对于青少年而言，要求他们都立定高远志向并完全依靠自我激励显然不现实，但却可以要求教师和家长在教育过程中注重内在激励与外在激励的结合。一方面，在外在评价中要注重多元评价、个性化评价、过程性评价，鼓励学生的优势、特长和努力，另一方面，要给学生更多自主选择、自我管理的机会，在实践中加强对学生内在动机的激发和自我激励能力的培养。在幸福教育实践中，很多学校都在探索"幸福评价"，其主要特点就是在评价主体上突出自我评价，在评价过程上注重自评和互评相结合，在评价结果上强调每个人的优势与独特性，在评价目的上追求每个人全面而有个性的成长，并在成长中体悟胜任感、价值感和幸福感。例如，广州市长兴中学的"星级评价体系"，为学生设立"礼仪之星""守纪之星""卫生之星""诚信之星"等15颗星，并为每个方面提出具体标准，学生可以自主选择"追星"的领域，并按照标准对自己的行为评分。通过这种方式，长兴中学使优秀的标准内化于心、外化为行，使所有学生都可能成为一颗闪亮的"星"。这其实就是一种自我激励的具体化。再如，长沙博致学校秉持"办一所让人幸福的学校"的办学理念，认为每个孩子都是独一无二的种子，通过践行"小种子评价体系"，将"我们不一样，我们都很棒"的学生观落到教育、教学和学生评价的各个方面。学校通过每天的过程学习单指导学生分层学习、自主作业；用阅读记录单自主记录阅读书目和字数；用项目作品和展示墙呈现项目式课程学习成果；用一周时间以逐一"闯关""达标"的方式开展期末检测；为基础差的学生单独出一套试卷考试；用全员参演话剧的方式让学生体验每个角色的重要性；期末为每个孩子颁发属于他一个人的生命颁奖词；等等。这些做法都极大地淡化了分数、排名、统一标准和教师评价，将评价的自主权交给学生自己，使评价只为促进学生的自我认识、自我激励、自主成长。

按照《内在动机》一书的观点，在教育过程中，"正确的问题不是'人们如何激励他人'，而是'人们怎样才能创造条件让他们激励自己'"①。教师和家长需要努力的是满足孩子对自主、胜任、联结（归属）的需求，帮助他们认知到自己的优秀并把优秀变为一种习惯，从而能发自内心地认可、欣赏自己，自信地面对人生挑战，自主地承担社会责任，在尽责、成长中收获心安和幸福。

本书反复建议的幸福日志、幸福小班会、家庭会议等相关实践，实际上都是在进行自我评价；明觉精察、三省吾身、反求诸己等日常功夫也是为了提升辨别是非、自主选择、自我管理的能力，而其结果则体现为诚于己、信于人、为善去恶等方面，进而自然会使人获得更高的社会尊重和更坚定的自信、自尊。幸福教育的理论基础是"境界自修论"，自修则必然要求自主选择、自我评价和自我激励。古人说"修德修福"，人生幸福就是在自觉自愿、持续不断的修道立德中赢得的。

---

① 〔美〕爱德华·德西:《内在动机》，王正林译，机械工业出版社，2021，第11页。

附一：立志是人生最好的礼物①

今年5月2日，在五四青年节和北大120周年校庆日来临之际，习近平总书记考察北大，并对广大青年提出了四点希望：爱国、砺志、求真、力行。关于立志，总书记教导大家，"立鸿鹄志，做奋斗者"。

立志是古圣先贤一贯的教导。孔子说："三军可夺帅也，匹夫不可夺志也。"苏轼说："古之立大事者，不惟有超世之才，亦必有坚忍不拔之志。"王阳明说："志不立，天下无可成之事。"可见，立志对于一个人的一生具有多么重要的意义！关于立志的事例更是数不胜数。曹操老骥伏枥，志在千里；岳飞牢记母亲的教导，用自己的一生精忠报国；玄奘为了求取佛经原文，不惜跋涉数万里，终于取得了真经，为佛学在中国的发展作出了重大贡献……无数名人志士的事迹一再告诉我们立志的重要意义。

在今天这样一个"立志日"，我想与大家一起反问自己这样几个问题：我立过志吗？立过怎样的志？立志对自己产生了怎样的影响？如果重新立志，我该立个怎样的志？

1

相信很多人都立过志，我也一样。

我出生在农村，因为父母很早就去世了，所以家里非常贫困。那时我对"人穷志短"这个成语特别敏感，现在想来，我害怕的其实是那个"穷"字，我特别希望能够摆脱贫困，自立自强。而我那

---

① 幸福教育强调"立志为先"，故需特别劝导。本文为作者2018年"'5·18'立志日"于北京师范大学辅仁校区所作的演讲整理，原载于《中国德育》2018年第12期，略有修改。

时候唯一能做的就是努力学习。

当时我住在生产队解散后留下的一个很破旧的土坯房子里，那里四周没有遮拦，冬天透风，夏天漏雨，还要忍受无数蚊虫的叮咬。后来我想了一个办法：找来一桶水，穿着长裤，把双腿浸泡在水里，这样蚊子就咬不到我了。就是通过这样刻苦的学习，我初中毕业后顺利考上了中师。如果不能上中师，我很可能就辍学了。我还记得上中师后的第一个月，国家给我发了11块3毛钱的生活费，加上我自己省吃俭用，每月还能有些余钱。从那时候开始，我就基本摆脱了贫困。

在中师学习期间，有一个高年级的学长对我说，现在读中师的同学也有机会上大学，每个班大概有一个人可以保送到大学，你条件不错，一定要努力，好好争取。就是这么一个不经意的点拨，让我重新燃起了上大学的愿望。自那以后，我更加努力、自觉地学习，不仅认真对待每一次考试，而且有意识地去培养自己的兴趣爱好和特长。努力的结果是喜人的：我连续三年保持全班第一的成绩，还获得了全省中专运动会的跳高冠军。因此，我非常幸运地获得了全班唯一一个保送上大学的机会。那一年我18岁。

读大学期间，我获得了学校的最高奖项——"未来教育家奖"。这个奖项在很长一段时间都给了我极大的激励，我暗暗地想，要终其一生，把"未来"二字去掉，成为"教育家"。但这一次，我却没有那么顺利。尽管我大学毕业后留校任教，又读完了硕士、博士，甚至当上了北大的院长、教授，但"教育家"几个字却似乎与我渐行渐远。这有两个原因：一是按照教育界的标准，成为教育家必须具有自己独到的、系统的教育思想，并且有长期的、卓有成效的教育实践。这个条件是如此之高，以至于人们普遍认为当代中国基本上没有公认的教育家，最多只有教育学家或教育名家。二是我是学教育学的，一直都是在批判性地学习教育家的思想，也就是辩证看待、批判吸收，其实基本上就是批判。于是我就想，即使成为教育家，也终究逃不过被别人批判的命运，"教育家"几个字的吸引力也就小了，做教育家的愿望也就慢慢消失了。

由于缺乏志向，在很长一段时间里，我都处于困惑迷茫甚至疲惫懈怠的状态。我当时抱有这样一种认识：人生就像一条抛物线，分上半场、下半场，上半场要努力拼搏，看谁走得快、走得高；下半场，就要看谁走得慢，在高点保持的时间长。我想自己大概已经到了那个最高点，要开始进入下半场了。所以，我执意辞去所有的行政工作，准备安心做一个普通的教授，也开始注意锻炼身体，参与各种兴趣活动。我觉得自己从农村一路走来，能取得现在的成绩，已经很幸运了，应该知足常乐，我甚至还常常会为自己不求功名的清高而沾沾自喜。我虽然这样想，但良知会不时地告诉我：是党和政府把我从小抚养大，让我得以顺利完成学业，成为北大的教授，我怎能在如此年富力强的阶段就心安理得地去享受生活、贪图安逸呢？因此，我的内心一度非常纠结。

2

在我辞去行政工作后不久，一个偶然的机会让我开始了阳明心学和传统文化的学习。我发现阳明先生一直在反复强调立志："夫学，莫先于立志。""后世大患，尤在无志。""志不立，天下无可成之事。""志不立，如无舵之舟，无衔之马，飘荡奔逸，终亦何所底乎？"这些话一次次撞击着我的内心，如醍醐灌顶，我告诉自己：一定要改变，要立志，而且要立大志。

2016年4月2日，也就是我学习致良知的第19天，在一次学习会上，我在手机中输入了一个问题：如何才能成为像阳明先生那样的万世师表？小程序出现的答案是阳明先生的文字："圣人之所以为圣人,惟以其心之纯乎天理而无人欲,则我之欲为圣人,亦惟在于此心之纯乎天理而无人欲耳。"我从中受到了极大的激励,所以就在那天,我有了新的志向:我要做一个为人师表的楷模。

说来真是奇妙,一旦人有了志向,生活就会变得完全不一样。

首先,我觉得生活充满了希望。我不再认为人生是一条抛物线,而是可以任何时候都垂直攀登的直线——48岁不是生命走向衰退的拐点,而是真正精彩人生的起点。我的体力可能会下降,但品德、境界可以不断提升,如果可能,我还会在八九十岁时成为德高望重的长者。这样的人生是多么美好!

其次,我还觉得生活充满了能量。现在,人们会把很多精力放在找工作、赚钱或者知识的积累上,这其实是在舍本逐末,须知:"德"才是最重要的。《大学》说:"德者本也,财者末也。"认识到了"德"的重要性,我们就应该主动将立德树人的根本任务作为自己的使命。我开始每天带领学生、教师、校长一起学习致良知,甚至为此在一百天之内去了贵州修文五次。尽管我比以往任何时候都忙,但在不知不觉中,我发现自己以前腰酸腿疼、失眠耳鸣等问题反而神奇般地消失了。我的心更定、更静了,我感到更心安、更坦然,我有了更明确而果断的取舍,并由此感到了前所未有的幸福。

在此过程中,我深刻感受到,其实教育工作者大多心中充满理想,但有时会很迷茫,找不到方向。我希望有这么一个组织,能够给更多的人以指引。于是,在一批志同道合者的帮助下,我在2017年1月7日发起并成立了致良知涌泉学苑。这是一个自发自助的学习平台,没有一砖一瓦,也没有一分钱的学费收入,所有人都是志愿者。但就是这么一个组织,竟然在不到一年的时间里招收了上万名学员,包括老师、学生、家长等群体。在这里,我们每天努力不说谎、不抱怨、尽己责,共同读圣贤书。最近,我们又发起了以

"静水深流，舒展生命"为主题的百校百班致良知教育试点，希望共同探索出一条简易而广大的教育之道。我们有一个共同的大愿：让良知教育惠及天下学子。

3

闲暇时，我常常反思自己人生中立过的志向。我以前立的志，如考中师、上大学，更多的是富贵之志；我希望成为教育家，但其实更看重的只是美名和荣誉，而不是它的教育价值和社会贡献，是功名之志。这种富贵和功名之志，一旦实现了就会马上失去继续前进的动力，因此，是一种虚无的志。而只有志于道德，在心上用功，才是真正的志。"志"是"心"上一个"士"，"士"就是有志的人，士不可不弘毅，任重而道远。所以，志不在身外，而在心上。立志，就是要通过成人从而更好地成事。

如果你问我如何看待立志，那么我想说：立志是人生最好的礼物。因此，爱自己，就立志；爱一个人，就帮他（她）立志。我特别希望有越来越多的人能够立志，立真正的志。所以，今年4月22日在乌镇举办的互联网＋致良知学习会上，我非常荣幸地代表同学们向全社会发出了设立"'5·18'立志日"的倡议。

选择5月18日，是因为"5"是"我"的谐音，十八岁是成人的起点，连在一起的意思就是"我十八，要立志"。很多学校都会举办十八岁成人礼，成人的意思就是成为大人，成为大人就要有大人之志、有大人的担当。十九大报告说："青年兴则国家兴，青年强则国家强。青年一代有理想、有本领、有担当，国家就有前途，民族就有希望。中国梦是历史的、现实的，也是未来的；是我们这一代的，更是青年一代的。中华民族伟大复兴的中国梦终将在一代代青年的接力奋斗中变为现实……广大青年要坚定理想信念，志存高远，脚踏实地，勇做时代的弄潮儿，在实现中国梦的生动实践中放飞青春梦想,在为人民利益的不懈奋斗中书写人生华章!"这就是说要"立鸿鹄志、做奋斗者"。

选择5月18日,并不意味着这一天只是18岁的人要立志,更年轻的少年儿童也要立志。有志不在年高,阳明先生12岁就立志,孔子15岁而志于学;更年长的人也要立志,无论是50岁、60岁、70岁还是80岁,都可以立志,老骥伏枥,志在千里,老年人同样可以在找寻志向、努力实现志向的过程中,更好地展现生命价值,获得幸福。

这个时代发生了巨大的变化,我们已经实现了从"站起来"到"富起来"的目标,现在应该走向"强起来"。因此,现在的青少年立志,就必须立"强起来"的志,这个志一定是立在德上,立在心上,与祖国同频共振。只有立下这样的志,才不会孤单,才会有无数的志同道合者,才会有强大而持久的动力,从而走得更高、更远。

4

不仅青年学生要立志,每个家长、教师都要立志。家长是孩子人生的第一位老师,也是终生的表率。想让孩子学习,就必须自己先努力学习;想让孩子幸福,就必须自己先努力奋斗,让自己先幸福起来。教师要做的,就是为人师表,而为人师表不仅体现为遵纪守法、努力学习,而且要做一个有德之人,要时刻清楚地意识到教师所承担的重托,最终成为学生的榜样。我常想:家长把孩子托付给我们老师,就是对我们给予了极大的信任,我们承载着多么重的托付啊!这种托付需要教师关心学生的衣食温饱,教会他们知识和生存的本领,更要提高他们的道德品质和心灵境界。正因为这样,我一再告诫自己,作为老师,最重要的是要明理,不能误人子弟。以己之昏昏,岂能使人之昭昭?所谓明理,就是要学习古圣先贤,要"正诸先觉,考诸古训"。

不仅教师、家长要立志,每一个人都应该立志。

富裕的人要立志。厚德载物,厚德载万事万物,其中就包括财富。如果没有坚定的理想信念,没有足够的道德修养,财富很可能会助长人们好逸恶劳、骄奢淫逸。而一旦立志,财富就变成可驾驭的资源和能量。这时,才会体会到服务社会、造福人类的快乐,获得人生的意义。

尚不富裕的人也要立志。"三军可夺帅也,匹夫不可夺志也。"扶贫先扶志,摆脱贫困,不能只在钱上用力,而要在自立自强上用功,只要培养了勤俭、朴素、诚实、善良、好学等品德,脱贫就不会太难。天下兴亡,匹夫有责。民族复兴,匹夫不可无志。

不仅个人要立志,集体也要立志。不论是学校、科研团队、创业公司以至于一个国家,都要立志。三天前的5月15日,北京大学山鹰社的师生成功登顶珠穆朗玛峰。他们都是普通学生和教师,并不是专业的登山运动员,却完成了令世人惊叹的壮举。为什么?我想主要有四点:一是有明确而高远的目标。山鹰社的精神是:存鹰之心于高远,取鹰之志而凌云。为北大120周年校庆献礼,他们选择的不是一般的雪山,而是世界最高峰,这一壮举就是最大的动力源泉。二是刻苦的训练和精心、科学的准备。2016年正式立项以来,他们每周至少进行两三次体能和攀登训练。三是有专业的向导、教练提供的经验和帮助。四是团队精神。登上珠峰后,他们共同喊出的口号是:"北大精神,永在巅峰""团结起来,振兴中华"。我想,只要具备这四点:志存高远、刻苦奋斗、把握方向、精诚团结,我们同样可以攀登科学的高峰、人生的高峰。

党的十九大报告提出,要"不忘初心,牢记使命","中国共产党人的初心和使命,就是为中国人民谋幸福,为中华民族谋复兴。

这个初心和使命是激励中国共产党人不断前进的根本动力"。初心就是志向，每一位共产党人以至于每一个中国人，都应该以为人民谋幸福、为民族谋复兴为人生志向。所以，我在此也呼吁每一位教师、家长和学生都立"幸福之志"，在追求为人民谋幸福、为民族谋复兴的理想志向中获取不断奋斗的磅礴动力，收获自己的幸福人生。

亲爱的各位老师，各位同学：立鸿鹄志，做奋斗者，让我们一起庄严立志，开启精彩人生，书写时代华章！

附二：幸福教育推荐阅读书目①

（一）传统文化、人生修养类

1. （宋）朱熹：《四书章句集注》，金良年今译，上海古籍出版社，2006。

2. 陈荣捷：《王阳明〈传习录〉详注集评》，重庆出版集团，2017。

3. （明）王阳明著，北京知行合一阳明教育研究院编注：《致良知是一种伟大的力量》，东方出版社，2017。

4. 钱逊总主编：中华传统文化经典教师读本（含《大学》《中庸》《论语》《孟子》《老子》《庄子》《周易》等），济南出版社，2015—2021。

5. 蔡元培：《中国人的修养》，作家出版社，2016。

6. 钱穆：《人生十论》，九州出版社，2016。

7. 东方美：《中国人生哲学》，浙江人民出版社，2019。

8. 冯友兰：《活出人生的意义》，中国友谊出版公司，2017。

9. 何怀宏：《良心论》，北京大学出版社，2009。

10. 傅佩荣：《心灵的旅程》，东方出版社，2012。

11. 星云大师：《人生在于心安》，江西人民出版社，2018。

12. 释永信编著：《心安是福》，华龄出版社，2013。

13. 济群：《幸福人生的原理》，甘肃民族出版社，2007。

14. 费勇：《金刚经修心课》，华东师范大学出版社，2013。

15. 金一南：《心胜》，长江文艺出版社，2013。

---

① 读书明理是幸福教育的基本途径之一。与人生幸福和幸福教育相关的著述很多，在此仅从四个方面各推荐20本（套）笔者比较熟悉、认为适合教师和家长阅读的书目。

16.〔日〕稻盛和夫:《六项精进》,曹岫云译,中信出版社,2011。

17.〔美〕维克多·弗兰克尔:《活出生命的意义》,吕娜译,华夏出版社,2010。

18.〔法〕吕克·费希:《人生难得是心安:另类西方哲学简史》,孙智绮等译,北京大学出版社,2016。

19.〔英〕朱尔斯·埃文斯:《生活的哲学》,贝小戎译,中信出版集团,2016。

20.〔法〕弗雷德里克·勒努瓦著:《与哲学家谈快乐》,李学梅译,生活·读书·新知三联书店,2022。

(二) 幸福论、积极心理学类

1.〔美〕爱德华·德西等:《内在动机》,王正林译,机械工业出版社,2020。

2.〔美〕卡罗尔·德韦克:《终身成长》,楚祎楠译,江西人民出版社,2017。

3.〔奥〕阿尔弗雷德·阿德勒:《自卑与超越》,爱罗译,中国华侨出版社,2018。

4.〔美〕马丁·塞利格曼:《持续的幸福》,颜雅琴译,北京联合出版公司,2022。

5.〔美〕泰勒·本-沙哈尔:《幸福的方法》,王冰等译,中信出版社,2013。

6.〔美〕米哈里·契克森米哈赖:《心流》,张定绮译,中信出版集团,2017。

7.〔美〕克里斯托弗·彼得森:《打开积极心理学之门》,侯玉波等译,机械工业出版社,2017。

8.〔美〕斯蒂夫·鲍姆加德纳等:《积极心理学》,王彦等译,上海人民出版社,2021。

9.〔美〕亚伯拉罕·马斯洛:《寻找内在的自我:马斯洛谈幸福》,张登浩译,机械工业出版社,2018。

10.〔英〕罗素:《罗素论幸福人生》,桑国宽等译,世界知识出版社,2007。

11.〔澳〕路斯·哈里斯:《幸福的陷阱》,邓竹箐等译,机械工业出版社,2022。

12.〔日〕岸见一郎、古贺史健:《幸福的勇气》,渠海霞译,机械工业出版社,2022。

13.〔丹麦〕博·雅各布斯:《存在主义心理学的邀请》,邓世彦译,北京联合出版公司,2022。

14.〔法〕弗朗索瓦·勒洛尔等:《我们与生俱来的七情》,王资译,生活·读书·新知三联书店,2022。

15.〔美〕罗伯特·莱恩:《幸福的流失》,苏彤等译,世界图书出版公司,2017。

16.〔美〕亨利·斯密斯·威廉姆斯:《幸福的科学》,佘卓桓译,中国人民大学出版社,2016。

17.彭凯平、闫伟:《孩子的品格:写给父母的积极心理学》,中信出版集团,2021。

18.〔美〕斯科特·派克:《少有人走的路:心智成熟的旅程》,于海生等译,中华工商联合出版社,2017。

19.〔英〕E.F.舒马赫:《解惑:心智模式决定你的一生》,江唐译,中信出版集团,2021。

20.〔美〕理查德·保罗等:《思辨与立场》,李小平译,中国人民大学出版社,2016。

（三）家庭幸福、家庭教育类

1. 〔美〕约翰·戈特曼等著:《幸福的婚姻》，刘小敏译，浙江人民出版社，2014。

2. 〔美〕简·尼尔森:《正面管教》，玉冰译，京华出版社，2009。

3. 〔美〕珍妮·西格尔:《感受爱：在亲密关系中获得幸福的艺术》，任楠译，机械工业出版社，2019。

4. 〔美〕沙法丽·萨巴瑞:《家庭的觉醒》，庞岚品译，上海社会科学院出版社，2020。

5. 〔美〕达娜·萨斯金德等著:《父母的语言》，任忆译，机械工业出版社，2019。

6. 〔美〕威廉·戴蒙:《目标感》，成实等译，国际文化出版公司，2020。

7. 〔韩〕全惠星:《有奉献精神的父母培养大人物》，邵娟译，光明日报出版社，2016。

8. 〔美〕维吉尼亚·萨提亚:《新家庭如何塑造人》，易春丽等译，世界图书出版公司，2019。

9. 〔美〕乔尼丝·韦布等:《被忽视的孩子》，王诗溢译，机械工业出版社，2021。

10. 〔美〕卡瑞尔·麦克布莱德:《母爱的羁绊》，于玲娜译，机械工业出版社，2021。

11. 〔美〕默娜·舒尔等:《如何培养孩子的社会能力》，张雪兰译，北京联合出版公司，2018。

12. 〔美〕马歇尔·卢森堡:《非暴力沟通》，刘轶译，华夏出版社，2021。

13. 〔英〕安吉拉·克利福德-波斯顿:《如何读懂孩子的行为》,王俊兰译,北京联合出版公司,2013。

14. 〔日〕山中康裕:《孩子的心灵:儿童心理分析案例》,穆旭明译,世界图书出版公司,2017。

15. 王宝寨:《圣贤文化与家庭教育》,河北教育出版社,2017。

16. 陈航武:《妈妈觉醒,孩子幸福》,北京理工大学出版社,2020。

17. 〔美〕艾德·培根:《爱有8种习惯》,聂传炎译,中央编译出版社,2013。

18. 〔澳〕史蒂夫·比达尔夫:《快乐童年的秘密:让孩子和父母更幸福的15堂课》,马颖等译,机械工业出版社,2017。

19. 〔英〕赫伯特·斯宾塞:《斯宾塞的快乐教育》,甘慧娟译,北京理工大学出版社,2018。

20. 〔德〕威特等:《卡尔·威特的教育》,郭凤英译,浙江教育出版社,2016。

(四)幸福教育、学习成长类

1. 〔美〕内尔·诺丁斯:《教育与幸福》,龙宝新译,教育科学出版社,2009。

2. 曾光、赵昱鲲:《幸福的科学:积极心理学在教育中的应用》,人民邮电出版社,2018。

3. 朱永新:《新教育实验:为中国教育探路》,中国人民大学出版社,2017。

4. 陶继新:《做幸福的教师》,齐鲁书社,2018。

5. 郑英:《教育,可以这么生动有趣》,中国人民大学出版社,2021。

6. 鲍鹏山：《好的教育》，东方出版中心，2022。

7. 贾馥茗：《教育的本质：什么是真正的教育》，北京联合出版公司，2016。

8. 〔英〕路易斯·斯托尔等：《未来的学校：变革的目标与路径》，柳国辉译，北京大学出版社，2010。

9. 〔美〕托马斯·萨乔万尼：《道德领导：抵及学校改善的核心》，冯大鸣译，上海教育出版社，2002。

10. 〔美〕特伦斯·迪尔等：《校长在塑造学校文化中的角色》，王亦兵译，中国青年出版社，2006。

11. 〔苏〕苏霍姆林斯基：《给教师的100条建议》，宫铭等译，开明出版社，2022。

12. 〔美〕帕克·帕尔默：《教学勇气：漫步教师心灵》，方彤译，华东师范大学出版社，2020。

13. 〔英〕伯特兰·罗素：《教育与美好生活》，张鑫毅译，上海人民出版社，2017。

14. 〔美〕威廉·格拉瑟：《没有失败的学校》，唐晓杰译，首都师范大学出版社，2010。

15. 〔美〕约翰·霍特：《孩子为何失败》，张惠卿译，首都师范大学出版社，2010。

16. 〔美〕莫妮卡·马丁内斯等：《深度学习》，唐奇译，中国人民大学出版社，2019。

17. 〔美〕珍妮特·沃斯等：《学习的革命》，顾瑞荣等译，上海三联书店，1998。

18. 〔美〕丹尼尔·施瓦茨等：《科学学习》，郭曼文译，机械工业出版社，2019。

19. 〔美〕理查德·梅耶：《应用学习科学》，盛群力等译，中国轻工业出版社，2019。

20.〔美〕约翰·霍特：《孩子是如何学习的》，张雪兰译，北京联合出版公司，2016。

附三：幸福教育实践工具索引[①]

（一）修身为本

1. 立志为先：59
2. 读书明理：71
3. 幸福日志：77
4. 三省吾身：85
5. 反求诸己：159

（二）幸福家庭

6. 幸福家书：174
7. 家规家训：183
8. 家庭会议：188
9. 亲子共读：189
10. 大家文化：207
11. 幸福家访：224
12. 志愿服务：226

（三）幸福学校

13. 校训校风：212
14. 幸福亲师：225
15. 幸福课堂：239

[①] 知行合一是幸福教育的根本途径，只要做到立志幸福、读书明理，每个人都可能心生万法、真知真行。本书所列实践工具也仅为抛砖引玉，在此注明各项工具在本书中的页次，以便查阅。

16. 合作学习：268

17. 快乐周三：276

18. 幸福评价：282

19. 集体生日会：203

20. 费曼学习法：269

21. 幸福小伙伴：267

22. 幸福小天使：209

23. 幸福大天使：246

24. 幸福小班会：258

后记：任重道远

书稿终于完成，内心还是充满喜悦。这种喜悦来自明理心安，来自看到了前路的豁然开朗。"幸福是不断向上向善的心安"，本书从古圣先贤的经典中提炼出的这一幸福观是如此简易明白，又如此寓意深刻，它向世人揭示了一条人人应该追求也可以追求的"幸福之道"。"境界自修论"不仅为当代教育提供了具有中国智慧的理论基础，也衍生了"教育应当助人不断向上向善、收获心安"的教育观，为"教育促进每个人长久幸福"指明了道路。修身为本、幸福家庭与幸福学校"一体两翼"幸福教育模式则为践行、推广幸福教育提供了系统而具体的方案和工具。

此刻，内心也充满由衷的感谢。感谢参与幸福教育实践的上百所学校、数千位教师和更多的同学和家长们，感谢我们的一路同学、一路同行，你们是我前行的无尽动力。你们中诸多生命的被唤醒和成长、诸多学校精神面貌的焕然一新，让我们看到了幸福教育的实效，并使我们对未来充满了信心。感谢孔子、孟子、老子、王阳明等诸多古圣先贤，是你们用智慧点亮了幸福教育之道，只因沿着你们指明的方向，我们才能走得如此自信、心安。正如我经常对人说的一样，我们也得感谢自己，感谢自己朴素地敬畏圣贤、相信良知，感谢自己"为所有人谋长久幸福"的初心并坚定地选择幸福教育这一幸福的事业。

  当然，我此刻也有些心虚，我知道自己说了很多老生常谈、妇孺皆知的"大道理"，但并不知道是否真的说清楚了，也不确定到底能对读者有多少帮助。老子说："道可道，非常道"，我不自量力，以阐述"幸福之道""教育之道"为己任，大概率是说不清、道不明的。老子还说："吾言甚易知，甚易行，天下莫能知，莫能行"，只因"正言若反"。我们主张的幸福不是轻松愉快的享乐，而是"不断向上向善的心安"，恰恰也是"正言若反"。对此，已经"悟道"的，自不必我多说，没有"悟道"的，我再说也没用。这些年的实践中，我发现幸福教育有时很容易，只在"一念之间"，只要改变幸福观就行，而最困难的也正是真正改变人的观念。观念的改变不仅有赖于读书明理、听讲座报告，更需要靠自己事上磨炼，切身体悟。因此，对不少人而言，我们也显得很无力。

  好在随着年岁渐长，我也变得越来越淡定平和，我更相信"机缘"，相信播下的种子在条件成熟时自然会发芽；我也越来越相信良知，相信对人生价值、对心安幸福的追求是每个人内心最深沉而持久的需求，这正是幸福教育必然走向成功的人类天性基础。曾子曰："士不可以不弘毅，任重而道远。仁以为己任，不亦重乎？死而后已，不亦远乎？"我也越来越能体会到此话的意义和分量。终此一生，我需要追求的就是：勤学向上，仁爱向善，自强不息，尽责心安。与君共勉。